2017年重庆市高校辅导员名师工作室之重庆邮电大学柏杨名师工作室研究成果
2014年重庆市教育委员会人文社会科学研究辅导员择优资助项目（项目编号：ZYZUFDY2013005）研究成果
2013年重庆邮电大学博士启动基金项目（项目编号：K2013-91）研究成果

改革开放以来高校辅导员队伍建设研究

柏　杨　◎　著

西南交通大学出版社
·成都·

图书在版编目（CIP）数据

改革开放以来高校辅导员队伍建设研究 / 柏杨著.
—成都：西南交通大学出版社，2018.5
ISBN 978-7-5643-6182-2

Ⅰ.①改… Ⅱ.①柏… Ⅲ.①高等学校–辅导员–师资队伍建设–研究–中国 Ⅳ.①G645.1

中国版本图书馆 CIP 数据核字（2018）第 101714 号

改革开放以来高校辅导员队伍建设研究
柏 杨 著

责 任 编 辑	梁　红
助 理 编 辑	居碧娟
封 面 设 计	严春艳
出 版 发 行	西南交通大学出版社 （四川省成都市二环路北一段 111 号 西南交通大学创新大厦 21 楼）
发行部电话	028-87600564　028-87600533
邮 政 编 码	610031
网　　　址	http://www.xnjdcbs.com
印　　　刷	四川煤田地质制图印刷厂
成 品 尺 寸	185 mm × 260 mm
印　　　张	11.25
字　　　数	281 千
版　　　次	2018 年 5 月第 1 版
印　　　次	2018 年 5 月第 1 次
书　　　号	ISBN 978-7-5643-6182-2
定　　　价	65.00 元

图书如有印装质量问题　本社负责退换
版权所有　盗版必究　举报电话：028-87600562

前　言

改革开放以来，党和国家高度重视大学生思想政治教育在高校人才培养中的重要地位和作用。高校辅导员队伍作为大学生思想政治教育队伍的重要组成部分，是高校人才培养的组织保证，对于促进高校改革、发展和稳定发挥着重要作用。当前，高校辅导员队伍建设在思想认识、领导管理、方法措施等方面还存在着不足，高校辅导员队伍建设的效果不佳，需要通过理论研究和实证调研探寻新的对策。因此，本书坚持以马克思主义理论为指导，以思想政治教育学为学科专业基础，以马克思主义经典著作、马克思主义中国化相关理论为理论源泉，以社会学、人才学、管理学、教育学、心理学等学科知识为理论支撑，以党和国家关于高校辅导员队伍建设相关的政策为政策支撑。通过对高校辅导员队伍建设的基础理论研究、改革开放以来高校辅导员队伍建设的发展历史研究、高校辅导员队伍建设的成绩与经验启示进行深入研究的基础上，结合科学、系统、全面的实证调研，较为全面客观地分析高校辅导员队伍建设取得的成绩、存在的问题及其产生问题的根本原因，并在此基础上借鉴和运用相关学科知识探讨当前高校辅导员队伍建设的对策与措施。本书分为七个部分：

绪论主要阐释研究缘由，对改革开放以来高校辅导员队伍建设进行了文献综述，深刻比较了已有的研究成果。本部分还阐明了具体的研究思路和主要方法、本书研究的重难点和创新点，以及高校辅导员队伍建设的研究价值。

第一章为高校辅导员队伍建设的基础理论研究。通过对高校辅导员队伍建设含义的演变分析，提出了高校辅导员队伍建设的含义并进行深入剖析。提出了数量充足、结构合理、素质过硬的建设目标；阐述了以人为本、统筹兼顾和实事求是的建设原则；明确了以思想建设、组织建设、能力建设和制度建设为核心的建设内容；论述了优化环境、严格准入、扎实培训、畅通发展以及科学管理的建设途径。本章较为全面系统地论述了高校辅导员队伍建设的含义、目标、原则、内容和方法，为本书后续研究奠定基础并规划研究范畴。

第二章为改革开放以来高校辅导员队伍建设的发展历史研究。本章通过对改革开放以来关于高校辅导员队伍建设政策、文献等资料进行深入分析的基础上，以高校辅导员队伍建设工作重点为标准，将改革开放以来高校辅导员队伍建设发展历程划分为恢复探索、平稳发展和深入发展三个阶段。系统回顾高校辅导员队伍建设在不同历史阶段的时代背景、建设举措及存在的问题。

第三章为改革开放以来高校辅导员队伍建设的成绩与经验启示。本章介绍了改革开放以来高校辅导员队伍建设在辅导员队伍自身建设、体制机制、对策措施等方面取得的显著成绩。在分析建设成绩的基础上，提出了加强高校辅导员队伍建设必须坚持党的领导、必须满足大学生全面发展和必须坚持理论与实践创新的经验启示。

第四章为高校辅导员队伍建设现状调查研究。本章主要介绍了实施本次高校辅导员队伍建设实证调研的基本概况，在对中国31个省、自治区、直辖市的70余所高校的1100名辅导员进行问卷调查的基础上，利用SPSS17.0进行数据统计分析，论述了当前高校辅导员队伍建设存在的问题。指出当前高校辅导员队伍建设还存在着思想认识不深刻、辅导员队伍的体制机制不合理、队伍建设的对策措施不科学、辅导员队伍建设成效不明显等突出问题。结合存在的问题，分析了高校辅导员队伍建设存在着历史性与现实性问题交织、结构性与体制性矛盾交融、理论支撑与实践需求脱节、思想认识与客观需求错位等客观现实存在的原因，为辅导员队伍建设的对策研究奠定了坚实的基础。

第五章为高校辅导员队伍建设对策研究。本章具体针对前四章进行系统研究，特别是针对高校辅导员队伍建设中存在的问题，提出了提高高校辅导员队伍建设者的思想认识、端正辅导员队伍自身思想认识；通过革新高校辅导员队伍建设的领导管理体制，浓厚辅导员队伍建设的组织文化，建立健全高校辅导员队伍建设的制度以加强领导管理；通过科学化选拔、专业化培养、职业化发展和系统化评价，不断改进高校辅导员队伍建设的方法措施。较为全面系统地提出了高校辅导员队伍建设的对策，回应存在问题，回归研究目的。

结语为小结本书的主要观点和核心价值，反思本研究中存在的不足，为后续持续研究指明方向。

通过上述分析，本书以高校辅导员队伍建设的理论研究和现状调研为研究的逻辑起点，全面回顾改革开放以来高校辅导员队伍建设发展历程，并阐释队伍建设的经验启示，通过系统深入的文献研究和调查研究，总结高校辅导员队伍建设取得的成绩，分析研究了高校辅导员队伍建设存在的问题及其原因。在此基础上，本书结合相关理论知识提出了高校辅导员队伍建设的对策，对于丰富高校辅导员队伍建设理论、完善大学生思想政治教育理论体系和有效指导高校辅导员队伍建设具有一定的参考意义。

柏 杨

2017年12月1日

目 录

绪 论 ··· 001

    第一节　研究缘由 ··· 001
    第二节　改革开放以来高校辅导员队伍建设的研究综述 ····················· 004
    第三节　研究的基本思路和主要方法 ·· 014
    第四节　研究的价值 ·· 016

第一章　高校辅导员队伍建设的基础理论研究 ·· 019

    第一节　高校辅导员队伍建设的含义 ·· 019
    第二节　高校辅导员队伍建设的目标 ·· 024
    第三节　高校辅导员队伍建设的原则 ·· 031
    第四节　高校辅导员队伍建设的内容 ·· 037
    第五节　高校辅导员队伍建设的途径 ·· 042

第二章　改革开放以来高校辅导员队伍建设的发展历史研究 ················· 046

    第一节　高校辅导员队伍建设的恢复探索阶段 ···································· 046
    第二节　高校辅导员队伍建设的平稳发展阶段 ···································· 055
    第三节　高校辅导员队伍建设的深入发展阶段 ···································· 062

第三章　改革开放以来高校辅导员队伍建设的成绩与经验启示 ············· 069

    第一节　改革开放以来高校辅导员队伍建设取得的成绩 ···················· 069
    第二节　改革开放以来高校辅导员队伍建设的经验启示 ···················· 085

第四章　高校辅导员队伍建设的现状研究 ·· 090

    第一节　高校辅导员队伍建设现状调研概况 ·· 090
    第二节　高校辅导员队伍建设存在的问题 ·· 093
    第三节　高校辅导员队伍建设存在问题的原因分析 ···························· 110

第五章　高校辅导员队伍建设的对策研究 ·············· 114

第一节　提升高校辅导员队伍建设的思想认识 ············ 114
第二节　加强高校辅导员队伍建设的领导管理 ············ 117
第三节　改进高校辅导员队伍建设的方法措施 ············ 126

结　　语 ·· 151

参考文献 ·· 153

附　　录 ·· 162

附录一　全国高校辅导员队伍建设状况调查问卷 ············ 162
附录二　高校辅导员队伍建设访谈内容提要 ················ 170
附件三　高校辅导员队伍建设开展问卷调查负责人名单 ······ 171

后　　记 ·· 172

绪 论

随着我国改革开放和高等教育改革的深入发展，大学生思想政治教育和管理面临许多新情况和新问题。高校辅导员队伍作为大学生思想政治教育和管理的重要组织保证，更应乘势而上，不断加强。加强高校辅导员队伍建设研究，需要深入阐释高校辅导员队伍建设的研究缘由，全面占有相关文献资料并系统研究，吸收和借鉴其理论精髓，明确研究思路和研究方法，科学论述研究价值。

第一节 研究缘由

高校辅导员队伍建设研究并非一个新的实践课题。自从高校辅导员制度运行以来，理论界和学术界都对其进行了大量的研究。在党和国家政策的指引下，一直以来，各地各高等学校采取多种措施加强辅导员队伍建设，积累了一定经验，取得了明显效果，但还存在一定的差距，一些瓶颈性的问题和新时期高校辅导员队伍自身发展需要等还有待深入研究。

一、高校辅导员队伍建设发展的需要

实施高校辅导员制度，建立高校辅导员队伍，是加强和改进大学生思想政治教育的组织保证，是高校人才培养的经验总结，是开展大学生思想政治教育的内在要求和基本规律。加强高校辅导员队伍建设是坚持育人为本、德育为先，统筹高校改革、发展和稳定，锻炼造就高素质人才的必然要求。当前，高校辅导员队伍建设存在不足，建设效果不佳，需要继续深入研究，以满足高校辅导员队伍建设发展需要。

（一）高校辅导员队伍建设存在着不足

改革开放以来，党和国家高度重视高校辅导员队伍建设，学术界、理论界对高校辅导员队伍建设进行了大量的理论研究。各地各高校结合高等教育改革发展的实际需要，对辅导员队伍建设开展大量的实践创新，取得了一定成效。但是从总体上看，辅导员队伍建设还不能很好地适应新形势下加强和改进大学生思想政治教育的需要，在思想认识、领导管理、方法措施上还存在不足，有待深入研究，加以改进。

思想认识不深刻、重视程度不高，是束缚高校辅导员队伍建设的根本所在。一方面，高校辅导员队伍建设者不重视辅导员队伍建设，在政策保障、管理监督、经费投入、人员编制、人文关怀和工作指导等方面投入不够。另一方面，高校辅导员自身思想认识存在偏差，部分

辅导员从业心态不端正，职业认同不高，职业发展定位不准，自我改变意识不强，拼搏进取动力不足。思想认识不深刻、不端正，不利于辅导员队伍的稳定与发展，难以激发辅导员潜心教书育人、立德树人，影响大学生思想政治教育的效果和人才培养质量。

领导管理不够科学，主要是指高校辅导员队伍建设的领导体制、管理体制、组织环境和制度机制未能很好地满足辅导员队伍建设发展需要，不能很好地推动和促进辅导员队伍建设。具体表现为，高校辅导员队伍建设的组织机构、行业协会不够健全，辅导员队伍的管理模式不够合理以及工作职责界限模糊；高校辅导员队伍建设的组织文化氛围不够浓厚，辅导员队伍的归属感和凝聚力不强；部分省市和高校未能紧跟时代变化的现实背景，结合辅导员队伍自身发展和大学生思想政治教育的需要，修订、完善和制定与辅导员队伍建设相适应的制度。

方法措施有待改进，是指高校辅导员队伍建设过程中存在高校辅导员队伍的选拔配备不科学、专业化培训程度不高、职业化发展不畅和科学化评价不实等薄弱环节，影响了高校辅导员队伍建设的效果。

针对高校辅导员队伍建设存在不足的情况，胡锦涛同志曾在全国加强和改进大学生思想政治教育工作会议上强调："特别是要采取有力措施，按照政治强、业务精、纪律严、作风正的要求，着力建设一支高水平的辅导员和班主任队伍，使他们在学生思想政治教育中发挥更大作用。"[①]同时，李长春、陈至立等时任国家领导人都高度重视高校辅导员队伍建设。教育部原部长周济在中共中央国务院《关于进一步加强和改进大学生思想政治教育的意见》颁布5周年大会上要求："要以科学发展观为统领，坚持不懈地做好高校辅导员队伍建设工作。要进一步提高认识，切实加强领导；明确职责，开拓创新，不断提高辅导员工作水平；完善政策措施，加强培养培训，推动辅导员队伍专业化建设。"[②]因此，需要继续通过系统深入的研究，在理论和实践方面进行探索和创新，突破高校辅导员队伍建设的瓶颈，不断推进高校辅导员队伍建设。

（二）高校辅导员队伍建设的效果不佳

加强高校辅导员队伍建设的最终目的是为了提高辅导员队伍的自身素质，增强其开展大学生思想政治教育的工作能力，以便在高校人才培养中更好地发挥作用。改革开放以来，高校辅导员队伍的整体素质有所提升，但是高校辅导员队伍建设的效果还不太理想，存在着人员配备不足、队伍结构不够合理、辅导员自身专业化职业化程度不高、辅导员队伍缺乏稳定以及辅导员队伍建设区域发展不平衡等具体现实问题。

配备一支数量充足的辅导员队伍是有效开展大学生思想政治教育的组织保证。虽然最近几年高校辅导员队伍的人数逐渐增多，规模明显扩大，但是由于部分高校领导思想认识、办学条件等主客观方面的限制，导致高校辅导员整体数量配备不足。队伍缺编势必导致辅导员承担的工作量急剧增加。同时，部分高校辅导员兼任了其他工作任务，占用了辅导员有效开展大学生思想政治教育的精力和时间，导致辅导员难以有效开展深入细致的教育、管理和服务工作，不利于大学生的成长。辅导员超负荷的工作，使辅导员缺少必要的时间和精力来进行工作反思、经验总结和自我提升，不利于辅导员自身的科学发展。除此之外，不少高校并

---

① 胡锦涛. 切实加强和改进大学生思想政治教育工作[EB/OL]. 人民网，2005-1-17.
② 周济. 提高认识科学定位扎实推进高校辅导员队伍建设再上新台阶[J]. 思想理论教育导刊，2009（11）：4-5.

未按照国家的要求,设置大学生心理健康咨询中心等学生服务机构,学生就业指导教师、心理健康咨询教师配备不到位,这些工作却责无旁贷地落在了辅导员的身上。

高校辅导员队伍作为大学生思想政治教育队伍的有机组成部分,有其内在的要素结构。部分高校辅导员队伍结构不够合理,队伍学科专业层次多样,思想政治教育专业的比例太低;队伍的年龄偏低,老中青结构失衡,不利于整个队伍的传帮带,缺少工作经验上的积淀和传承;高层次职称职务比例偏低,足以窥见目前不少高校对于辅导员队伍的职称、职务评聘还不够重视,缺少应有的体制机制予以保障。结构不合理会严重影响辅导员队伍整体功能的正常发挥,直接影响大学生思想政治教育和管理工作的效果,不利于辅导员队伍的自身发展。

高校辅导员自身素质的高低,直接影响辅导员队伍的育人功能。由于高校辅导员队伍专业知识素质的欠缺,难以运用科学的理论指导各项工作的开展,势必在不同程度上影响和削弱大学生思想政治教育的效果,使辅导员失去工作的信心和激情。同时,高校辅导员队伍的整体科研能力较弱,不利于大学生思想政治教育和管理的发展与创新,直接影响辅导员的职称评定和职务晋升。

二、加强大学生日常思想政治教育和管理的需要

加强大学生日常思想政治教育和管理工作是党和国家赋予辅导员队伍的神圣使命和光荣职责。历史经验证明,实施高校辅导员制度是符合中国高等教育的客观需要,是我国高校人才培养的历史选择,是国家兴盛繁荣的根本保证。因此,加强辅导员队伍建设是大学生日常思想政治教育和管理的必然要求和组织保证。

(一)高校辅导员队伍建设是推进大学生思想政治教育队伍建设的重要内容

高校辅导员队伍是大学生思想政治教育工作队伍不可或缺的重要组成部分。一直以来,党和国家高度重视大学生思想政治教育,把提高大学生思想政治素质、将其培养成中国特色社会主义事业的建设者和接班人作为全面实施科教兴国和人才强国战略的重要内容和根本途径,是确保中国特色社会主义事业兴旺发达、后继有人的根本选择。为此,中共中央、国务院《关于进一步加强和改进大学生思想政治教育的意见》(中发〔2004〕16号)从九个方面对加强大学生思想政治教育做出了具体的要求和规定,是新时期大学生思想政治教育的纲领性文件和各高校开展大学生思想政治教育的重要指南。学校党政干部和共青团干部、思想政治理论课和哲学社会科学教师、辅导员及班主任是思想政治教育工作队伍的主体,是加强和改进大学生思想政治教育的三支力量,分别负责大学生思想政治教育的组织协调、理论教育和日常思想政治教育与管理。思想政治教育是一项系统工程,只有在三支力量的共同作用下,才能更好地加强大学生思想政治教育,三者缺一不可。辅导员按照学校党委的部署,有针对性地开展思想政治教育活动,是开展大学生日常思想政治教育和管理的骨干力量、组织者、实施者和指导者。

(二)高校辅导员队伍建设是加强大学生思想政治教育的必然选择

高校辅导员队伍是大学生健康成长的组织保证。从教育部《普通高等学校辅导员队伍建

设规定》(教育部令第24号)中辅导员的主要工作职责可以得出,辅导员工作的主要内容涵盖了大学生的日常思想政治教育、心理健康教育、职业生涯规划教育和学生事务管理等内容。这有助于培养大学生坚持以马克思主义指导,坚持不懈地用马克思主义中国化的最新理论成果武装自己,用中国特色社会主义共同理想凝聚力量,用以爱国主义为核心的民族精神和以改革创新为核心的时代精神鼓舞斗志,用社会主义荣辱观引领风尚,从而提高自身思想政治素质,把自己培养和锻炼成中国特色社会主义事业的建设者和接班人。同时,通过辅导员的教育和管理,可以有效抵制西方一些不良思想文化和价值观念的冲击,有效解决一些大学生政治信仰迷茫、理想信念模糊、价值取向扭曲、诚信意识淡薄、心理素质欠佳等问题,有助于促进大学生健康成长。

高校辅导员队伍在大学生思想政治教育和健康成长中扮演着重要的角色,发挥着重要的育人作用。加强高校辅导员队伍建设,对于全面落实党的教育方针,有效加强对大学生的理想信念教育、爱国主义教育、思想道德建设,不断促进大学生全面发展,具有重要的意义。高校辅导员是拓展大学生思想政治教育有效途径的先行者。新形势下,传统的思想政治教育难以满足大学生思想政治教育的现实需要,不断拓展和创新大学生思想政治教育的途径和方法是增强大学生思想政治教育的根本出路。为此,深入开展社会实践、大力加强校园文化建设、主动占领网络思想政治教育新阵地、开展深入细致的思想政治工作和心理健康教育、致力于解决大学生的实际问题等便显得尤为突出。这些都需要辅导员队伍加以组织和实施,从而提高大学生思想政治教育的针对性和实效性。

第二节 改革开放以来高校辅导员队伍建设的研究综述

改革开放以来,党和国家高度重视大学生思想政治教育和高校辅导员队伍建设,出台相应政策文件,采取有效措施,积极推进高校辅导员队伍建设,为高校辅导员队伍建设提供了良好的政策环境。学术界、理论界积极开展高校辅导员队伍建设的理论和实践探索,涌现出了大量的学术著作和研究成果,为进一步研究高校辅导员队伍建设奠定了坚实的理论基础。

一、改革开放以来高校辅导员队伍建设理论研究综述

恩格斯指出:"一个民族要想站在科学的最高峰,就一刻也不能没有理论思维。"[1]通过对改革开放以来高校辅导员队伍建设相关资料的分析研究,理论界和学术界对高校辅导员队伍建设的基础理论进行了较为系统的研究,取得了显著的成绩,为进一步研究高校辅导员队伍建设奠定了坚实的理论基础。

(一)对高校辅导员队伍建设的含义进行了研究

时代变迁,高校辅导员的内涵与外延均得到进一步拓展。教育部《普通高等学校辅导员

---

[1] 马克思恩格斯文集:第九卷[M].北京:人民出版社,2009.

队伍建设规定》(教育部令第 24 号)认为辅导员是开展大学生思想政治教育的骨干力量,是高校学生日常思想政治教育和管理工作的组织者、实施者和指导者。

在学术界,有学者指出:"辅导员既是教师又是管理者,是大学生思想政治教育的骨干力量,担负着高校学生工作的组织和实施,是学校领导和学生之间的联系纽带,是党的工作在大学生中的具体执行者,其基本任务是在校(系)党组织的领导下,根据培养目标和学生思想发展规律,组织、协调各方面的力量共同对学生进行思想政治教育。"[①]教育学家潘懋元先生认为,辅导员"是对学生进行思想品行教育的教师,也是学生在学习和生活方面的指导者,对学生德智体美全面发展起重要作用。"[②]邱伟光教授认为,辅导员是"大学生人生发展的导航人、学习成才的引导者、心理健康的辅导者、权益的保护人,同时也是教学科研的承担者"。

通过分析,现有高校辅导员队伍的含义主要是基于辅导员的工作职责进行了描述性的定义,侧重于辅导员的价值属性和工具属性,对进一步研究辅导员的含义作出了积极的贡献。但是,高校辅导员的含义仅从辅导员工作的价值属性或工具属性视角出发,未能真正从学理的角度进行科学研究和论证,难免会制约高校辅导员队伍建设理论研究向纵深发展。

少数学者对大学生思想政治教育队伍建设的含义进行了阐释,提出了自己的学术观点。有学者指出:"大学生思想政治教育队伍建设,就是指根据大学生思想政治教育的目标和要求,遵循思想政治教育规律和人才成长规律,对大学生思想政治教育队伍中的人员个体和群体进行选拔、培养和管理,使之达到适应和满足大学生思想政治教育工作需要的目标的过程。"[③]有学者基于高校思想政治教育管理队伍结构分析,借鉴管理学的有关知识,指出:"高校思想政治教育管理队伍建设,是指高校组织系统为实现思想政治教育管理目标和完成思想政治教育管理任务,依据高校思想政治教育管理的客观要求和人才成长规律,通过科学管理手段的各种功能,有意识地运用高校系统内外的有效资源,最大限度地实现高校思想政治教育管理队伍群体结构和个体结构优化的过程。"[④]

高校辅导员队伍是大学生思想政治教育队伍的有机组成部分。研究大学生思想政治教育队伍建设的含义能为高校辅导员队伍建设含义的研究提供借鉴和参考。比如上述两位学者均将队伍建设视为过程,有其可取的一面,为科学界定高校辅导员队伍建设的含义奠定了理论基础。但是辅导员队伍建设的含义又有其内在的规律和要求,目前,理论界、学术界还未能明确界定辅导员队伍建设的含义,这是辅导员队伍建设理论研究的一大不足和亟须突破的逻辑起点。

(二)对高校辅导员队伍的素质进行了研究

研究显示,学术界研究高校辅导员队伍素质的文献相对比较多。其中,有代表性的是西南大学靳玉军的博士论文《高校辅导员素质开发研究》。该论文对高校辅导员的素质的内涵、特点和表现形式等进行了理论研究,提出了辅导员的"思想政治素质、知识素质、能力素质

---

① 颜颜.新时期高校辅导员素质培养研究[D].重庆:西南大学,2009.
② 潘懋元.高等教育学[M].北京:人民教育出版社,1985.
③ 雷随斌.新时期大学生思想政治教育队伍建设研究[D].重庆:西南大学,2008.
④ 赵君.新时期我国高校思想政治教育管理队伍建设研究[D].武汉:华中师范大学,2008.

和身心素质"的素质结构。①杜向明教授主张高校辅导员的素质结构应是立体的、复合的，一个优秀的辅导员应具备思想政治素质、职业道德素质、综合文化素质和心理健康素质。②彭庆红教授在《高校辅导员素质结构模型的构建》中指出，高校辅导员的素质可以归结为三类："管理能力素质、专业知识素质和个人思想政治素质"，由此构建高校辅导员素质的三维结构（"MKI模型"）③。张再兴教授等采用素质结构的"三要素"分析框架，结合辅导员工作岗位的实际提出了"专业知识、职业能力和事业品格"三方面的素质，并进行了系统的论述。④

学者们对高校辅导员的素质进行了较为全面的研究。其中，思想道德素质、科学文化素质、健康素质是辅导员的基本素质内核的共识基本达成，为进一步研究辅导员队伍的素质奠定了坚实的基础。学者们由于研究视角的不同，在素质类型划分的种类上略有差异。进一步分析学术界对于高校辅导员队伍素质研究的理论成果，还存在与辅导员特有的素质不太吻合的地方，不能很好地体现辅导员特有的核心素质，需要继续深入研究辅导员队伍的素质。

（三）对高校辅导员队伍的结构进行了研究

高校辅导员队伍是具有一定结构的组织系统，"辅导员队伍结构如果合理，其思想政治教育的功能就能够充分发挥，反之则否"⑤。不少学者通过实证研究，分析了高校辅导员队伍的年龄结构、学历结构、专业结构、职称结构、性别结构等问题。在高校辅导员队伍的组织成分方面，有学者指出目前存在"双肩挑辅导员、兼职辅导员、专职辅导员、混合辅导员"⑥。廖济忠、徐建军的《结构转型：高校辅导员队伍专业化建设的关键》一文基于辅导员队伍应从管理型向教育型转变的视角，指出高校辅导员队伍结构包括素质结构、功能结构和资源结构，其中，素质结构主要是指学历、知识、年龄和职称结构。⑦学者们对高校辅导员队伍结构的系统研究，能够很好地为队伍结构的理论研究提供指导方向，对怎样的结构体系才是最优化的结构组合还论述不够，对于单个结构的研究定性描述多、定量论证少，缺少科学的理论支撑和实践验证，需要继续深入研究辅导员的队伍结构。

（四）对高校辅导员队伍的发展历史进行了研究

正确对待和深刻分析高校辅导员队伍建设发展历程，有助于避免、克服和改进高校辅导员队伍建设中存在的不足，发扬队伍建设中的优良作风，传承队伍建设的宝贵经验，为高校辅导员队伍建设提供历史性的指导和借鉴。

有代表性的是庄波的硕士论文《新中国成立以来高校辅导员队伍建设的历史演进及启示》，该文文献资料丰富，论证有力，是高校辅导员队伍建设发展历程的集大成者。童建福、周娟娟的《改革开放三十年我国高校辅导员队伍建设的回顾与展望》以"改革开放三十年我国政治和经济形势的发展变化"提出了"恢复发展阶段（1978—1988）、重视发展阶段

---

① 靳玉军. 高校辅导员素质开发研究[D]. 重庆：西南大学，2008.
② 杜向明，黎开谊. 嬗变与开新——高校辅导员制度发展研究[M]. 北京：中国社会科学出版社，2009.
③ 彭庆红. 高校辅导员素质结构模型的构建[J]. 清华大学教育研究. 2006（3）：3.
④ 张再兴，等. 高校辅导员队伍建设理论与实践[M]. 北京：人民教育出版社，2010.
⑤ 郑永廷. 思想政治教育方法论[M]. 北京：高等教育出版社，1999.
⑥ 姚植兴，陈国柱. 高校辅导员队伍的传承性及其实现研究[J]. 思想教育研究，2010（2）：74.
⑦ 廖济忠，徐建军. 结构转型：高校辅导员队伍专业化建设的关键[J]. 现代大学教育，2006（4）：92-93.

（1989—2003）、全面发展阶段（2004至今）"①。不少学术专著也对高校辅导员队伍建设的发展历史进行了研究。

分析研究表明，学者们根据不同的参考对象或标准，将辅导员队伍建设划分为不同的阶段。对于高校辅导员队伍建设的发展历程的理论研究，学者们更多是以20世纪50年代初期或中国人民抗日军政大学为起点，将辅导员队伍建设的发展历程分为三阶段、四阶段、五阶段和六阶段等。学者们还对所分阶段高校辅导员进行了客观公正的评价，坚持借鉴和发展的基本原则，对高校辅导员队伍建设提出了许多宝贵的意见和建议，使高校辅导员队伍建设在社会和高校改革不断深入的现实境遇下有了明显的提高与发展，为当前和今后更好地研究辅导员队伍建设提供了重要的理论指导。

总而言之，通过对高校辅导员队伍建设理论文献的深入分析，学者们从理论研究的角度对高校辅导员的含义、素质能力和角色定位，辅导员队伍的结构、性质、职能和价值以及辅导员队伍建设的含义、理论基础、历史沿革、指导思想、目标和原则等进行了深入细致的论述。特别是2004年以后，不少专家学者对高校辅导员队伍的专业化、职业化和专家化发展进行了系统的研究，对于丰富和发展高校辅导员队伍建设的理论基础具有重要的价值和意义。

二、改革开放以来高校辅导员队伍建设的实证研究综述

理论源于实践。学者们在进行理论探索的同时，也开展了高校辅导员队伍建设的实证研究。众多学者经过实际调研，客观准确地分析了高校辅导员队伍建设的现状。通过透彻的原因分析，提出了高校辅导员队伍建设的对策措施，为辅导员队伍建设提供了宝贵的意见和建议，在很大程度上推进了高校辅导员队伍建设，促使高校辅导员队伍建设的理论研究不断向纵深发展。

（一）分析了高校辅导员队伍建设存在的问题

从高校辅导员队伍发展历史可以看出，它的成长和发展也是经历了一个不间断的历史过程。加强辅导员队伍建设理应准确把握其当前的现状，特别是队伍建设中存在的突出问题和导致问题的主要原因。通过文献梳理，学者们智者见智、仁者见仁，提出了不同的学术观点。经过梳理，以下几种观点比较具有代表性。

有学者指出，目前辅导员队伍存在"队伍结构问题（专业结构单一、年龄结构偏轻、人员构成上专兼并存、专职人员不断减少、兼职人员相对增多），队伍管理问题（管理体制不顺、职责不明、缺乏系统的辅导员培训和教育计划、辅导员的发展和出路缺乏统筹完整的设计和考虑）"②；有学者指出还存在"辅导员忙于事务、对学生引导不够、安心辅导员岗位的比例偏低、辅导员待遇偏低、个人发展空间有限、队伍结构比例失调"等现实问题。③

周先进、张亚南通过对湖南省95所高校辅导员的实证调研，指出当前高校辅导员队伍存在"思想认识有待进一步提高、专职辅导员数量不足、辅导员身份不明确、待遇偏低现象依

---

① 童建福，周娟娟. 改革开放三十年我国高校辅导员队伍建设的回顾与展望[J]. 福建论坛：人文社会科学版，2009（4）：152-153.
② 杨波，张春侠，吕宝云. 新时期高校辅导员队伍建设的现状及对策[J]. 思想政治教育研究，1998（4）：15-16.
③ 施小明. 高校辅导员队伍建设面临的问题与对策[J]. 思想教育研究，2006（10）：51-53.

然突出、辅导员培训力度不够"①等突出问题。有学者指出辅导员角色定位模糊，从辅导员专业机构混乱、教育体系不健全、队伍年龄结构断层、学历及职称实力不足、队伍成员发展前景不明朗、队伍缺乏稳定性等方面分析了辅导员队伍本身存在的问题，强调辅导员专业化建设势在必行。②

原因方面，有学者认为，"工作职责不清，非职业化的定位是造成辅导员队伍现状的根本原因；专业不清、方向不明成为影响辅导员个人发展的主要原因；管理体制不顺畅对辅导员队伍建设造成了很大影响；评价机制不科学是造成辅导员队伍现状的原因之一；社会大环境和高等教育大众化成为影响辅导员队伍现状的新原因"③。还有学者指出，"社会支持度不高（一是传统旧观念的负面影响，二是人际支持系统不健全）；组织体系不健全（一是工作强度的影响，二是职业特征的影响，三是角色冲突与角色模糊的影响，四是公平感缺乏的影响）；个人体验存在差异和不同"④是造成辅导员队伍建设现状的几个原因。

曹麒麟、李向成指出，"辅导员队伍专业化程度不高，业务能力不能完全适应学生的要求；辅导员职业定位不明确；辅导员队伍不稳定，流动性大；辅导员职业发展理念陈旧，缺乏合理规范的系统建设"⑤。

通过对上述高校辅导员队伍建设存在问题的深入分析，我们了解到，改革开放以来，高校辅导员队伍建设在不同的历史时期都存在着一定的现实问题。归纳起来，集中表现在以下几个方面：

首先，人员数量不足。根据党和国家对高校辅导员队伍人员配备的要求，一线专职辅导员的师生比不得低于1∶200。但研究显示，不少高校难以达到这项基本要求。辅导员队伍人员数量不够，就会增加辅导员工作的强度，不但影响大学生日常思想政治教育的效果和质量，同时会对辅导员队伍建设产生诸多不利影响。

其次，队伍质量不优。辅导员队伍个体自身的专业化、职业化水平不高，在思想道德素质、专业知识素养、能力素质和身心素质等方面还不能很好地满足大学生日常思想政治教育和管理的需要。由于辅导员工作性质特殊、其自身理论素养不高，不少辅导员的科研能力相对薄弱。队伍的性别、年龄、学历、专业、职称、职务、学缘等结构不太合理，影响辅导员队伍整体功能的有效发挥，大学生思想政治教育与管理的效果不佳。

再次，建设机制不畅。高校辅导员队伍建设是一项复杂的系统工程，应当包含准入、培训、发展、管理、支撑和评价等基本环节。其中任何一环都会对高校辅导员队伍建设的总体效果产生一定的影响。研究表明，高校辅导员队伍建设的机制发展不平衡，存在薄弱环节，影响和制约了高校辅导员队伍建设的效果和质量。

最后，生存环境不优。由于部分领导没有充分认识到辅导员在大学生思想政治教育中的重要价值和作用，对辅导员的关心、支持和帮助不到位，对辅导员队伍建设的重要性、必要性和紧迫性认识不深刻，导致了组织建设乏力和经费投入不够，特别是对辅导员的发展没有

---

① 周先进，张亚南. 高校辅导员队伍建设的现状及优化思路——以湖南省95所普通高校为研究对象[J]. 湖南农业大学学报：社会科学版，2009（4）：57.
② 彭庆红. 试论高校辅导员队伍的专业化建设[J]. 北京科技大学学报：社会科学版，2007（12）：148-152.
③ 王永智，陈中奇. 加强辅导员队伍专业化、职业化建设的调查与思考[J]. 思想理论教育导刊，2008（7）：83-85.
④ 罗涤，姚木远. 高校辅导员的职业倦怠状况与对策[J]. 中国青年研究，2007（6）：84-85.
⑤ 曹麒麟，李向成. 高校辅导员职业生涯发展的对策研究[J]. 思想理论教育导刊，2009（2）：107-108.

引起足够的重视，以至于产生辅导员角色意识模糊、工作职责泛化、社会地位低下、经济待遇不高、队伍稳定性差等突出问题。

（二）对高校辅导员队伍的选拔进行了探讨

高校辅导员的选拔关系到队伍的整体素质和发展前景，是辅导员队伍建设的基础环节。当前，高校辅导员的来源主要是应届毕业的本科生、研究生，社招人员，以及部分在读本科生、研究生和专业任课教师。

有学者指出："现在面临的是如何进一步解决好数量充足、适应时代要求的后继队伍的问题。我们要促进这支队伍的健康成长。重视思想政治建设，就要舍得物色好人才，要精选拔优秀的人来做这项工作，否则的话，思想理论教育建设是生命线也罢，是灵魂也罢，都无法落到实处。"[①]这对当前辅导员队伍建设的选拔工作同样具有重要的指导意义。

在辅导员选拔原则和标准上，有学者指出"要坚持德才兼备、结构合理的原则"[②]，有学者主张"在选拔上应坚持'公平、公开、公正'的原则"，并提出"严格政治标准、严格学历标准、严格专业标准、职业兴趣"四条标准。[③]

在素质能力要求方面，有学者指出："从事辅导员工作的人员应该是中共党员，具备本科以上学历，政治立场坚定，品行端正，具有与工作相适应的专业知识、职业素养和职业能力，关心热爱学生，善于做学生思想政治工作，具备较强的组织管理能力、协调沟通能力和语言文字表达能力，接受过系统的上岗培训并取得相应的资格合格证书。"[④]除此之外，有学者提议："国家有关部门应尽快制定专业资格准入考试，使准备从事辅导员职业的人员上岗前具有专业资格证书。"[⑤]有学者进一步指出："对通过组织报名参加辅导员选聘的人员进行'行政职业能力测试'和'申论'两门课程的笔试，合格者进入面试、考察、心理测试等程序，从而严把辅导员选聘的政审关、业务关、能力关和心理测试关，从源头上保证辅导员队伍的质量，把优秀人才选聘进来，使辅导员队伍的整体素质不断提高。"[⑥]

为了科学选拔优秀的辅导员，必须运用科学的选拔方法。有学者指出，高校辅导员队伍选聘的程序和方法有"能力模型测评方法，侧重于能力评价方式的组合，包括面试、心理测验、评价中心及投射测验"[⑦]。有学者建议要"增加心理素质测试环节，对应聘人员的心理健康状况，尤其是气质、性格类型进行考察"[⑧]。

通过对高校辅导员选拔机制的实证研究的分析。学者们明确了选拔、准入对于队伍建设的重要意义，提出了辅导员选拔的原则、标准和方法。有的学者还借鉴心理学、管理学的相关理论知识，提出了建立胜任力模型的准入机制，对辅导员的素质能力提出了具体的要求，在科学选拔辅导员的措施和方法上，不仅仅需要采用常规的、传统的测评方法，而且应当进行科学的、专业的心理测试，全面考核竞聘人员潜在的素质和能力，以便从入口处确保辅导员队伍的质量。这些实证研究极大地丰富和发展了高校辅导员队伍的选拔机制，对于科学选

---

① 何东昌. 思想理论教育要面向时代[J]. 思想理论教育导刊，1999（10）：10.
② 刘淑英. 高校辅导员队伍专业化的几点思考[J]. 思想理论教育导刊，2007（7）：64.
③ 张立兴. 高校辅导员队伍建设的机制设计与创新[J]. 思想政治教育研究，2007（5）：85-86.
④ 孙其昂，魏永军. 高校"职业辅导员"的理念与队伍建设[J]. 思想政治教育研究，2007（1）：109.
⑤ 侯慧君. 注重培养优化管理促进辅导员队伍专业化建设[J]. 思想教育研究，2007（7）：30.
⑥ 喻跃龙. 建立"四高四重"的辅导员队伍建设机制[J]. 思想教育研究，2007（11）：31.
⑦ 王政书，等. 高校辅导员选聘模式研究[J]. 思想理论教育导刊，2007（8）：65-68.
⑧ 谭书敏. 成都理工大学创新高校辅导员队伍建设的模式[J]. 思想教育研究，2007（9）：39-40.

拔合适人选具有积极的意义。但是，相对而言，不少文献的研究缺乏全面性和系统性，对于原则、标准目前还没有达成共识，测评方法的可行性还有待商榷。尤为关键的是有关高校辅导员职后准入的研究还较为鲜见，也就是对辅导员队伍的评价、考核、淘汰机制研究不够，再次准入的标准和对策没有引起足够的重视，因此对于职后准入还须进一步加强。

（三）对高校辅导员队伍的培养进行了研究

加强高校辅导员队伍的培养是关系辅导员自身素质能力和队伍可持续发展的重要途径和手段，也是全面满足大学生思想政治教育需求的有效方法。

随着知识经济与信息时代的到来，后现代主义解构了"技术取向"，回归本真状态渐成趋势。有学者指出，现代语境下，高校辅导员专业化培养呈现三大特点，即高校辅导员的专业化培养范式由"生态取向"转向"技术取向"，培养目标由"管理能手"转向"人生导师"，培养重心由"精英选拔"转向"团队成长"。①有学者指出，培训应关注"专业化培训的内容、专业化培训的方法和手段、专业化培训的机构建设和师资队伍建设"②等问题。有学者建议，要"注重培养工作的科学性，注重培养工作的实效性，注重培养工作的前瞻性"③，增进培训的吸引力和凝聚力。

有学者强调，加强辅导员培训基地建设，"建立专家型的专业培养模式、传授工作经验的岗前培训、提高工作能力的在岗培训、提高学历层次和学术水平的研修"④，在整合校内外资源的情况下通过"建立辅导员挂职锻炼制度，深入企事业单位进行体验式培训；加强校际交流，拓宽辅导员工作视野、国际视野；深入基层锻炼，增强辅导员的国情意识锻炼意志品格；借助专业培训机构推进培训工作，充实辅导员培训的师资力量；教育主管部门要积极为高校创造条件，搭建交流学习的互动平台"⑤不断拓展培训的途径。

由于教育部骨干培训的受众面窄，培训基地的时间难以有效保证，有学者提出了"加强制度建设，建立完善的辅导员校本培训机制；设定培训目标，推动辅导员的专业成长与发展；坚持以人为本，形成科学的辅导员校本培训评价标准和方法；整合教育资源，营造高校辅导员校本培训的合作文化"⑥的校本培训模式。为增强培训的效果，有学者提出建立培训质量评估制度，"以评估指标体系为实现中介，以评估组织机构为实现载体"⑦。

通过对上述观点的分析，学者们分析了高校辅导员培训中存在的问题，明确了培训的内容，探讨了培训的途径和方法，特别强调了专业化培养的价值和意义。虽然在教育部《2006—2010普通高等学校辅导员培训计划》的指导下，我国高校辅导员培训得到了明显的加强，高校辅导员自身的素质显著提高，但是从目前关于高校辅导员培训的实证研究分析，辅导员的培训还是存在着诸多不足。比如，培训的效果和质量、培训的辐射和带动，以及校本培训的实施等都还有待加强。

---

① 荣文英，徐耀鉴. 高校辅导员专业化培养研究[J]. 学校党建与思想教育，2008（12）：58.
② 唐文红. 高校辅导员专业化培训探讨[J]. 学校党建与思想教育，2007（7）：77-78.
③ 翁铁慧. 建设高素质的辅导员队伍：科学化模式、专业化培养、多样化发展[J]. 思想理论教育，2008（5）：6-7.
④ 苏振芳. 关于高校辅导员培训和研修的若干思考[J]. 思想理论教育导刊，2008（4）：74-77.
⑤ 卢吉超，张乃琴，徐义圣. 高校辅导员培训路径拓展研究——以上海高校为例[J]. 思想理论教育，2008（5）：85-86.
⑥ 许小东，黄军伟. 校本培训：高校辅导员专业化建设的有效途径[J]. 思想教育研究，2009（1）：76-78.
⑦ 周倩. 建立高校辅导员培训质量评估制度的构想[J]. 大学教育科学，2009（4）：76.

（四）对高校辅导员队伍的管理进行了研究

加强对高校辅导员队伍科学管理是队伍建设永葆活力的重要手段，对于如何更好地激发辅导员的工作热情、创造性地开展工作、提高大学生思想政治教育的实效性具有积极的意义。

有学者针对辅导员管理中"环境支持维度、工作激励维度、培养发展维度"存在的问题提出建立柔性管理机制。①

随着绩效管理在现代企业中的广泛运用，有学者指出，高校辅导员绩效管理是从便于高校管理的角度自上而下实施的，基本上体现了"高校本位"的价值取向，但缺乏绩效管理理论中"以人为本"的核心要素，故提出"只有通过辅导员的全程积极参与"②的绩效管理才是科学的管理。

有学者分析，目前辅导员队伍建设"缺乏对辅导员职业前景的引导，辅导员职业成就感低；缺乏对辅导员个人目标的关注，辅导员能力提升慢；缺乏清晰的工作职能制度，辅导员稳定性差；缺乏对辅导员精神和情感的关怀，辅导员群体凝聚力低"③，提出了将激励管理运用于辅导员队伍管理的观点。

高校辅导员队伍建设中人本管理缺失的主要表现有"领导重视不够，辅导员地位被边缘化；辅导员工作职责不明，事务性工作繁重；工资待遇低，辅导员工作积极性不高；辅导员队伍不稳定，流动性大；辅导员理论水平、业务能力有待提高"④。故有学者提出将以人为本的思想贯穿于高校辅导员队伍的管理之中。

还有学者借鉴职业生涯管理理论和方法，分析了高校辅导员的职业生涯特点，对高校加强辅导员队伍建设进行了探讨，提出通过设计辅导员职业生涯发展路径、建立有效的职业生涯管理体系和引导辅导员进行自我职业生涯的规划和管理，实现辅导员职业生涯的科学管理，促进辅导员队伍的专业化、职业化发展。⑤

高校辅导员队伍管理模式有"垂直式管理模式：学生工作部→二级院系→辅导员（名为双重管理，实为模糊管理；名为明确职责，实为身份不明）；集中式管理模式：学生工作部→辅导员（体制不够科学，容易使辅导员缺少工作的成就感；实际工作易脱节，容易使辅导员缺乏工作的整体意识）；矩阵式管理模式；分类式管理模式"。故有学者建设性地提出"职业化、专业化要求创新高校辅导员管理模式"⑥。

高校辅导员队伍管理模式有"垂直式、集中式、矩阵式和分类式"等四种。在《普通高等学校辅导员队伍建设规定》（教育部令24号）的要求下，不少高校强化辅导员的"双重身份"，加强辅导员的"双重领导"，落实辅导员的"双重待遇"。不少高校紧密结合自身实际，树立"以人为本"的管理理念，充分运用组织行为学、现代人力资源管理等先进管理理念，创造性地实施了绩效管理、柔性管理、激励管理、人本管理等管理方式，形成支持保障机制、培养促进机制、约束强化机制等对策措施，实现高校和辅导员的共赢发展，建设效果良好。

---

① 蒋丽琳，覃干超. 高校辅导员柔性管理机制构建探讨[J]. 学校党建与思想教育，2009（11）：55-56.
② 许欢，朱海龙. 高校辅导员绩效管理实践偏差性研究——基于广东部分高校的调查[J]. 现代教育管理，2009（9）：61-63.
③ 汤秀娟. 高校政治辅导员激励管理对策论[J]. 广西民族大学学报：哲学社会科学版，2006（5）：165-167.
④ 林丽娅，蒋慎之. 运用人本管理原理加强高校辅导员队伍建设[J]. 当代教育论坛，2008（10）：54.
⑤ 陈珠琳，姚溱，林禄水. 试论高校辅导员职业生涯管理[J]. 思想教育研究，2009（3）：59.
⑥ 彭翠峰. 基于职业化专业化的高校专职辅导员管理模式新探[J]. 高教探索，2010（2）：132-135.

综上所述，在辅导员队伍建设实证研究方面，学者们主要是基于辅导员队伍建设环节上进行全面的分析，特别是对辅导员的选拔、培养、管理等的调查研究较为深入。虽然在辅导员队伍建设的发展、评价和支撑等环节也进行了调查研究，但是还不够深入和全面，有待进一步研究。

三、改革开放以来高校辅导员队伍建设研究中存在的不足

改革开放以来，特别是中共中央、国务院颁布《关于进一步加强和改进大学生思想政治教育的意见》（中发〔2004〕16号）以来，关于高校辅导员队伍建设的理论和实证研究有了较大的飞跃和突破，为辅导员队伍建设作出了积极的贡献。但是由于历史和研究视角的不同，高校辅导员队伍建设研究还存在着不少薄弱环节，需要继续研究。

（一）高校辅导员队伍建设理论研究中存在的不足

通过对高校辅导员队伍建设理论文献的研究分析，高校辅导员队伍建设理论研究还不全面，集中表现为辅导员队伍建设的含义还未明确界定，队伍建设的目标、原则、内容和方法还需深入研究。

在辅导员队伍结构方面，学者们在不同的历史时期从不同的研究视角对高校辅导员队伍的基本结构进行了较为系统的分析，不少学者还通过实证研究的方法，以翔实的数据进行了充分的论证，为高校辅导员队伍建设做出了积极的贡献。由于种种客观原因所限，学者们只是提出或指明了高校辅导员队伍在结构方面的现实状况和存在的问题，有的也提出了具体的解决办法。但遗憾的是很多学者并没有就找到的问题进行有理论深度的挖掘，也没有运用科学的理论阐述和试验检验，从而导致实证性、实用性不强。高校辅导员队伍结构建设应以组织行为学的理论知识为指导，发挥组织或组织成员的功能，优化高校辅导员的队伍结构。应根据高校辅导员队伍建设现状分析，着眼于辅导员队伍的数量结构、年龄结构、知识结构、职称职务结构、专兼职结构进行深入剖析，通过严格选拔、持续培养、科学管理等有效措施，不断优化当前高校辅导员队伍的结构，以便更好地发挥队伍的育人功能，展现辅导员价值，塑造辅导员队伍的形象。

另外，现有关于辅导员队伍建设发展历程方面的研究还存在不足。一方面，分类标准尚不统一。学者们之所以提出辅导员队伍建设不同阶段说，主要原因是高校辅导员队伍建设历程的划分标准不统一。有的学者是根据党和国家的相关文件，有的学者是根据高校发展的情况，有的学者是根据辅导员工作任务和特点，有的学者是根据1949年以来重大政治和经济形势的发展变化，有的学者则认为高校辅导员制度的设立、发展与我国经济、文化特别是政治生活的发展紧密相连。由此得出的三阶段、四阶段、五阶段和六阶段说等就不足为怪了。另一方面，发展历程的经验启示缺乏有效的指导性。由于学者们对高校辅导员队伍建设历史发展的起点界定不一、分类标准不一，不利于各阶段高校辅导员队伍建设特征的准确描述和科学界定。这主要表现在要么时间跨度短，冲淡了整体阶段划分的主题；要么时间跨度太长，显得过于笼统。最终导致的结果是在考究高校辅导员队伍建设发展历史中的经验启示时不能科学准确地切中要害，使历史启示缺乏科学性，达不到在借鉴中发展的根本要求。

（二）高校辅导员队伍建设实证研究中存在的不足

在高校辅导员队伍建设实证研究的众多文献中，还存在调查取样范围不广、问题原因模糊、对策措施不够科学等不足之处。特别是辅导员队伍的发展、评价和支撑等环节的研究显得较为薄弱，具体阐述如下：

首先，调查对象取样范围不广。

文献资料中，关于高校辅导员队伍建设的调查对象主要为学工部长、学生处处长和党总支副书记等领导者，高校辅导员群体自身，青年学生。在调研的类型上涉及普通本科院校、高职院校的专、兼职辅导员和研究生辅导员。在调查范围方面，主要涉及一所高校或省、直辖市、自治区的几所高校，调研取样范围较窄。在调查人数上，大多是几十人到几百人，上千人的调查研究甚少。调查的内容主要包括高校辅导员队伍的结构、素质、胜任力、职业倦怠、薪酬待遇和选拔、培训、管理、考核等方面，但问卷设置的逻辑性和科学性还有待进一步的完善。调研报告的结构基本是"现状调研——原因分析——对策措施"。

其次，高校辅导员队伍建设存在问题概括不全，原因分析不透。

目前，学者们在理论和实证调研的基础上，从不同的研究视域对高校辅导员队伍建设存在的主要问题进行了系统全面的论述，但是也存在问题与原因论述模糊、阐述问题不够全面深入等实际问题。要切实加强高校辅导员队伍建设，势必充分考虑当今时代和社会发展的现实境遇，需要通过实证性的调查研究客观准确地查找当前存在的问题，结合科学的理论基础有针对性地提出解决措施。因此，对于高校辅导员队伍建设中实际存在的问题，还需进行大量实证调研才能准确阐述。总的来说，关于高校辅导员队伍建设的实证研究相对较多，但是能够全面系统地研究辅导员队伍建设存在问题的并不多见。由于时间和研究视角的差异，不少实证调研对于队伍建设中存在的问题未能全面把握、切中要害，论证欠深入。

最后，高校辅导员队伍选聘原则、标准不统一，程序、方法和途径不够科学。

通过对相关文献的梳理，目前对高校辅导员队伍选聘的研究文献比较少见，主要融合在队伍建设等学术论文中，缺乏对辅导员选聘的系统研究。从仅有的学术研究中，学者们对高校辅导员队伍的选聘从不同的视角进行了较为深入的论述，能够较为系统地从流程结构再现辅导员选聘的操作程序，具有一定的可操作性和指导性。但是，由于社会环境、教育对象等的深刻变化，传统的辅导员选聘方式存在着一定的历史局限性。

辅导员选聘标准模糊。基于上述分析，目前明确提出辅导员选聘原则的论述十分稀缺，现有原则的论述也主要是基于一般人才选拔的通用原则，缺乏针对性和特殊性。诸如对层次性、匹配性等重要原则就缺乏足够的论述。传统的辅导员选聘模式虽为辅导员应聘者设定了学历证书、专业能力等标准，这些标准虽然在一定意义上比较有效，但毕竟是一种通用的标准，针对性不强，对于特定的组织、特定的岗位是否适合以及适合程度如何体现得不充分。可量化的指标体系不够，科学性不强。由于标准的模糊，加之招聘者本身素质的多样性与差异性，很容易在选拔评价时产生首因效应、光环效应、情绪效应、定势效应等，不利于优秀辅导员的选拔。

辅导员队伍选聘的程序、方法和途径不够科学。由于高校在辅导员选聘上多为资格审查和面试两个环节。因为时间限制、程序简单，面试官容易受应聘者的浅表特征影响，无法对应聘者有深入的客观了解，因此在最后面试判断上难免会出现偏差。实事求是地说，当前由于高校扩招，大量的高校毕业生为高校辅导员的选聘提供了丰富的资源，但人才市场机制的不健全、招收就业信息的不完善，在不同程度上限制了辅导员选聘的范围和途径。

高校辅导员的选聘应积极借鉴人才学、人力资源管理和组织行为学的相关理论知识。一方面，各级教育主管部门和高校应高度重视辅导员的选聘工作，"要像重视业务学术骨干一样重视辅导员、班主任的选拔、培养和使用"，以发展的眼光和视野对待辅导员队伍的选聘工作。另一方面，要加大对辅导员选聘的人力、资金和技术的投入，建立科学的选聘机制。

事实上，高校辅导员队伍的管理是队伍永葆生机的重要环节。加强对辅导员工作的指导和帮助、营造良好的外围环境、细化工作职责等都是对高校辅导员队伍建设的重要补充。虽然，基于现代管理知识的绩效管理、人本管理或柔性管理值得借鉴和参考，但是其实用价值有待试验和论证，以便在队伍管理中发挥更大的作用。

第三节 研究的基本思路和主要方法

高校辅导员队伍建设作为传统的老课题、时代的新课题，具有较高的理论和实践研究价值。在坚持理论探索与实践创新的原则下，厘清研究思路、明确研究方法可以有的放矢地构建逻辑清晰、思辨有据、论证有力的研究框架。

一、基本思路

高校辅导员队伍建设研究具有较强的理论性和实践性，需要建立自身的理论体系并全面掌握队伍建设的现实状况。本书按照提出问题、分析问题和解决问题的逻辑思路进行谋篇布局，建构研究思路。

本书以马克思主义理论为指导思想，以思想政治教育学为学科专业基础，借鉴社会学、管理学、教育学、心理学、人才学等相关学科知识，以中共中央、国务院颁布的《关于进一步加强和改进大学生思想政治教育的意见》、教育部颁发的《关于加强高等学校辅导员班主任队伍建设的意见》《普通高等学校辅导员队伍建设规定》和《2006—2010年普通高等学校辅导员队伍培训》等与高校辅导员队伍建设相关的文件为政策支撑，以高校辅导员队伍建设的基础理论研究和高校辅导员队伍建设的现状调研为逻辑起点。一方面，全面系统地论述高校辅导员队伍建设的含义、目标、原则、内容和途径，为著作后续研究奠定理论基础；另一方面，通过开展问卷调查、实地考察、电话访谈和组织召开小型座谈会等形式，全方位、多角度、深层次地对高校辅导员队伍建设现状进行调研，全面客观地分析高校辅导员队伍建设取得的成绩、存在的问题及产生问题的根本原因。力求做到有破有立，为本书的后续研究奠定理论和实践基础。

本研究立足文献分析，注重实证调研。一方面，需要通过对改革开放以来高校辅导员队伍建设政策、文献等资料进行深入分析研究，系统回顾高校辅导员队伍建设的政策法规、内容措施、成绩及存在的问题，归纳、总结和凝练高校辅导员队伍建设的宝贵经验，探寻辅导员队伍建设的重要启示；另一方面，为了准确把握高校辅导员队伍建设现状，全面占有与高校辅导员队伍建设相关的第一手资料，需要花费大量的时间、精力和经费投入到辅导员队伍建设的现状调研之中。期间，笔者利用参加全国优秀辅导员年度人物颁奖、辅导员骨干培训、辅导员工作创新论坛等机会，在北京、上海、江苏、浙江、湖北、吉林、四川等十余个省市开展实地访谈；精心设置调查问卷并对全国 31 个省、直辖市和自治区 70 余所高校的 1100 名辅导员展开问卷调查，以回应本书研究的逻辑起点，支撑本书研究的逻辑终点。

高校辅导员队伍建设的对策研究是本书研究的逻辑终点。应对该逻辑起点，本书借鉴和运用相关学科知识，探讨当前高校辅导员队伍建设的对策，旨在回应高校辅导员队伍建设中存在的问题，提出提高高校辅导员队伍建设者的思想认识、端正辅导员队伍自身思想认识等观点；通过革新高校辅导员队伍建设的领导管理体制，丰富辅导员队伍建设的组织文化，建立健全高校辅导员队伍建设的制度以加强领导管理；通过科学化选拔、专业化培养、职业化发展和系统化评价，不断改进高校辅导员队伍建设的方法措施，较为全面系统地提出了高校辅导员队伍建设的对策，回应存在问题，回归理论研究。

二、主要方法

加强高校辅导员队伍建设研究需要深厚的理论支撑，同时还需占有大量数据和典型案例，一手材料的掌握往往是发现问题、研究问题和解决问题的关键所在。因此，本书研究主要涉及文献研究法、比较研究法、问卷调研法以及理论与实践相结合等研究方法。

（一）文献研究法

任何理论和实践的创新都需要在前人研究的基础上不断巩固和完善。对高校辅导员队伍建设的研究需要建立在对大量学术论文、调研报告、理论专著和政策文件的收集、整理、分析、研究的基础之上，详尽地掌握了高校辅导员队伍建设的研究成果，为本书的谋篇布局、框架建构和发展创新奠定了坚实的基础。因此，文献研究法是本书的主要研究方法，贯穿全文始终，是著作构思、撰写和创新的基础工程。

（二）比较研究法

比较是认识本质、发现差距和解决问题的重要方法和途径。高校辅导员队伍建设研究的发展历程、队伍建设的现状分析都涉及相应的对比和比较，以便发现辅导员队伍建设取得的成绩、存在的问题。事实上，通过辅导员队伍建设发展历史的纵向比较、不同省市和高校辅导员队伍建设的横向对比，可以系统、理性地认识到辅导员队伍建设的问题所在，对辅导员队伍建设的规律和本质全面掌控。

（三）调查研究法

没有调查就没有发言权，充分占有高校辅导员队伍建设现状第一手材料，是客观分析辅导员队伍建设存在问题的根本所在。为此，本书在深入研究的基础上结合辅导员工作实际，

(四）理论与实践相结合法

理论与实践相结合是学术研究的重要方法。一方面，高校辅导员队伍建设的实践活动需要在马克思主义理论的指导下，紧密依托思想政治教育学、人才学、社会学、组织行为学以及人力资源管理学的相关理论，指引高校辅导员队伍建设；另一方面，高校辅导员队伍建设具有鲜明的时代性，其理论创新迫切需要辅导员队伍建设的实践来推进、检验和发展。两者紧密结合、相互促进，才能在理论和实践上创新辅导员队伍建设，把握队伍建设的客观规律和内在本质。

第四节 研究的价值

改革开放以来，源于大学生健康成长的客观需要和辅导员队伍自身发展的内在诉求，学术界和理论界一直没有停止过对高校辅导员队伍建设的研究和探索，这足以证明高校辅导员队伍建设具有较强的理论和实践研究价值。

一、理论价值

高校辅导员是大学生日常思想政治教育和管理的组织者、策划者和实施者，是大学生思想政治教育的主体，是思想政治教育研究的重要对象。加强新时期高校辅导员队伍建设研究有助于丰富高校辅导员队伍建设理论，完善大学生思想政治教育的学科理论知识。

（一）丰富高校辅导员队伍建设理论

任何具体的社会实践活动都需要相应的理论支撑和指导，高校辅导员队伍建设亦有其内在规律和运行机制。自辅导员制度恢复以来，理论界和学术界对高校辅导员队伍建设理论都进行了积极的研究和深入的探讨。

由于历史和现实的原因，高校辅导员队伍建设的理论研究与教师队伍建设和干部队伍建设研究相比还显得较为薄弱，不能很好地指导和引领高校辅导员队伍专业化、职业化和专家化发展。本书通过对大量文献资料的收集整理，坚持以马克思主义理论为指导，结合思想政治教育主体理论等相关知识，对高校辅导员队伍的含义、目标、原则、内容和方法进行理论阐释。同时，通过对历史的纵向比较和现实的横向比较对高校辅导员队伍建设进行了系统的总结和借鉴。理论源于实践，通过对全国部分高校辅导员队伍建设进程中存在问题的深入研究，结合我国经济社会发展的时代背景，深入分析问题背后的原因，有针对性地探索适合我国高校辅导员队伍建设的方法措施，可以从实践的维度丰富和发展高校辅导员队伍建设的理论基础。

(二)完善大学生思想政治教育理论

思想政治教育作为马克思主义学科下的二级学科,是高校辅导员开展工作、进行大学生思想政治教育的学科基础。虽然,党和国家一直以来都高度重视马克思主义在意识形态领域的指导地位,但是真正将思想政治教育作为一门学科进行建设还始于20世纪80年代初期。得益老一辈思想政治教育专家学者的艰难探索,当前思想政治教育学科体系已基本建构,但诸如思想政治教育的规律、机制等方面的研究还需进一步完善,思想政治教育主体性研究还有待进一步深入。作为马克思主义理论二级学科的思想政治教育,同样具有鲜明的时代性和实践性特征。高校辅导员队伍作为大学生思想政治教育的主体之一,其肩负的历史使命是"培养德智体美全面发展的合格的建设者和可靠的接班人"。充分运用思想政治教育学的基本原理、方法和措施开展大学生思想政治教育是辅导员的重要职责,需要辅导员在开展思想政治教育的过程中不断探索新的规律,更好地运用科学的理论知识指导实践工作,并通过对实践的反思和总结,巩固和发展思想政治教育的理论基础。

高校辅导员队伍作为高校思想政治教育的主体、先进文化的代表,其主要工作便是运用思想政治教育的基本原理、内容和方法指导大学生,同时检验思想政治教育学的科学性和真理性。事实上,高校辅导员在实际教育管理工作中能够淋漓尽致地展现思想政治教育学的理论魅力,并在实际工作中发现问题、解决问题,不断总结经验、探索规律,丰富和发展思想政治教育学科理论基础。因此,加强高校辅导员队伍建设有助于巩固和完善思想政治教育的理论基础。

二、实践价值

加强改革开放以来高校辅导员队伍建设不仅具有深刻的理论价值,而且具有鲜明的实践价值。扎实推进高校辅导员队伍建设,可以有效提升辅导员队伍的整体素质、增强辅导员工作的实效、满足大学生全面发展的需要。

(一)提升高校辅导员队伍的整体素质

加强高校辅导员队伍建设,旨在围绕辅导员队伍的思想建设、组织建设、制度建设和能力建设等内容,通过优化环境、严格选拔、专业培养、科学管理等具体措施,提升辅导员的思想政治素质、专业知识素质和健康素质等,全面培养辅导员的思想政治教育、学生事务管理等专业技能,增强工作能力,提升工作水平,为大学生的全面发展奠定坚实的基础。应按照"政治强、业务精、纪律严、作风正"标准,坚持科学化选拔、统筹化配备、专业化培养、职业化发展、人性化考核、人本化激励高校辅导员队伍,进而提升辅导员队伍的整体素质。

(二)增强高校辅导员队伍的工作实效

加强高校辅导员队伍建设,不仅可以提升辅导员队伍的整体素质,而且有助于增强辅导员队伍的工作实效。当前,高校学生教育管理日趋多样化、复杂化和科学化,社会、高校和青年学生对辅导员队伍寄予的期望和要求日益增强。传统学生工作的管理模式、运行方式和工作范式都或多或少地随着经济社会的快速发展而面临诸多挑战。辅导员工作的复杂性、艰巨性迫使辅导员不断提高工作效率，增强教育、管理和服务育人效果。因此，加强高校辅导员队伍建设，在提升辅导员队伍整体素质的同时，能够以科学的理论指导实践，增强教育的针对性、实效性，为社会培养合格的建设者和可靠的接班人，维护高校的稳定，促进高等教育事业的改革和发展作出积极的贡献。

（三）满足大学生全面发展的现实需要

加强高校辅导员队伍建设有助于提高高校辅导员队伍的素质，提升高校辅导员的能力，而且能满足大学生全面发展的现实需要。广大教育工作者，特别是身处学生工作一线的辅导员应准确把握大学生的自身特点，掌握大学生的成长变化规律，坚持因材施教的原则，有针对性地破解其难题、缓解其压力、激发其斗志、提升其动力。信息社会里，教师的说教已不是大学生获取信息的唯一渠道，教师的学术权威受到了挑战，"教育者必先受教育"，高校辅导员队伍更应及时掌握时代最新信息，以科学的思想指导学生，以广博的知识赢得学生，以高尚的人格感召学生，以优秀的服务满足学生，才能更好地促进大学生的成长成才。

第一章 高校辅导员队伍建设的基础理论研究

高校辅导员队伍建设作为一项特殊的社会实践活动，有其内在的理论品质和运行规律，需要不断归纳、总结和凝练。加强对高校辅导员队伍建设的内涵解析和理论探讨，是推进高校辅导员队伍建设的立足点和出发点。

第一节 高校辅导员队伍建设的含义

关于高校辅导员队伍建设，目前学术界还没有一个公认的定义。这从某种意义上讲，是新时期高校辅导员队伍建设在理论研究方面存在不足的具体表现。为此，探讨高校辅导员队伍建设含义、明确队伍建设目标、把握队伍建设的原则、研究队伍建设内容和创新队伍建设途径，是加强高校辅导员队伍建设理论探索的逻辑起点，也是加强高校辅导员队伍建设的内在要求。

一、高校辅导员队伍建设含义的演变

为了科学界定高校辅导员队伍建设的含义，有必要对辅导员队伍建设含义的演变进行系统的研究。对相关政策和理论文献进行研究，关照新时期高校辅导员队伍建设的现实境遇，借鉴并汲取其研究的理论成果，是探索并定义高校辅导员队伍建设的基础环节。

（一）党和国家政策文件关于高校辅导员队伍建设含义的表述

改革开放以来，与高校辅导员队伍建设的政策文件较多，但都没有对高校辅导员队伍建设的含义进行明确界定。不过，目前关于高校辅导员队伍建设的相关政策文件蕴含了高校辅导员队伍建设的含义，对科学界定高校辅导员队伍建设含义具有重要价值。

改革开放以来，关于高校辅导员队伍建设的文件主要有《关于加强高等学校思想政治工作队伍建设的意见》《关于进一步加强高等学校学生思想政治工作队伍建设的若干意见》《教育部关于加强高等学校辅导员班主任队伍建设的意见》以及《普通高等学校辅导员队伍建设规定》等。这些文件根据当时高等教育改革发展的状况和学生培养的需要，有针对性地提出了高校辅导员队伍建设的对策、措施和方法，有效推动了各个时期高校辅导员队伍建设，满足了当时大学生成才和高校发展与稳定的需要，充分体现了党和国家在不同时期对大学生思想政治教育的高度重视和对高校辅导员队伍的真切厚爱与关注。通过对相关政策文件的分析，高校辅导员队伍建设集中表现为对高校辅导员队伍素质、能力与职责要求以及建设过程中的配备选聘、培训培养、管理考核、发展保障等方法措施层面的论述，具有较强的时效性、导

向性和可操作性。文件虽未明确提出高校辅导员队伍建设的含义，但是各项方法措施对于分析探索高校辅导员队伍建设的含义具有重要的指导意义。通过对文件的分析研究，我们可以从对策的角度或者说从人力资源管理的角度对高校辅导员队伍建设予以定义。高校辅导员队伍建设，就是指通过配备选聘、培训培养、管理考核、发展保障等措施，促进辅导员队伍整体或个体素质和工作水平不断提高的社会实践活动。该定义是基于高校辅导员队伍建设运行过程或建设的措施、方法层面而言的，有其合理、科学的一面，但是还不够全面深刻，带有一种自上而下的、依靠组织推动才得以加强的意蕴，因此需要继续从理论的层面进行研究。

（二）学术界对于高校辅导员队伍建设含义的贡献

改革开放以来，理论界和学术界对高校辅导员队伍建设并未从学术上、理论上进行科学的定义。但关于高校辅导员队伍建设的既有理论研究成果为高校辅导员队伍建设含义的探讨奠定了坚实的理论基础。

1984年，上海市高教局主编的《高等学校学生思想政治教育》指出，政治辅导员队伍"需要各个方面的关心和培养，才能成为政治上、思想上、作风上都合格的干部队伍"[1]，随后从"思想建设、组织建设、业务指导和贯彻党的有关政策"[2]四个方面进行了科学论断。这是改革开放以来关于高校辅导员队伍建设含义最早的阐释。1988年，王汝昌等主编的《政治辅导员工作概论》同样强调了政治辅导员队伍的思想建设和业务建设。1997年，阳春如等主编的《高校政治辅导员工作概论》中提出了政治辅导员的自身队伍建设，在分析政治辅导员加强自身建设必要性的基础上提出了"坚持学习、加强实践和解剖自己"[3]三条主要途径。这一观点首次突破了高校辅导员队伍建设只是仅仅依靠组织推动的思维模式，将辅导员队伍本身视为高校辅导员队伍建设的主体，这是理论上的一大突破。虽然之后关于高校辅导员队伍建设的学术专著不断涌现，但是关于高校辅导员队伍建设含义的阐释却十分鲜见，并未有更大的突破和超越。随着高校辅导员队伍专业化、职业化和专家化建设逐渐成为辅导员理论研究的热点之后，有学者指出辅导员队伍专业化建设就是"依据辅导员的职责任务要求，以及承担的'大学生健康成长的指导者和引路人'的重大使命，依托专门机构及终身培训、学习、训练体系，对辅导员进行科学的管理和培养，增强职业情感，实施专业自主，促进专业发展，培育专业伦理，提高教学科研水平，提高专业地位与声望，全面有效地履行辅导员职责，引导辅导员向专家化方向发展的过程"[4]。这一论述从专业化的角度进行了定义，对辅导员队伍建设含义的解析变得更加丰富和完整，内容更加清晰和明了，是研究辅导员队伍建设含义的一大突破，但表述上显得略为冗长和复杂，需要继续深入研究。

在学术论文和硕博论文方面，直接论述辅导员队伍建设含义的几乎没有，仅有两篇硕博论文，从学术的视角对高校思想政治教育队伍建设的含义进行了探索。由于高校辅导员队伍是大学生思想政治教育工作队伍的重要组成部分，因此，对思想政治教育工作队伍含义的分析有助于启迪高校辅导员队伍建设的含义研究。有学者指出，"大学生思想政治教育队伍建设，就是指根据大学生思想政治教育的目标和要求，遵循思想政治教育规律和人才成长规律，对

---

[1] 上海市高教局. 高等学校学生思想政治教育[M]. 上海：教育科学出版社，1984.
[2] 上海市高教局. 高等学校学生思想政治教育[M]. 上海：教育科学出版社，1984.
[3] 杨春如. 高校政治辅导员工作概论[M]. 长沙：湖南大学出版社，1997.
[4] 唐家良. 高校辅导员队伍专业化建设与成长[M]. 北京：现代教育出版社，2008.

大学生思想政治教育队伍中的人员个体和群体,进行选拔、培养和管理,使之达到适应和满足大学生思想政治教育工作需要的目标的过程。"①有学者基于高校思想政治教育管理队伍结构分析,借鉴管理学的有关知识,指出,"高校思想政治教育管理队伍建设是指高校组织系统为实现思想政治教育管理目标和完成思想政治教育管理任务,依据高校思想政治教育管理的客观要求和人才成长规律,通过科学管理手段的各种功能,有意识地运用高校系统内外的有效资源,最大限度地实现高校思想政治教育管理队伍的群体结构和个体结构优化的过程"②。两者均将队伍建设视为过程,有其可取的一面。

上述对高校辅导员队伍建设含义理论研究的回顾与分析,为我们深入研究高校辅导员队伍建设的含义理清了思路,指明了方向,奠定了基础。

二、高校辅导员队伍建设的含义解析

分析和探讨新时期高校辅导员队伍建设的含义,需要对高校辅导员的含义进行必要的分析,才能更好地厘清高校辅导员队伍建设的含义。

(一)高校辅导员的含义

通过对《关于进一步加强和改进大学生思想政治教育的意见》、教育部《普通高等学校辅导员队伍建设规定》等政策文件和与辅导员相关的理论文献的研究,并结合高校辅导员工作实际,笔者认为,高校辅导员,是指在高校党委领导下,在院系一线从事大学生日常思想政治教育和管理工作,以提高大学生的思想政治素质和身心素质、促进大学生全面发展、推进高校发展以及维护高校稳定为目的,具备较高专业素质的在编从业人员。具体分析如下:

首先,从高校辅导员组织属性的角度分析。高校辅导员是"在高校党委领导下开展工作"。与国外学生事务管理者(Counselor)相比,我国高校辅导员具有鲜明的中国特色,深深烙上"思想政治教育"的属性。我国高校人才培养的本质要求就是要培养中国特色社会主义建设事业的建设者和接班人。从这个意义上讲,设置高校辅导员是党和国家巩固党的群众基础和执政根基的重要举措。

其次,从高校辅导员工具属性的角度分析。高校辅导员的工作是"在一线开展大学生日常思想政治教育和管理工作"。根据《普通高等学校辅导员队伍建设规定》,辅导员是"高校学生日常思想政治教育和管理工作的组织者、实施者和指导者"。大学生思想政治教育是一门科学,既需要系统的思想政治理论课的课堂教育,又需要通过实践活动将思想政治教育的理论知识转化为大学生理想信念和行为取向。这就好比自然科学除了专业课堂教学之外,还需要学生走进实验室进行实践操作,才能更好地获取科学文化知识一样。改革开放以来,部分高校曾一度存在着轻视或忽视思想政治教育的倾向,认为辅导员工作含金量不高,作用价值不大,以至于全社会关心、支持大学生思想政治教育的合力尚未形成。实际上,高校辅导员是大学生思想政治教育主阵地的核心力量。从这个角度讲,高校辅导员是高校思想政治理论教学中的实验课教师,在大学生思想政治教育的价值实现中扮演着不可或缺的重要角色。

---

① 雷随斌. 新时期大学生思想政治教育队伍建设研究[D]. 重庆:西南大学,2008.
② 赵君. 新时期我国高校思想政治教育管理队伍建设研究[D]. 武汉:华中师范大学,2008.

再次，从高校辅导员价值属性的角度分析。高校辅导员主要通过开展大学生思想政治教育和日常管理工作提高大学生的思想政治素质和身心素质，服务于学生的专业学习和学校的发展与稳定。

一是高校辅导员能帮助大学生在复杂多变的现实环境中健康成长、顺利成才。随着改革开放的不断深入、国际国内形势的深刻变化，大学生的生活受到了深远的影响。高校辅导员长期生活在一线、工作在基层，与大学生保持了亲密的接触和紧密的联系，可以及时了解和掌握学生的思想动态和行为举止，通过发挥辅导员的专业特长与技能，可以有针对性地实施因材施教、分类指导，有效解决大学生学习生活中的困难，为大学生的健康成长铺平道路。

二是高校辅导员能对大学生的成长产生潜移默化的影响。由于高校辅导员与青年学生接触时间最长、交往最多，辅导员的工作态度、行为举止、人格魅力无不对大学生产生最为直接的影响，可谓"一个好的辅导员会影响一批学生的未来"。相反，如果高校辅导员工作不深入、不到位，不仅会影响学生当前的学习和今后的发展，而且会诱发或激发学生对辅导员的不满情绪，进而很可能转化为对学校、对社会的不满。从这个角度讲，高校辅导员是学校的一张珍贵的"名片"，其工作效果会产生一定的"马太效应"，这对于促进学校的发展、维护学校和社会的稳定具有举足轻重的作用。

三是辅导员有助于推动学校发展，维护学校稳定。辅导员通过开展深入细致的教育、管理与服务工作，促进大学生全面发展，对于实现高校人才培养的功能作出了积极的贡献。当前大学生思想活动的独立性、选择性、多变性和差异性日益增强，辅导员工作的基层性使辅导员能够第一时间了解学生的思想动态和行为举止，将一些可能潜在的隐患扼杀在摇篮之中，维护学生安全和学校稳定。因此，高校辅导员具有较强的价值属性，不可或缺且不可代替。

最后，从高校辅导员职业属性的角度分析。高校辅导员是通过从事复杂的体力和脑力劳动，获取一定的薪酬，以维系和满足自身或家人生存发展需要的一种职业。从这个角度讲，辅导员应当是高校内部通过劳动获得社会地位和政治地位的有固定收入的从业人员。"辅导员是高等学校教师队伍和管理队伍的重要组成部分，具有教师和干部的双重身份"已经得以明确。那种随便什么人都能胜任辅导员工作的观念正在高等学校改革发展进程中被逐步扭转。专职为主、专兼结合的高校辅导员队伍的建构模式已成时代主流。这一职业不再是可有可无，而是广大辅导员值得终身从事、大有可为的理想职业。一类职业理应有其特有的专业门槛和职业准入体系。当前，以思想政治教育为主的相关专业应作为职业准入内在的专业底线。思想政治教育是一门科学，只有从业人员具备了开展大学生思想政治教育的理论基础，才能更好地胜任其本职工作。

（二）高校辅导员队伍建设的含义

高校辅导员队伍建设，是指高校等有关组织遵循辅导员成长及其职业发展客观规律，通过提高思想认识、加强领导管理、改进方法措施等组织推动和自身能动，提高辅导员素质，优化队伍结构，增强其育人功能的有意识的社会活动。该定义包含以下几个要点：

一是明确了高校辅导员队伍的建设者。这既包含了高校辅导员队伍建设三个层面的组织——国家、地方等高等教育主管部门和高等学校，又包括高校辅导员队伍自身。之所以强调国家、地方等高等教育主管部门，是因为从宏观的层面上讲，国家教育主管部门是高校辅导员队伍建设的立法机构，具有决策、导向和监督的重要职责。地方教育主管部门是高校辅导员队伍建设中介于国家和高校之间的纽带，负有宣传、组织并实施国家关于高校辅导员队伍建设政策的功能，同时应兼具向上反馈、建议，对下指导、监督等作用。高校是辅导员队伍建设最直接的组织者、实施者，是辅导员队伍建设的执行层。国家、地方的各项政策能否正常落实，关键在于高校，同时高校也是辅导员队伍建设最直接的受益者。根据主体间性理论，高校辅导员队伍自身也是队伍建设的主体，只有充分发挥辅导员自身的主观能动性，才能更好地发展自己，进而推动队伍整体素质的全面提高。

二是提出了高校辅导员队伍建设应遵循的基本原则。高校辅导员队伍建设应遵循辅导员成长及其职业发展客观规律。从微观层面讲，高校辅导员队伍建设就是为了提高辅导员个体的素质和能力，促进辅导员全面发展。辅导员的培养教育，既遵循人才培养的一般规律，又有其内在的本质要求和特殊的职业发展要求。从宏观层面讲，辅导员队伍建设要从思想、组织、制度和能力等方面加以建设，以提升辅导员素质和能力，不断满足和适应大学生思想政治教育的根本需要。因此，加强辅导员队伍建设就应当按照辅导员自身需求和工作实际，有针对性地实施培养和教育，这就需要按照辅导员的成长及其职业发展的客观规律采取有效措施。

三是提出了高校辅导员队伍建设的措施、方法和途径。组织推动，需要建设主体转变思想观念、提高思想认识，高度重视辅导员队伍建设，为其提供政策导向、制度保障、人力支撑和经费支持等。同时，组织需要采取有效措施解决辅导员队伍建设中选拔、培训、发展、管理、支撑和评价等环节中存在的实际困难，有效推动辅导员队伍建设。自身能动是指高校辅导员在组织推动的背景下，需要充分发挥自身的主体性，按照建立学习型组织和学习型社会的根本要求，自觉主动地结合辅导员工作的实际需要，进行自主学习、自我开发和自我超越，不断提高大学生思想政治教育和管理的能力及工作水平。组织推动和自身能动两者相辅相成，共同作用，才能更好地促进辅导员队伍素质的整体提高。组织推动是外因，是新时期加强和改进大学生思想政治教育的必然要求，是辅导员队伍建设得以实现的核心要素。自身能动是内因，辅导员在组织推动的前提下，唯有将辅导员工作视为自己生命的一部分，作为一项可以终生从事的事业来对待，才能更好地扮演好辅导员角色，从而自强不息、奋发进取。

四是明确了高校辅导员队伍建设的目的。加强辅导员队伍建设的目的是提高辅导员素质，优化队伍结构，增强其育人功能。其中，提高辅导员自身素质是队伍建设的基本要求，没有辅导员个体素质的明显提高，就无法实现队伍结构的优化，增强育人功能便无从谈起。优化队伍结构是辅导员队伍建设的关键环节，结构决定功能，合理的队伍结构是辅导员个体功能价值最大化的基本保证。增强辅导员队伍的育人功能是辅导员队伍建设的根本目的。要通过队伍建设提高辅导员的素质和能力。在优化队伍结构的基础上，辅导员能够更好地发挥大学生思想政治教育和管理的育人功能，更好地促进大学生的成长成才和全面发展。

五是指明了辅导员队伍建设是一项有意识的社会活动。活动由目的、动机和动作构成，具有完整的结构系统，而过程是指事物发展所经过的程序。辅导员队伍建设是一项复杂的系统工程，有特定的目标、原则、内容、方法以及对策和措施，从建设的运行程序上讲，包含了队伍的选拔、培训、发展、管理、支撑和评价环节，共同组成了队伍建设的开发体系。由此可见，高校辅导员队伍建设更侧重于有意识的实践活动，而不是一个简单的建设过程。有意识的社会活动阐释了高校辅导员队伍建设的利益关系。加强高校辅导员队伍建设能够实现高校、辅导员队伍和大学生多方共赢的良好局面。因为，学校投入辅导员队伍建设将促进辅导员队伍素质能力的提高，增强育人功能，提高人才培养质量。人才质量的提高反过来又将推动高校的发展。

六是整个定义关照了核心"建设"的本质意蕴。"遵循辅导员成长及其职业发展客观规律"需要在坚持与时俱进的基础之上补充高校辅导员队伍建设的相关内容，比如随着网络技术的发展，一些关于辅导员队伍建设新的制度或政策将不断扩充和创建。同时，"素质提高""结构优化"和"增强育人功能"回应了"从无到有的创建"以及"对已有对象的补充、完善、巩固和提高"的基本含义。

第二节　高校辅导员队伍建设的目标

紧密结合党的教育方针和高校人才培养的根本要求，不断满足高校辅导员队伍成长和发展的内在诉求，应当明确高校辅导员队伍建设的目标。高校辅导员队伍建设的目标，是指采取有效措施，建设一支数量充足、结构合理、素质过硬、效益突出的辅导员队伍，以满足一定时期内大学生日常思想政治教育和管理工作需要，以及能够为推进高校改革与发展、维护高校和社会稳定作出巨大贡献的辅导员队伍。

（一）数量充足

数量充足，就是高校等辅导员队伍建设组织通过切实采取有效措施，严格按照教育部的规定，配满配足一线专职辅导员，适量补充兼职辅导员，以保证队伍成员在数量上能满足正常开展大学生日常思想政治教育的现实需要。教育部关于 1∶200 的师生比是经过国内思想政治教育专家和教育部等领导共同研究得出的科学论断，具有一定的科学性和合理性，是当前和今后一段时间内专职辅导员数量配备的红线。

随着高等学校自主办学权力的日益加强，高校领导、人事部门和学生工作部门应该根据教育部《普通高等学校辅导员队伍建设规定》中一线专职辅导员师生比 1∶200 的要求配备辅导员，以保证高校辅导员队伍的人员数量。当前，部分高校辅导员人员数量配备不足，既不利于高校对青年学生的培养和教育，也不利于高校辅导员自身健康发展，是对大学生成长和辅导员队伍发展重视不够的表现。因此，高校领导应从党和国家关于人才培养质量的战略高度和以人为本的辅导员队伍建设理念，高度重视高校辅导员队伍的配备，并采取有效措施补充新的人员，以满足教育部对辅导员队伍配备的基本要求。

保证高校辅导员的数量需要明确以下内容：第一，教育部在配备比例中强调的是"一线专职辅导员"的比例是 1∶200，而非辅导员，如果是辅导员与学生的比例应当大于 1∶200 的比例。第二，高等学校应充分考虑本校学生群体的实际情况，根据教育对象的学科差异合理设定高校辅导员的岗位编制。一般而言，由于重点本科院校、普通本科院校和高职高专院校的学生素质存在一定的差异，应依次减少辅导员负责的学生人数，适当增加辅导员的编制；比如，应适当减少艺体类等专业的辅导员负责的学生数量。第三，兼职辅导员应作为对专职辅导员队伍的补充。"专兼结合、以专为主"的辅导员队伍建制模式已成为辅导员队伍建设的时代主流。兼职辅导员主要是由高校专业教师、职能部门教师或返聘离退休教师组成，由于现在高校教师工作压力、学习压力和科研压力都相对较大，离退休老师的体力有限，兼职辅导员在某种层面上不能全身心地投入到大学生日常思想政治教育和日常管理工作之中。因此，兼职辅导员不适宜负责太多的学生,高校应在考虑办学成本的情况下设置必要的兼职辅导员，但是一般情况下，兼职辅导员负责的学生人数不应超过100人。

确保辅导员的数量，关键是解决编制的问题。因此，各省市和高校在制定高校辅导员队伍发展规划之际，应使辅导员的数量需求与学校学生发展规模相适应，科学设置辅导员岗位，保证辅导员队伍的数量能满足辅导员队伍建设和大学生日常思想政治教育和管理工作的需要。

（二）结构合理

高校辅导员队伍结构，是指队伍内部全体成员的性别、年龄、学历、专业、职称等个体要素特质排列、组合与搭配的逻辑关系、运动方式和存在形态。高校辅导员队伍结构直接影响其功能发挥，关系到高校人才培养的效果和质量。优化高校辅导员队伍结构，既需要在高校辅导员队伍建设的过程中通过科学的选拔、系统的培训和科学的管理等措施加以改善，同时又需要辅导员充分发挥自身的主体性，不断提高思想道德素质、专业知识素质和身心素质，以保证辅导员队伍的性别、年龄、学历、专业、职称等结构的科学性和合理性。

1. 性别结构

高校辅导员队伍性别结构从范围上讲，主要是包括国家、省市和高校三个层面男女辅导员的比例和相互关系。相对而言，男性和女性之间在生理、心理和智力等方面各具优势，因此组建一支性别结构合理的辅导员队伍能更好地发挥辅导员队伍的育人功效。优化高校辅导员队伍的性别结构，需要在分析现有队伍男女比例的基础上，在选聘辅导员时将性别作为选拔指标之一，通过对新进辅导员男女比例的控制，逐步调整和优化辅导员队伍的性别结构。一般情况下，辅导员男女比例应控制在4∶6之间较为适宜。但这一范围还需根据学校性质、教育对象男女比例和便于开展大学生日常思想政治教育和管理工作的实际需要进行适当调整。

2. 年龄结构

年龄结构，是指辅导员队伍中不同年龄阶段人员之间的比例构成和相互关系。年龄不仅是辅导员生理和心理素质成熟的重要标志，也是评价辅导员经验和能力的重要参数，它关系到辅导员队伍的功能发挥和协调发展。一般情况下，年长的辅导员见多识广、经验丰富、办事稳重，但是由于生理成长规律的制约，与中青年辅导员相比，他们在体力、精力、接受新事物和工作创新等方面略显不足。年轻辅导员易于接受新鲜事物、勇于创新、精力旺盛，但是存在人生阅历肤浅、工作经验欠缺、思想不稳、办事易冲动等不足。中年辅导员更多的是集两者的优势于一身，是高校辅导员队伍中的中坚力量。根据人才学的基本观点，"合理的年龄结构,应该是一个具有老、中、青合理比例的梯形模式"①。优化高校辅导员队伍的年龄结构,需要形成一支老中青数量比例依次递增的辅导员队伍,形成一个三角形的年龄结构模式。其中,老年辅导员应发展成为队伍的核心领军人物,占少数;中年辅导员应成为队伍的骨干力量,数量居中;青年辅导员应成为队伍的生力军和先遣部队,数量居多。充分发挥三者各自的优势和特长,既有利于大学生成长成才,又有利于辅导员个体成长进步和队伍可持续发展。

3. 学历结构

学历结构,是指高校辅导员接受正规教育的年限和层次,具体包含了专科及以下、本科和研究生学历结构。相对而言,高学历、高学位的辅导员更有利于高校人才培养。因为,高学历高学位的辅导员接受事物快、创新意识强、科研能力强,能让大学生产生一种学术和知识上的敬畏,有助于开展辅导员工作。优化高校辅导员队伍的学历结构,既需要在辅导员招聘中提高辅导员学历学位方面的职业准入门槛,着力引进高学历高学位的毕业生,又需要通过继续开展辅导员攻读硕士学位、博士学位等学位提升计划加以改善。高校辅导员应在组织推动的作用下,紧紧抓住继续学习和深造的机会,充分发挥自身主观能动性,在专业知识、学历学位方面能有新的突破和质的飞跃。合理的学历结构,应是研究生学历的辅导员为主导,其中,具有思想政治教育相关专业博士学位的辅导员应占有一定的比例,硕士学位辅导员居于主流位置,本科学历的辅导员比例逐步减少。随着高等教育事业的发展,专科生将逐渐被淘汰。现实之中,高校辅导员队伍的学历学位结构受高等学校的性质、地理位置、经济收入和政策保障等因素所影响。因此,优化辅导员队伍的学历学位结构,需要高等学校加大投入,营造良好的外围环境,通过吸纳人才和继续教育等途径加以改善,逐步优化辅导员队伍整体的学历学位结构。

4. 专业结构

专业结构,是指高校辅导员个体最高学历专业背景之间的差异在队伍中所表现的组合比例。由于社会分工和经济结构的细化,不同专业和学科之间的分化与相互融合日益显著。由于种种历史原因,高校辅导员队伍的专业结构极其复杂,不同专业背景的辅导员从某种意义上讲,或许有利于对不同专业学生的学业指导,但复杂多样的专业背景恰恰也是高校辅导员队伍专业化、职业化和专家化发展的瓶颈所在。根据高校辅导员的工作职责和时代使命,高校辅导员主要承担着大学生日常思想政治教育和管理的责任。因此,合理的专业结构应是以思想政治教育及其相关专业为主体,其他相关学科专业背景的人员作为队伍的有益补充的建构模式。

一方面,具有思想政治教育相关专业背景的辅导员比例太小,不利于队伍建设和高校人才培养。职业成熟的重要标志之一就是拥有专业的科学知识体系。囿于当前没有专门的辅导员学或辅导员工作学等学科专业,思想政治教育相关专业无疑是教育、培养和生产高校辅导员人才队伍最佳的"孵化器"。高校辅导员主要从事日常大学生思想政治教育和管理工作,"思想政治教育是一门科学",非思想政治教育相关专业的辅导员势必在思想政治教育基础理论的知识储备、思维模式、行为方式上与思想政治教育专业相关学科背景的辅导员存在较

---

① 罗洪铁. 人才学原理[M]. 成都:四川人民出版社,2007.

大的差距，影响大学生思想政治教育工作的有效开展，影响育人效果。这就好比让一个人文社会科学专业背景毕业的学生去从事高等数学、大学物理教学一样，效果可想而知。

另一方面，复杂多样的专业背景降低了高校辅导员队伍的社会地位，削弱了辅导员队伍自身的职业认同。目前，很多高校在辅导员准入机制上还没有对从业人员的专业背景做出明确的要求，无论什么专业背景的高校毕业生都能从事辅导员工作，无形之中降低了辅导员的准入门槛，给人以辅导员工作是什么人都能胜任的职业假象，是忽视或轻视思想政治教育的一种表现形式，降低了高校辅导员队伍的社会地位。当然，为便于有效指导学生的专业学习和学生科技活动，可以选拔少数与学生学科专业相对应或接近的辅导员，作为以思想政治教育为核心的辅导员队伍的有益补充，亦未尝不可，但比例不宜太高。

为此，高校在选拔、聘用辅导员时必须关注从业人员的专业背景，将思想政治教育相关专业作为职业准入的关键考核指标。同时，依托具有思想政治教育专业硕士点和博士点的高校，进一步加强思想政治教育相关专业第二学位、硕士学位和博士学位教育培养力度，继续为辅导员队伍朝着思想政治教育专业发展提供政策、平台、时间和后勤保障，逐步改善和优化高校辅导员队伍的专业结构。

5. 职称职级结构

高校辅导员队伍的职称职级结构，是指对辅导员个体的素质能力、学术科研、业绩贡献等按照一定的评价标准进行等级层次划分，在队伍整体中所呈现的比例结构。一般而言，高校辅导员队伍的职称结构应包括教授、副教授、讲师和初级等职称结构，以及处级、副处级、科级及以下等行政职级结构。当今社会，辅导员队伍的职称、职务是衡量其能力水平、彰显其自身价值和社会地位的重要标志，关系到辅导员队伍的薪酬待遇和发展稳定。

原则上，一所高校内，辅导员的职称职级结构的比例应基本与该校专业教师职称职务结构的平均水平相当，才能体现对辅导员队伍应有的尊重和肯定。优化高校辅导员队伍的职称职务结构是保证队伍稳定和解决辅导员队伍可持续发展的重要途径，是激励高校辅导员自强不息、奋发进取的不竭动力，对于提高辅导员队伍的政治地位、经济收入和社会认同度以及培养高校辅导员队伍的核心领军人物都具有极其重要的现实意义。当前，不少高校缺少教授级辅导员，鲜有副教授级辅导员，讲师及以下的占了绝对比例，这显然不利于辅导员队伍的建设和发展。因此，高校应在坚持以人为本、尊重知识、尊重人才、尊重劳动、尊重创造的前提下为高校辅导员创造改善职称职级评定的政策和环境，逐步造就并增加具有较高层次职称职级的辅导员，不断优化辅导员队伍的职称职务结构。

（三）素质过硬

素质过硬，是指高校辅导员队伍自身的思想政治素质、专业知识素质和身心素质能较好地满足和胜任大学生日常思想政治教育和管理工作的实际需要。辅导员队伍素质过硬是队伍建设的核心所在，其素质直接关系到青年学生培养的质量和效果。加强高校辅导员队伍建设，需要辅导员具备过硬的思想政治素质、扎实的专业知识素质以及和谐健康的身心素质。

1. 思想政治素质过硬

过硬的思想政治素质是新时期高校辅导员开展工作的必要条件和内在的职业要求。高校辅导员队伍的思想政治素质，主要包括思想素质、政治素质和道德素质。其中，思想素质是先导，政治素质是核心，道德素质是保障，彼此相互促进，相互制约。

首先，思想素质过硬。辅导员的思想素质主要是指辅导员的世界观、人生观和价值观以及辩证的思维方式的内在综合，是辅导员开展大学生日常思想政治教育和管理的本质基础和行为先导。作为以马克思主义为指导思想的社会主义国家，我国高校辅导员队伍的思想素质过硬，就是要求辅导员能够正确运用辩证唯物主义和历史唯物主义的基本观点，认识世界和改造世界，为其有效开展辅导员工作提供正确的思想观念和行为意识。其中，世界观总是处于最高层次，对理想和信念起支配作用和导向作用；同时世界观也是个性倾向性的最高层次，它是人的行为的最高调节器，制约着人的整个心理面貌，直接影响人的个性品质。世界观决定辅导员的人生观和价值观。人生观是对人生的意义和目的的根本观点。作为高校党委领导下开展工作的辅导员，应坚持把无产阶级和人民群众的集体利益放在首位，把大公无私、舍己为人、全心全意为人民服务视为人生的根本意义和价值，把实现社会主义和共产主义理想视为人生最高的目标。价值观是指一个人对周围客观事物（包括人、事、物）的意义、重要性的总评价和总看法，一方面表现为价值取向、价值追求，凝结为一定的价值目标；另一方面表现为价值尺度和准则成为人们判断价值事物有无价值及价值大小的评价标准，它属于个性倾向性范畴。毛泽东指出："代表先进阶级的正确思想，一旦被群众掌握，就会变成改造社会、改造世界的物质力量。"①因此，高校辅导员必须具备比一般人更加过硬的思想素质，通过各项工作的开展和与青年学生的朝夕相处，以自身科学、正确的思想影响和熏陶青年学生。

其次，政治素质过硬。政治素质是辅导员作为一个政治角色，对自己所承担的政治义务和所享受的政治权利的理解、把握、反映和行动等情况的总和，说到底是辅导员政治意识和政治行为的统一。辅导员制度作为当今中国高等教育所特有的一种制度，是执行党的教育方针的重要保障，这既是巩固国家政权的有效措施，又是人才培养的重要保证，是高校辅导员队伍存在的价值所在。江泽民同志指出："我们讲的政治，是马克思主义的政治，是建设中国特色社会主义的政治……讲政治包括政治方向、政治立场、政治观点、政治纪律、政治鉴别力、政治敏锐性。"②因此，高校辅导员必须具备正确的政治方向、坚定的政治立场、科学的政治观点、严明的政治纪律，在意识形态领域内始终保持良好的政治鉴别力和政治敏锐性，正确引导青年学生健康成长。理论上成熟是政治上成熟的基础，需要广大辅导员自觉主动地学习贯彻中国特色社会主义理论体系，在中共中央、国务院《关于进一步加强和改进大学生思想政治教育的意见》等政策文件的指导下，自觉同党中央保持高度一致，坚决执行和贯彻党的路线、方针、政策。牢固思想防线，辅导员应在国际交流交融交锋中始终坚持中国共产党的领导，增强文化自觉和文化自信，坚持马克思主义在意识形态领域的指导地位，用社会主义核心价值引领时代主旋律；正确认识、理解改革发展中存在和面临的突出困难及潜在风险，自觉维护党和国家的尊严威信，共同维护高校和社会的稳定，风清气正地团结和引领广

---

① 毛泽东：毛泽东文集：第八卷[M]. 北京：人民出版社，1999.
② 江泽民：江泽民文选：第一卷[M]. 北京：人民出版社，2006.

大青年学生，永远跟党走，不断增强其爱国主义、集体主义精神，坚持中国共产党的领导、坚持社会主义、共产主义理想信念。

最后，道德素质过硬。道德是社会意识形态之一，是依靠社会舆论、人们的内心信念和传统习惯来调整个人与个人、个人与集体、集体与集体之间关系的行为准则和规范的总和。"国无德不兴，人无德不立。"胡锦涛同志在全国优秀教师代表座谈会上，对全国广大教师提出了"四点希望"，要求广大教师要"爱岗敬业、关爱学生，刻苦钻研、严谨笃学，勇于创新、奋发进取，淡泊名利、志存高远"，就是希望广大教师要注重师德修养。事实上，良好的道德素质是高校辅导员构建和谐人际关系的前提，也是有效开展工作的基础。一方面，高校辅导员要与学校教职员工保持交流与沟通，获悉大学生学习、生活等方面的信息。另一方面，辅导员与大学生朝夕相伴，能够对大学生实施有效的隐性教育。辅导员道德素质的核心就是教书育人、立德树人，通过言传身教，充分发挥自身的道德示范作用，塑造和净化青年学生的灵魂，让大学生在耳濡目染中得到熏陶，接受教育。辅导员要满怀对青年学生的无限关爱，树立崇高的职业理想和坚定的职业信念，把全部精力和满腔真情献给教育事业，关心每一位学生的成长进步，以真情、真心、真诚教育和影响学生，对学生施以最生动、最具体、最深远的教育。

2. 专业知识素质扎实

专业知识素质是高校辅导员有效实施大学生日常思想政治教育和管理工作的理论锐器，是推动辅导员队伍专业化发展的重要基础和保障，决定着辅导员的工作质量、发展效益和人生价值。高校辅导员工作的特殊性，需要其具备坚实的基础理论知识、扎实的专业知识和广博的相关知识。

首先，坚实的基础理论知识。马克思主义是我国立党立国的根本指导思想，是社会主义意识形态的旗帜和灵魂，是社会改革、建设和发展的理论武器，也是高校辅导员有效开展大学生日常思想政治教育和管理工作的理论基础。高校辅导员必须系统掌握马克思主义基础理论、毛泽东思想和中国特色社会主义理论体系等基础理论知识，用科学的理论武装头脑，不断巩固马克思主义在意识形态领域的指导地位，团结和引领广大青年学生建设中华民族共有精神家园，在青年学生中形成统一的指导思想、共同的理想信念、强大的精神支柱和基本的道德规范，巩固广大青年学生团结奋斗的共同思想基础，凝聚起推进现代化建设和民族复兴的强大力量。辅导员要通过系统深入的学习，坚持以马克思主义为指导，整合和引导社会思潮和文化追求，正确把握文化发展方向，最大限度地形成思想共识，凝聚人心，形成建设中国特色社会主义的巨大动力。坚定中国特色社会主义共同理想，就能使全国人民、全体中华儿女汇成振兴中华的滚滚洪流，使中华民族伟大复兴的道路越走越宽阔。大力弘扬民族精神和时代精神，就能不断丰富中华民族团结奋进、自强不息的精神内涵，激励全体人民为振兴中华努力奋斗。要旗帜鲜明地宣传和倡导社会主义荣辱观，在全社会形成知荣辱、讲道德、守法纪、促和谐的文明风尚，为中国特色社会主义事业提供强大的思想道德支撑。新时代，扎实的理论知识，还体现在对习近平新时代中国特色社会主义思想的学习、理解与运用上，深刻理解"八个明确"和"十四条基本方略"。只有根据青年学生不同特点分类进行教育引导，汇集全民智慧和力量，全面推进社会主义核心价值体系建设，才能使之真正融入人们的思想观念，成为行为规范，发挥实际作用。因此，高校辅导员只有深刻领会和运用党和国家关于教育、科技、人才等的政策指导自己的实践工作，自觉主动地运用社会主义核心价值观引领时代风尚，才能在意识形态领域始终保持清醒的头脑和正确的方向。

其次，扎实的专业知识。辅导员缺少专业学科的支撑是一个不争的事实，虽然有人主张建立辅导员学，但是当前思想政治教育专业无疑是辅导员开展工作最有力、最核心的专业知识。那种主张以学生事务管理、心理辅导或职业规划等取代思想政治教育的主张是错误的，现实中辅导员事务性工作过分挤占大学生思想政治教育的做法是危险的。事实上，辅导员工作必须以大学生日常思想政治教育为核心，这是党和国家赋予高校辅导员最为重要的历史使命，其他各项工作都只是辅导员开展大学生日常思想政治教育的必要补充和手段。坚持理论与实践相结合、运用科学理论指导实践是教书育人的根本原则，因此，辅导员必须系统扎实地掌握思想政治教育学科的专业知识，如思想政治教育史、思想政治教育学原理、思想政治教育方法论和思想政治教育管理学等专业基础知识。除此之外，辅导员还要与时俱进，及时了解和掌握当前思想政治教育领域发展的前沿问题，积极开展调查研究，将专业知识淋漓尽致地运用到学生的教育、管理与服务之中。

最后，广博的相关知识。我们说思想政治教育专业知识重要，但是并不排除其他相关知识对辅导员科学文化素质的有益补充，素质良好的辅导员必须具备广博的相关知识。一方面，辅导员工作内容的复杂性、教育对象的多样性、社会环境的多变性需要辅导员一专多能，只有这样才能更好地教育、管理和服务青年学生，才能胜任辅导员工作。另一方面，思想政治教育学本身是一门多学科交叉的应用型学科，它广泛吸收了与思想政治教育学有着密切联系的教育学、管理学、心理学、社会学和伦理学等相关学科的理论成果，开展大学生思想政治教育势必需要相关学科知识的有益补充。知识渊博的辅导员对学生有着天然的震撼作用，会全面激发青年学生对辅导员的敬畏之心、效仿之行，因此，除临近的相关学科知识以外，辅导员还应对经、史、法、美、文等学科知识有所了解。再一方面，坚持思想政治教育与业务工作相结合是辅导员开展工作的一项基本原则，与学生建立共同的话语体系是拉近师生关系的必要准备。因此，辅导员不仅要较为熟练地掌握教育对象所学的专业知识，而且还要具备一定的媒介素养和网络运用的知识。

高校辅导员从事的是一项系统性、综合性、专业性都很强的工作，没有良好的专业知识素质是无法正常开展各项工作的。因此，辅导员需要积累丰富的理论知识、扎实的专业基本功和广博的学科相关知识。

3. 健全的身心素质

世界卫生组织（WHO）对健康的定义是"健康是生理、心理和社会的健全状态，而不只是没有疾病"。对高校辅导员而言，健康素质主要包括了身体、心理和卫生等方面内容。辅导员工作是一项复杂的体力劳动，又是一项复杂的脑力劳动。辅导员需要以健康的身体素质和良好的心理素质为依托，才能更好地完成辅导员工作的神圣使命。

一方面，健康的身体素质。健康的身体素质是指人类各项生理机能和谐相处，各项生理功能可以正常运作，是思想政治素质和科学文化素质的载体，是人类其他各项素质的基础。由于当前高校辅导员工作职责界限模糊，导致辅导员工作压力大、工作时间长。加班加点的工作需要健康的体魄、旺盛的精力。只有拥有健康的身体素质,才能充分施展辅导员的思想政治素质和科学文化素质,发挥立德树人的育人作用。

另一方面,良好的心理素质。心理素质是指人在感知、思维、观念、情感、意志、兴趣等多方面心理品质上的修养,它是一个内容非常广泛的概念,涉及人的性格、兴趣、动机、意志、情感等多方面的内容。良好的心理素质是高校辅导员的必备条件,也是开展大学生日常思想政治教育不可或缺的心理准备。辅导员要在与青年学生相处的现实生活之中,以敏捷的思维、积极的心态、稳定的情绪、丰富的情感、和蔼的性格、高雅的气质、明确的自我意识、广泛的兴趣爱好和坚强的意志品行对待生活和工作,影响、感化学生,才能游刃有余地应对各种纷纭复杂的学生工作。知识经济时代的到来加快了现代人生活的节奏,要立足于竞争激烈、信息爆炸的现实社会,高校辅导员承受着来自各个方面的挑战和压力。工作中时常会遇到学生意外事件,偶尔会遭到领导的责难、同事的误会、学生的误解,生活中也可能会遇到经济拮据、爱情失意、情感受挫等现实问题,这都需要辅导员以良好的心理素质应对和破解。

第三节 高校辅导员队伍建设的原则

原则是指说话、行事所依据的准则。高校辅导员队伍建设有其独特的内在规律和基本原则。在新的时代背景下,应该坚持以人为本、统筹兼顾、实事求是的原则,全面推进高校辅导员队伍建设。

(一)以人为本的原则

坚持以人为本的原则,是指在高校辅导员队伍建设的全过程中,将辅导员作为建设的出发点和最终归宿,尊重辅导员的主体价值,满足辅导员的根本利益,促进辅导员的全面发展,实现辅导员与高校的共同发展。坚持以人为本是辅导员队伍建设的根本价值取向和核心所在,需着重提高辅导员队伍建设的思想认识。

1. 尊重高校辅导员的主体价值

坚持以人为本,必须尊重高校辅导员的主体价值,提高辅导员队伍建设的思想认识。高校辅导员队伍是大学生思想政治教育的主体之一,关系到青年学生健康成长成才,对于促进高校改革和发展具有重要的价值。辅导员队伍建设者要充分肯定和高度认可辅导员的社会价值和育人作用,自觉将加强高校辅导员队伍建设统一到中央的决策上来,转变思想认识、创新体制机制,采取有效措施,着力提升辅导员的素质能力,提高其工作水平,增强育人效果。高校辅导员的劳动贡献关系到如何培养人、培养什么人和为谁培养人,关系到我国现代化建设的后继者。因此,需要避免只重视科研、教学等硬实力建设,削减人文、思想等文化软实力投入,只重视科研、教学队伍建设,轻视辅导员队伍建设等不良倾向。高校辅导员队伍建设者要提高思想认识,"要时刻把人民群众的安危冷暖放在心上,深怀爱民之心,恪守为民之责,善谋富民之策,多办利民之事,倾听群众呼声,关心群众疾苦,为群众办实事、办好事"[①]。

---

① 中共中央宣传部. "三个代表"重要思想学习纲要[M]. 北京:学习出版社,2003.

高校的核心职能是人才培养，大学生是高校存在和发展的根本保障。占据高校绝对人数的大学生是高校改革、发展和稳定的基石。"维护高校稳定，推动高校改革、发展，各地各校思想政治工作者功不可没，特别是广大辅导员更是付出了心血和汗水。"随着我国改革开放的不断深入，世情国情党情发生了深刻变化，对大学生的生活方式、思维范式都产生了很大的影响。广大辅导员在高校党委的领导下，长期身居一线、躬耕基层，与大学生朝夕相处，是大学生的"温度计"和"传感器"。高校辅导员通过耐心教育，将党和国家的精神及时传达给青年学生，让青年学生在思想和行为上与党中央保持高度一致。辅导员通过悉心管理，将各种潜在的隐患扼杀在摇篮之中，为青年学生创造和谐的成长空间。通过真心服务，及时将党和国家的温暖送给青年学生，使其共享改革开放成果，促使大学生更加忠于党的领导。江泽民同志指出："一个政权也好，一个政党也好，其前途命运最终取决于人心向背，不能赢得最广大人民的支持，就必然垮台。"①高校亦然，高校正是通过辅导员队伍的辛勤工作、无私奉献，紧密团结、凝聚和引领青年学生，才能杜绝和避免各种风险和危机，为促进高校改革和发展提供和谐的政治环境。

尊重辅导员的主体价值就是要尊重辅导员的劳动成果和社会价值，提升辅导员的社会认同，满足辅导员的客观需求，保障辅导员的切身权益。要像重视学术骨干一样重视辅导员的选拔、培养和发展，让其干事有平台、生活有保障、发展有空间。应始终关注辅导员的需求，关注他们的生活世界和精神世界，把辅导员的工作实际与发展诉求作为制定政策的依据和重要内容。应注重辅导员的个性化发展，给他们独立发展的自由空间，尊重辅导员的独立人格、需求、能力差异，用人性化的标准对辅导员进行全方位评价和考核。要全面激发和调动辅导员的主动性、积极性和创造性。

2. 满足高校辅导员的根本利益

利益是关系范畴，指的是人与人之间对需求对象的分配关系，是人类社会发展的最终动力。从哲学上讲，利益是利益主体对客体价值的肯定，它反映客体满足主体的某种需要。坚持以人为本，必须满足高校辅导员的根本利益，协调高校辅导员的利益关系、满足其物质和精神方面的需求。要提高辅导员生活质量和幸福指数，不断实现好、维护好、发展好广大辅导员的根本利益。

要协调高校辅导员的利益关系，尊重辅导员的合法权利。马克思指出："这种共同利益不是仅仅作为一种'普遍的东西'存在于观念之中，而首先是作为彼此有了分工的个人之间的相互依存关系存在于现实之中。"②处理好利益关系，是高校辅导员队伍建设的根本和保障。马克思指出："人们为之奋斗的一切，都同他们的利益有关。"③正确处理好辅导员的利益关系是辅导员潜心教书育人的原动力和队伍建设的根本要求。强调以人为本，需要坚持历史唯物主义的基本立场和观点，需要摒弃中国古代的民本思想和西方的人本主义、个人利益至上思想，我们既要鼓励和提倡辅导员无私奉献、甘于淡泊，又不能以牺牲辅导员正当的合法的利益为代价。尊重辅导员的社会价值和主体地位，要按照"发展为了人民、发展依靠人民、发展成果由人民共享"④的利益原则，去满足辅导员的物质和精神生活的客观需要。广大辅

---

① 江泽民文选：第三卷[M]. 北京：人民出版社，2006.
② 马克思恩格斯文集：第一卷[M]. 北京：人民出版社，2009.
③ 马克思恩格斯全集：第一卷[M]. 北京：人民出版社，1995.
④ 中共中央文献研究室. 十七大以来重要文献选编：上[M]. 北京：中央文献出版社，2009.

导员要正视自己的工作价值和重要作用,正确处理个人利益与他人利益、社会利益的关系,按照社会主义共同理想的基本要求,更加自觉地追求进步、提升自我,更大限度地发挥大学生思想政治教育的育人作用,用实际的行动证明自我,赢得社会的肯定和认同。

要满足高校辅导员的物质需求,提高辅导员的生活质量。毛泽东强调:"马克思列宁主义的基本原则,就是要使群众认识自己的利益,并且团结起来,为自己的利益而奋斗。"[①]尊重高校辅导员的主体价值,是因为辅导员在人才培养,促进高校改革、发展和稳定作出了积极的贡献,取得了显著的成绩。在坚持按劳分配的原则下,应当满足高校辅导员的物质利益,"高等学校要根据实际,将辅导员、班主任的岗位津贴等纳入学校内部分配体系筹考虑,确保辅导员、班主任的实际收入与本校专任教师的平均收入水平相当。"[②]马克思指出:"为了生活,首先就需要吃喝住穿以及其他一些东西。因此第一个历史活动就是生产满足这些需要的资料,即生产物质生活本身。"[③]他还指出:"人首先必须吃、喝、住、穿,然后才能从事政治、科学、艺术、宗教等。"[④]因此,需要不断满足辅导员正当的物质需求,提高其生活质量。学校还应制定相应政策,加大对高校辅导员队伍建设人力、财力和物力的投入,加强辅导员的培养培训和对外交流,提升辅导员的素质能力;根据辅导员的任职年限和工作实绩确定相应级别的行政待遇和职称聘评,确保辅导员发展有空间。同时,在住房问题、办公条件等方面应加大投入,为辅导员的工作生活提供必要的保障,不断提高辅导员的生活质量。

应满足高校辅导员的精神诉求,提高辅导员的幸福指数。坚持以人为本,必须关注高校辅导员的精神生活和幸福指数。要体现社会主义的人道主义和人文关怀,满足人们的发展愿望和多样性需求。一方面,要加强高校辅导员的科学文化知识教育。高校辅导员队伍建设者要充分认识"只有了解人类创造的一切财富以丰富自己的头脑,才能成为共产主义者"[⑤]。不断加强高校辅导员队伍的组织文化建设,营造辅导员队伍发展的良好环境,发挥辅导员的聪明才智,增强组织凝聚力、向心力,培植共同的理想信念。另一方面,要着力提升辅导员的思想道德素养。思想道德是精神文明建设的灵魂,是"经济工作和其他一切工作的生命线",决定着我国社会主义精神文明建设的性质和方向,对社会的政治经济发展具有巨大的能动作用。当前,需要以社会主义核心价值观和宏伟中国梦统领辅导员队伍的思想道德建设,"努力在全社会形成统一的指导思想、共同的理想信念、强大的精神力量和基本的道德规范"[⑥]。要坚持马克思主义指导思想,将其作为统领辅导员思想、行为的灵魂、指导思想和精神旗帜,坚持中国特色社会主义共同理想;坚持以爱国主义为核心的民族精神和以改革创新为核心的时代精神。以社会主义荣辱观为行为准绳,帮助辅导员树立正确的世界观、人生观和价值观,砥砺意志、汇聚力量、振奋精神,使其以满腔的热情和对党和人民的无限忠诚,敬岗爱业、潜心育人,全心全意地为学生服务,将自身价值实现与人才培养、高校以及社会改革、发展和稳定紧密联系,实现个人和社会的共同发展。

---

① 中共中央文献研究室. 十三大以来重要文献选编:中[M]. 北京:人民出版社,1991.
② 教育部思想政治工作司. 加强和改进大学生思想政治教育重要文献选编(1978—2008)[C]. 北京:中国人民大学出版社,2008.
③ 马克思,恩格斯. 马克思恩格斯文集:第一卷[M]. 北京:人民出版社,2009.
④ 马克思,恩格斯. 马克思恩格斯文集:第三卷[M]. 北京:人民出版社,2009.
⑤ 列宁. 列宁专题文集[M]. 北京:人民出版社,2009.
⑥ 中共中央文献研究室. 十七大以来重要文献选编:上[M]. 北京:中央文献出版社,2009.

3. 促进高校辅导员全面发展

高校辅导员队伍建设坚持以人为本，就是坚持人的自然属性、社会属性和精神属性的辩证统一，以尊重、关心、理解和支持辅导员事业的发展为基础，重视辅导员自身的成长和全面发展。

马克思在《资本论》中指出，代替资本主义的未来社会是一个"更高级的、以每个人的全面而自由的发展为基本原则的社会形式建立现实基础"①。同时在《共产党宣言》中指出，"在那里，每个人的自由发展是一切人的自由发展的条件"②。辅导员作为提高大学生人才培养，促进高校改革、发展、稳定的一支不可或缺的重要力量，应当具有"自由而全面"发展的权利和条件。由此可见，马克思主张每一个人都无可争辩地有权全面发展自己的才能，任何人的职责、使命、任务就是全面地发展自己的一切能力，更好地实现自由而全面的发展，而不是"每一个人都只能发展自己才能的某一方面而偏废了其他各方面"③。因此，加强高校辅导员队伍建设，应将目光聚焦在辅导员自身的发展之上。需要通过组织培训提高辅导员的素质能力，创新体制机制为辅导员发展营造良好的环境，搭建发展平台，提供发展空间，从而"使社会的每一个成员都能完全自由地发展和发挥他的全部才能和力量"④，从而"保证他们的体力和智力获得充分的自由的发展和运用"⑤。

纵观高校辅导员队伍工作的现实境遇，还不同程度地存在着队伍缺编、辅导员工作时间长、劳动强度大、心理压力重等现实问题，高校辅导员全面发展的条件缺乏。应积极倡导"给每一个人提供全面发展和表现自己的全部能力即体能和智能的机会"⑥。因为人的全面发展是经济社会发展的根本目的，离开了人的全面发展，经济社会发展就失去了目标和动力。当前，高校辅导员超负荷的工作显然是以牺牲其自我利益为代价的，难以实现"成为自己本身的主人——自由的人"⑦，有违"发展为了人民、发展依靠人民、发展成果由人民共享"的根本宗旨。事实上，只有在所有人为了大家也为了自身全面的发展而进行劳动和创造的条件下，为了社会所有成员的全面发展的经济基础和社会基础才能建立起来。所以，只有不断促进高校辅导员的全面发展，才能通过发挥他们的聪明才智和独特的人格魅力对大学生进行思想政治教育、管理和服务，让他们在自我约束、自我设计、自我创造中实现职业价值。

（二）统筹兼顾的原则

统筹兼顾的原则，就是在高校辅导员队伍建设中要坚持总揽全局、科学筹划、协调发展的建设准则。坚持在党的领导下，不断加强高校辅导员队伍建设的组织领导，使高校辅导员队伍建设能够全面、协调和可持续发展。

1. 统揽全局

统筹兼顾是坚持科学发展观的根本方法，是高校辅导员队伍建设必须遵循的行为范式。

---

① 马克思，恩格斯. 马克思恩格斯选集：第二卷[M]. 北京：人民出版社，1995.
② 马克思，恩格斯. 马克思恩格斯文集：第二卷[M]. 北京：人民出版社，2009.
③ 马克思，恩格斯. 马克思恩格斯文集：第一卷[M]. 北京：人民出版社，2009.
④ 马克思，恩格斯. 马克思恩格斯全集：第四十二卷[M]. 北京：人民出版社，1979.
⑤ 马克思，恩格斯. 马克思恩格斯文集：第三卷[M]. 北京：人民出版社，2009.
⑥ 马克思，恩格斯. 马克思恩格斯文集：第九卷[M]. 北京：人民出版社，2009.
⑦ 马克思，恩格斯. 马克思恩格斯文集：第三卷[M]. 北京：人民出版社，2009.

高校辅导员队伍建设是一项系统工程，关系到不同的利益主体，涉及方方面面，需要按照统筹兼顾、全面协调的原则加以建设。统筹兼顾就是要把辅导员队伍纳入高校人才队伍开发之列，辅导员队伍建设主体要从高校发展的战略全局和人才培养的战略高度，用全面的而不是片面的、联系的而不是孤立的、发展的而不是静止的观点对待高校辅导员队伍建设。正确把握当前辅导员队伍建设中存在的突出问题，客观分析存在问题的内在原因，在科学发展观的指导下积极探寻辅导员队伍建设的措施和方法，不断满足辅导员队伍的切身利益。在统筹兼顾的原则下，优化辅导员队伍结构、提升辅导员队伍素质、增强辅导员队伍能力，促使辅导员队伍健康和谐地发展。要把辅导员队伍建设与学校教学、科研队伍建设放在同等重要的位置，统筹规划，统一领导，处理好专任教师、管理人员与辅导员的关系，努力形成大学生思想政治教育的合力。

2. 科学规划

规划就是指制订比较全面的、客观的和长远的发展计划，是对未来整体性、长期性、基本性问题的思考并设计未来行动的具体方案。为此，高校在辅导员队伍的选拔、配备、培养和退出等方面应有基本的、统筹的指导方针、战略目标和总体部署，要有条不紊、系统地推进。科学规划就是让广大辅导员深刻认识到"工作有平台、生活有保障、发展有空间、事业有方向"，这不仅有利于高校教师队伍建设的整体推进，而且可以使广大辅导员看到自身职业发展的美好前景，科学规划自己的职业生涯，有助于激发广大辅导员的工作热情和昂扬斗志，增强育人效果。

3. 协调发展

科学发展观的第一要义是发展，"发展才是硬道理"是中国共产党历史经验的总结。高校辅导员队伍建设应坚持协调发展，既关注眼前的现状，又要着眼于未来的发展；既要关注世界或全国范围内高校辅导员队伍建设的情况，又要认识本地区、本校辅导员队伍建设存在的不足，坚持可持续发展战略。坚持以高校辅导员队伍专业化、职业化和专家化发展为导向，切实解决好辅导员队伍职业发展中的障碍和瓶颈问题，现实中辅导员队伍的评价考核、激励保障、职称评定和职务晋升必须始终坚持统筹发展指导原则。

（三）实事求是的原则

坚持实事求是的原则就是在高校辅导员队伍建设中，从队伍建设的实际对象出发，探寻辅导员队伍建设的内部联系及其发展规律性，全面认识队伍建设的本质。邓小平同志说过："实事求是，是无产阶级世界观的基础，是马克思主义的思想基础。过去我们搞革命所取得的一切胜利，是靠实事求是；现在我们要实现四个现代化，同样要靠实事求是。"[①]加强高校辅导员队伍建设同样需要坚持实事求是的根本原则。坚持实事求是的原则，需要坚持解放思想、贴近实际、理论联系实际和与时俱进。

1. 解放思想

解放思想是实事求是的前提，加强高校辅导员队伍建设，需要提高思想认识，解放思想、

---

① 邓小平. 邓小平文选：第二卷[M]. 北京：人民出版社，1994.

与时俱进地处理辅导员队伍建设和发展中存在的各种问题。邓小平同志指出:"我们讲解放思想,是指在马克思主义指导下打破习惯势力和主观偏见的束缚,研究新情况,解决新问题。"①因此,坚持解放思想,就需要克服、避免束缚高校辅导员队伍建设的思想桎梏,按照与时俱进的要求,紧密结合当前党和国家对辅导员赋予的时代使命和殷切希望,按照辅导员自身和辅导员职业发展的内在要求以及青年大学生成长成才的需要加以建设。在不断满足辅导员物质文化需求的同时,使辅导员发挥更好的育人效果。

同时,邓小平同志在《解放思想,实事求是,团结一切向前看》中强调:"一个党,一个国家,一个民族,如果一切从本本出发,思想僵化,迷信盛行,那它就不能前进,它的生机就停止了,就要亡党亡国。这是毛泽东同志在整风运动中反复讲过的。只有解放思想,坚持实事求是,一切从实际出发,理论联系实际,我们的社会主义现代化建设才能顺利进行,我们党的马列主义、毛泽东思想的理论也才能顺利发展。"②因此,在高校辅导员队伍建设中必须坚持解放思想,坚持破解影响和阻碍高校辅导员队伍建设的各种不利因素,为高校辅导员队伍建设破除思想上的障碍。

2. 一切从实际出发

一切从实际出发,就是从客观事物存在和发展的规律出发,在实践中按照客观规律办事。一切从实际出发是实事求是的基础,是有效推进高校辅导员队伍建设的根本保证。一方面,高校辅导员队伍面临的工作环境和社会环境发生了显著的变化。辅导员肩负着重要的历史使命,其工作职责和工作内容也在不断增加。随着社会环境的变化,教育对象呈现出鲜明的个性特点,"一些大学生不同程度地存在政治信仰迷茫、理想信念模糊、价值取向扭曲、诚信意识淡薄、社会责任感缺乏、艰苦奋斗精神淡化、团结协作观念较差、心理素质欠佳等问题"③。这些变化加大了辅导员的工作强度和难度。随着党和国家对高校辅导员队伍建设越来越重视,专兼结合、以专为主的建制模式需要关注辅导员的发展和出路。当前和今后一段时间,应当按照专业化、职业化和专家化的要求不断加强辅导员队伍建设,以满足辅导员队伍建设和大学生思想政治教育的现实需要。另一方面,需要通过广泛深入的调查研究,掌握当前高校辅导员队伍建设现状。"没有调查就没有发言权"④强调的就是要从实际出发。只有通过调查研究,全面准确地掌握高校辅导员队伍建设取得的成绩、存在的不足,为党和国家制定辅导员队伍建设的各项政策提供一手材料,才能有针对性地采取有效措施,不断加强辅导员队伍建设。一切从实际出发,就是要贴近辅导员队伍建设的实际,政策制度的制定要贴近实际,对策措施的实施要贴近实际,做到有的放矢、对症下药。从全国范围讲,各省市、各高校辅导员队伍建设发展不平衡,辅导员的素质能力还存在较大差异。因此,需要按照一切从实际出发的原则,认真学习领会党和国家关于辅导员队伍建设的政策要求,紧密结合自身实际,切实转变思想认识,加大投入力度,采取有效措施,致力于辅导员队伍建设。

---

① 邓小平.邓小平文选:第二卷[M].北京:人民出版社,1994.
② 邓小平.邓小平文选:第二卷[M].北京:人民出版社,1994.
③ 教育部思想政治工作司.加强和改进大学生思想政治教育重要文献选编(1978—2008)[C].北京:中国人民大学出版社,2008.
④ 毛泽东.毛泽东选集:第四卷[M].北京:人民出版社,1991.

3. 理论与实践相结合

理论联系实际，体现了认识与实践相统一、矛盾的普遍性和矛盾的特殊性相联结的马克思主义认识论和辩证法。理论联系实际，是在高校辅导员队伍建设中贯彻实事求是思想路线的根本途径和方法。坚持理论联系实际，就是应用马克思列宁主义的立场、观点、方法，对高校辅导员队伍建设实际进行认真研究，正确地分析研究辅导员队伍建设取得的成绩、存在的困难和问题，从中总结规律，作为行动的向导。需要在调查研究的基础上加强高校辅导员队伍建设的理论创新，用科学的理论指导辅导员队伍建设。

高校辅导员队伍建设是思想政治教育队伍建设最为重要的组成部分，需要运用科学的理论加以指导，为政策制定、对策实施提供理论保障。因此，需要在辅导员队伍建设的历史回顾和现实实践中加以总结分析，探寻适应辅导员队伍建设的理论源泉。加强辅导员队伍建设的理论创新，需要坚持与时俱进的理论品质，敢破敢立，推陈出新。

第四节　高校辅导员队伍建设的内容

高校辅导员队伍建设作为一项特殊的社会实践活动，有其自身内在的建设内容，主要包括思想建设、组织建设、能力建设和制度建设四个方面。需要采取有效措施贯彻落实辅导员队伍建设的各项内容，全面提高辅导员队伍综合素质和工作水平。

（一）思想建设

思想是行为的先导，加强高校辅导员队伍建设，其前提是要解决对高校辅导员队伍建设的思想认识问题。只有加强辅导员队伍建设者和辅导员队伍自身的思想建设，才能从根本上实现辅导员队伍建设的目标。

1. 加强高校辅导员队伍建设者的思想建设

高校辅导员队伍建设者是指辅导员队伍建设的主体，包括建设的组织机构和领导人员；从组织层次上讲，主要包括了教育部、省市教育主管部门和高校三个层面。高校辅导员队伍建设者是辅导员队伍发展规划、制度政策等的制定者和落实者，是辅导员工作开展的指引者、辅导员队伍发展的引领者。加强高校辅导员队伍建设者的思想建设，需要高校辅导员队伍的建设者坚持解放思想、实事求是、与时俱进、开拓创新，以人为本、执政为民的建设理念，将高校辅导员队伍建设上升为贯彻落实《关于进一步加强和改进大学生思想政治教育意见》（中发〔2004〕16号）精神和为社会主义现代化培养合格建设者和可靠接班人的人才培养战略高度，重新审视高校辅导员队伍建设的重要性、必要性和紧迫性。高校辅导员队伍建设者应根据高校辅导员队伍建设的现实状况和实际需求，在政策、制度、经费、保障、监督等方面采取有效措施，把高校辅导员队伍建设作为加强和改进大学生思想政治教育过程中的关键环节抓好。

2. 加强高校辅导员自身思想建设

高校辅导员队伍建设需要建设主、客体相互作用和共同努力，才能更好地实现队伍建设的目标和任务。新时期，转变高校辅导员队伍建设者的思想观念，加强高校辅导员队伍建设的组织推动只是高校辅导员队伍建设的外在因素，关键还需要充分发挥高校辅导员队伍自身的主体性。一方面，需要辅导员正确认识自身工作在高校人才培养中的重要价值和现实意义，自觉增强教书育人的使命感和责任感。作为一名在岗在任的辅导员，应当热爱辅导员工作，把学生的发展和进步视为实现自身人生价值的重要阶梯，自觉增强职业认同感和组织归属感。另一方面，需要高校辅导员自觉增强大学生日常思想政治教育和管理工作的能力和水平，通过参加各级培训、申报研究课题和自我学习、自我教育等方式增强自身的理论素养，提升自己的思想道德境界，注重在工作实践中反思总结提高，增强育人本领和工作技能。

（二）组织建设

高校辅导员队伍建设是一项长期的系统工程，需要通过加强组织建设、建立体系完善的高校辅导员队伍建设的组织管理机构，不断优化高校辅导员队伍建设的领导管理体制，加强组织文化建设，营造良好的组织生态环境。

1. 建立高校辅导员队伍建设的组织机构

高校辅导员队伍建设需要通过组织的推动和引领，为其提供宏观的政策导向以及发挥各省、直辖市和自治区教育主管部门的指导和监督力度，充分发挥高校在辅导员队伍建设中各项政策的执行和落实作用。

建立和完善高校辅导员队伍建设正式的组织机构。高校辅导员队伍建设的组织机构是对辅导员队伍建设各项政策的制定、实施进行领导、组织、监督的职能部门，包括国家、地方和高校三个层面。积极建构涵盖国家、地方和高校三位一体的建设格局，为高校辅导员队伍建设提供坚强的组织保障，能够不断增强辅导员的组织归属感，有效激发辅导员队伍工作潜能。建立并完善高校辅导员队伍建设的协会组织是对正式组织的有益补充。它的产生和发展是社会分工的结果，反映了高校辅导员队伍自我服务、自我协调、自我监督、自我保护甚至自我发展的意识和诉求。

2. 优化高校辅导员队伍建设的领导管理体制

传统的高校学生工作模式与新时期高校辅导员队伍工作职责的不断扩张、劳动强度的不断增大之间的矛盾日渐凸显，已经成了高校辅导员队伍专业化、职业化和专家化建设的瓶颈，不利于高校辅导员队伍的组织建设。完善高校辅导员队伍建设的领导管理模式，有助于明确辅导员队伍工作的责权利，更好地开展大学生思想政治教育和管理工作。要在高校辅导员队伍传统的"垂直式、集中式、矩阵式和分类式"等领导管理模式的基础之上，强化辅导员的"双重身份"，加强辅导员的"双重领导"，落实辅导员的"双重待遇"，确保高校党委对辅导员队伍的领导和支持，确保健康发展。优化高校辅导员队伍建设的领导管理体制有利于保持队伍的稳定性、纯洁性，提升其凝聚力、向心力、生命力和战斗力，为进一步提高辅导员队伍的工作质量和工作效率提供坚强的组织保证。

（三）能力建设

能力是以人的生理和心理素质为基础，在认识和实践活动中形成、发展的完成某种任务的能动力量,是体力和智力的有机结合、物质和精神的动态统一。从某种意义上说,能力是素质在一定条件下的外显。高校辅导员工作作为高校人才培养的一种重要途径,有其内在、特殊的能力要求,更具工作职责的需要。高校辅导员的能力主要包括学习能力、创新能力、教育管理能力和领导服务能力。

1. 学习能力

高校辅导员的学习能力是指辅导员通过阅读、思考和研究等途径,获取辅导员工作所需要的知识与技能。广大辅导员要在工作和学习中运用已有知识储备,以快捷、简便、有效的方式获取知识、信息,从而改变已有知识结构,提高自身综合素质。新时期高校辅导员工作的职责和内容不断扩展,教育对象的需求日趋多样化,这需要高校辅导员与时俱进,不断通过自我教育、自主学习、自我提高增强育人本领和工作水平,以便更好地胜任辅导员工作。高校辅导员学习能力的强弱直接关系到其工作效果和自身社会地位与声誉。在大力构建学习型社会的时代,高校辅导员必须加强学习,努力弥补和提高大学生日常思想政治教育和管理工作的能力,在教育、管理、服务中做好育人的本职工作。高校辅导员只有通过不断学习,紧跟时代步伐和教育对象的变化节奏,才能科学、有效地培养社会主义的建设者和接班人。通过学习,在自身理论素养不断提高的过程中由事务性辅导员向知识型、能力型和科研型辅导员转变,为辅导员队伍的专业化、职业化发展奠定基础。

2. 创新能力

高校辅导员的创新能力,是指通过调查、分析、实验等研究方法,在理论和实践上从事创造活动的能力。它包括创新意识、创新思维和创新技能等三部分,其核心是创新思维,具体表现为思想理论的重大突破、方式方法的重大创新。对高校辅导员而言,创新能力主要包括理论创新能力和实践创新能力两个方面的内容。在理论创新上,高校辅导员要在具备扎实的科学文化素质的基础上,紧密联系学生工作的客观实际和大学生身心发展的客观规律,对思想政治教育、心理健康教育、职业规划教育和学生事务管理等内容进行探讨,通过课题研究、撰写学术论文等方式,探索新的教育方法和教育规律,在科学理论的指导下开展实践工作,丰富思想政治教育的理论基础,逐步从经验型辅导员向研究型辅导员转变。在实践创新方面,高校辅导员要紧密结合学生的实际需要和学校发展的中心任务,在因材施教、个性化教育的基础上,依托有利的社会资源和个人能力,丰富教育内容、拓展教育渠道、创新教育方法、延展教育阵地,扎实推进大学生思想政治教育和管理工作,增强教育的宣传力和感染力。

学习能力是创新能力的基础和前提,创新能力是学习能力的归宿和价值体现,学习中孕育着创新,创新中蕴含着学习。高校辅导员的学习创新能力是辅导员能力结构中最基层、最本质和最核心的能力,是高校辅导员教育管理能力和服务领导能力能否有效彰显的基础。

3. 教育能力

高校辅导员是教师队伍的重要组成部分,必须掌握相应的教育方法,懂得相应的教育规律,具备相应的教育能力。

教育能力有狭义和广义之分。狭义的教育主要指辅导员根据一定的社会要求,有目的、有计划、有组织地对受教育者的身心施加影响，把他们培养成为社会所需要的人的活动。事实上，很多高校辅导员承担着形势与政策、心理辅导和职业生涯等课程的教学工作，具有鲜明的政治特性和育人属性，理应归为教师队伍。因此，高校辅导员需要具备必要的课堂教学能力。

广义的教育是指辅导员通过与学生朝夕相处，增进大学生的知识和技能，影响大学生思想品德的活动。高校辅导员与学生朝夕相处，通过开展思想政治教育、心理辅导、职业指导、事务管理等工作，有针对性地开展个性化指导、教育和管理，帮助广大学生树立科学的世界观、人生观和价值观，坚定社会主义共同理想，忠于党的领导和社会主义现代化建设事业，化解青年学生在求学中所遇到的思想困惑、心理困顿和职业迷茫，使青年学生在思想道德素质不断提高的过程中更好地学习科学文化知识，增进知识技能。这些充分证明了高校辅导员的教师身份。

成功扮演教师角色，需要高校辅导员必须具备相应的教育能力。现阶段，高校辅导员的教育能力主要包括教育内容的组织能力、教育过程的控制能力、教育方法的综合能力、教育效果的反思能力以及教育规律的探索能力。

4. 管理能力

管理是组织中维持集体协作行为延续发展的有意识的协调行为。高校辅导员的管理能力是指在高等教育的条件下，辅导员对其所拥有的资源（人力、物力和财力等资源）进行计划、组织、领导、控制和协调，以有效实现人才培养目标的能力。由于工作性质和高等学校的学生工作模式，辅导员工作在很大程度上涉及对青年学生的管理，因此，辅导员必须具备一定的管理能力，方能胜任本职工作。具体而言，高校辅导员的管理能力主要包括决策判断能力、分析鉴别能力、协调沟通能力、执行控制能力和反馈校正能力。

事实上，高校辅导员的教育和管理能力是开展辅导员工作的关键能力，因为在对青年大学生的教育培养中，管理中包含了教育，教育中渗透着管理，两者相辅相成，互为补充。《普通高等学校辅导员队伍建设规定》（教育部令第24号）在配备与选聘中明确要求高校辅导员应当"具备较强的组织管理能力和语言、文字表达能力"，这是对其管理能力和表达能力的具体要求。高校辅导员的教育管理能力是辅导员学习和创新能力的价值实现，是开展辅导员工作最为基本的要求和能力底线。高校辅导员的教育管理能力更多侧重于高校组织层面的职责要求，是实现高校人才培养目标、履行党和国家人才培养任务的具体体现。高校辅导员的教育管理能力是辅导员工作最核心的能力，是高校辅导员履行工作职责和扮演社会角色的必备能力。"辅导员是高等学校教师队伍和管理队伍的重要组成部分，具有教师和干部的双重身份。"从这个意义上讲，高校辅导员的教育管理能力包含了作为教师身份应具有的教育能力和作为干部身份的管理能力。

（四）制度建设

制度管根本，管长远，是一个具有根本性、稳定性和长期性的关键问题。着眼于制度建设是高校辅导员队伍建设的重要保障。加强高校辅导员队伍的制度建设，需要注重政策制度的连贯性与稳定性，不断加以完善；坚持与时俱进和贴近实际，不断建立与之相适应的新制度。

1. 完善现有制度

改革开放以来，党和国家高度重视辅导员队伍建设。在教育部的领导下，积极的组织专家学者制定了一系列高校辅导员队伍建设的制度和政策，有力地推动和保障了我国高校辅导员队伍建设。通过对最近三十多年高校辅导员队伍建设各项制度的全面研究，党和国家在不同的历史时期紧密结合我国经济社会的发展，特别是高等教育改革发展的实际需要，制定和颁布了与时代背景相适应的政策和制度，很好地满足了大学生思想政治教育和辅导员队伍建设的客观需要。

2004年，中共中央、国务院颁布了《关于进一步加强和改进大学生思想政治教育的意见》（中发〔2004〕16号），教育部在2005年、2006年先后颁布了《关于加强高等学校辅导员班主任队伍建设的意见》《高等学校辅导员队伍建设规定》和《2006—2010年高校辅导员队伍培训计划》等重要文件。这些文件着眼全国、立足全局，为各地各高校制定高校辅导员队伍建设的制度提供了方向指导。各地各高校认真学习、深刻领会、严格执行、开拓创新，紧密结合辅导员队伍建设的政策文件和自身实际制定和出台了相应的制度，有力地推动了辅导员队伍建设。和国家宏观经济政策一样，高校辅导员队伍建设的政策文件要保持一定的稳定性，防止大起大落，但决不能矫枉过正，用刻舟求剑的思想待之，需要在中长期规划的指导下，坚持与时俱进的修订和完善辅导员队伍建设的相关制度，以满足队伍建设的发展需要，解决辅导员队伍建设和发展中存在的问题。当前，我国在高校辅导员队伍制度建设方面，明确了辅导员队伍的工作职责，在辅导员的选拔、培训、发展和管理等方面都有了相应的政策要求。但随着辅导员队伍建设的实际情况和辅导员自身的发展需要，应当继续深入研究高校辅导员的工作职责，明确其职责界限；继续深入研究和制定辅导员队伍的选拔、培养、发展和管理等方面的制度建设，不断完善现有制度，使其为科学指导和有力保障辅导员队伍建设和维护辅导员权利作出积极的贡献。

2. 建立新的制度

加强高校辅导员队伍的制度建设，不仅需要完善现有制度，而且需要坚持与时俱进和贴近实际的原则，不断建立新的制度，以更好地满足辅导员队伍建设的现实需要。

建立适应新形势下辅导员队伍建设工作的领导管理体制。高校辅导员队伍建设与管理体制受传统观念的束缚，管理手段弱化，工作职责领域边界模糊，考核评价缺乏科学，培养与发展缺少系统性、全局性和发展性研究，高校辅导员队伍的工作支撑体系不健全。归根结底，这些问题都与高校辅导员队伍建设的体制和机制有关，需要继续深入研究，为辅导员队伍建设提供政策保障和制度指导。

建立高校辅导员队伍建设的评价制度。我国高校辅导员队伍建设发展不平衡，其关键在于缺少科学的评价制度。全面推进高校辅导员队伍建设固然需要有科学的理论予以指导，但更需要相关的政策和制度加以保障。不过，任何好的政策和制度若不付诸实践，在现实中加以贯彻执行，都必将是一纸空文，形同虚设，不能产生任何实际的效益。因此，需要建立辅导员队伍建设的评价制度，以保证高校辅导员队伍建设各项政策、文件和制度贯彻执行的力度。当前，学术界和理论界在高校辅导员队伍建设方面，更多的是关注高校辅导员工作考核评价，却鲜有人研究队伍建设的考核评价。因此，应在借鉴和参考教育部关于全国高校辅导员队伍培训研修基地考核体系的基础上，从高校辅导员队伍建设的思想认识、组织领导、体制机制和建设效果等方面统筹规划，建立高校辅导员队伍建设的评价制度。

第五节　高校辅导员队伍建设的途径

高校辅导员队伍是大学生思想政治教育的组织保证，各级领导高度重视、高瞻远瞩，在明确目标、遵循原则的基础之上，结合高校辅导员队伍建设的基本内容，采取有效途径进行建设，促使高校辅导员队伍整体素质、工作水平明显提高，育人效果显著增强。

（一）优化环境，增强队伍组织归属

营造良好的高校辅导员队伍建设的组织环境是队伍建设的根本保障。各地各高校领导应高度重视，全面认识辅导员队伍建设的重要性和紧迫性，充分认可辅导员队伍的育人价值，在政策保障、激励等方面予以倾斜。

首先，优化精神环境。国家、地方和高校领导要高度重视大学生思想政治教育和辅导员队伍建设，将"抓辅导员队伍建设就是抓接班人"的思想意识贯穿于高校人才培养和各项工作之中，自觉抵制和克服"重使用轻培养、重眼前轻长远、重科技轻人文"的不良思想，通过实际的行动和努力，使辅导员深刻感受到"工作有平台、生活有保障、发展有空间"，做到事业留人、待遇留人和情感留人，增强辅导员队伍的归属感和荣誉感。

要提升辅导员的社会地位，从精神上激励辅导员潜心教书育人。要继续加大辅导员队伍的表彰奖励力度，增强对辅导员育人价值的认同。将高校辅导员纳入国家、地方和高校教师、教育工作者先进人物的表彰奖励体系，按比例评选，统一表彰。高等学校要形成全员育人的良好氛围，通过加强辅导员队伍的组织文化建设，营造良好的组织环境。要在全国范围内产生影响和效益，不断提升辅导员的社会声誉，营造尊重辅导员队伍的社会舆论环境，全面激励辅导员创先争优，发挥更大的育人价值。

其次，改善物质环境。要提高辅导员的经济收入，从物质上保证辅导员安心工作。为确保辅导员的实际收入与本校专任教师的平均收入水平相当并逐步提高，高校应出硬招、实招，积极改善辅导员工作条件，根据工作实际，发放加班、通讯补贴，调动辅导员的工作热情。

最后，强化政策保障。各地各高校应紧密结合中共中央、国务院《关于进一步加强和改进大学生思想政治教育的意见》（中发〔2004〕16号）、《关于加强和改进新形势下高校思想政治工作的意见》（中发〔2016〕31号）和《普通高等学校辅导员队伍建设规定》（教育部令第43号）等文件精神，紧密结合各地各高校辅导员队伍建设的实际情况，出台并实施辅导员队伍建设的相关政策，通过制度和立法的方式保障辅导员队伍建设的有序发展，为高校辅导员队伍建设提供有力的政策保障和行动指南。

（二）严格准入，净化队伍源头活水

建立科学的职业准入机制、严把入口关是高校辅导员队伍建设的基础环节，有利于辅导员队伍后续发展和提高人才培养质量。

首先，坚持原则，严格标准。严格按照"政治强、业务精、纪律严、作风正"的要求，遵循德才兼备、以德为先的原则，明确界定高校辅导员的准入标准，在入职选拔时侧重考核竞聘人员的政治、学历、专业和能力标准，公开、公正、公平地精心选拔合适的人员担任辅导员工作。

其次，拓展渠道，严格程序。高校要充分依托大众传媒发布辅导员的招聘信息，坚持"走出去、请进来"的理念，扩大人员选聘的范围。严格规范辅导员选聘流程，确保高校辅导员的选聘有序推进。

再次，科学测评，严肃措施。高校在辅导员选拔中应充分借鉴人力资源管理等先进理念和方法，采用面试测评法、心理测试法、动态测试法等科学的测试方法进行甄别、筛选，确保人尽其才、才尽其用，以保证挑选出的人员能够发挥最大的育人价值。

最后，客观评价，严守底线。为科学评价、量化考核以及确保辅导员队伍的生机与活力，各高校需要采取辅导员职后准入制，设计和制定辅导员队伍工作的考核评价体系，考核结果与职务聘任、奖惩、晋级等挂钩。凡工作不称职的辅导员，经批评教育仍无改进的，应坚决调离工作岗位，确保队伍质量。要严守 1∶200 师生比例配置一线专职辅导员的底线，确保队伍数量。凡在事关政治原则、政治立场和政治方向问题上不能与党中央保持一致的，不得从事辅导员工作，以确保队伍纯洁。

（三）扎实培训，提升队伍工作能力

加强辅导员培训是辅导员人力资源开发的重要途径，坚持以人为本，积极制定培训规划、搭建培训平台、落实培训措施，使辅导员队伍培训有计划、有阵地、有措施、有保障。

首先，合理配置培训师资。

各地各高校应充分发挥教育部高校辅导员骨干培训和研修基地在辅导员队伍培训培养中示范引领的重要作用。要紧密结合辅导员的实际需求，聘请相关政府官员、思想政治教育专家以及一线优秀辅导员骨干等组建一支复合型的施训队伍，为辅导员队伍进行系统的、有针对性的专业化培训，提供人力资源保障。

其次，系统实施需求分析。

通过开展调研、座谈、走访以及心理测试等方法辨析辅导员队伍的差异和共性，摸清辅导员队伍的实际需要。为分层次、分阶段、分类别、有针对性地制定辅导员队伍培训规划，以及为选择合理的培训内容和科学的培训方法提供指导，做到有的放矢、因材施教。

最后，积极创新培训方式。

各地各高校除实施辅导员岗前培训、骨干培训、专项培训和学位提升培训之外，还要有计划地开展学习考察、挂职锻炼等活动提升辅导员的能力。高校通过开展辅导员沙龙、辅导员校本培训等方式系统地加强辅导员队伍培训，增强培训效果。与此同时，各高校还需要营造辅导员队伍自主学习、自我发展、自我超越的学习氛围，营造良好的学术科研环境，通过建立学习型组织、科研立项和学术交流等方式激励辅导员队伍不断提升自我，追求进步。

(四）畅通发展，促进队伍动态稳定

要坚持全面协调可持续的发展理念，拓展业内空间、畅通发展出路、提升科研水平，全心全意为辅导员队伍谋发展。

首先，建立专业技术职务评聘序列，完善辅导员专业技术职务评聘制度。

各地各高校应在"高等学校教师职务评审委员会"中单独设立"学生思想政治教育学科评议组"，将辅导员队伍的专业技术职务评聘纳入其中，并按与其他专业教师的比例数单列指标。具有评审权的高校采取"指标单列、条件单列、评审单列"的模式自行评审，保障辅导员专业技术职务的发展空间。

其次，推行职级评聘相关制度，畅通辅导员队伍业内发展空间。

由于高校辅导员在专业技术职务评聘方面存在着一定的局限，在以人为本、关注发展的指导思想下，各高校需要拓展辅导员队伍业内发展空间。各地各高校应根据教育部《普通高等学校辅导员队伍建设规定》（教育部令第 43 号）的"高等学校应当制定辅导员管理岗位聘任办法，根据辅导员的任职年限及实际工作表现，确定相应级别的管理岗位等级"的基本要求，实施辅导员业内职级评定制度，保障辅导员应有的待遇和地位。实施辅导员职级评聘制度，既是对辅导员专业技术职务评聘的有益补充，也是重视和关注辅导员队伍发展的具体体现，需要各级领导高度重视并逐步加强。

最后，搭建辅导员队伍的科研平台，提升辅导员科研水平。

实现高校辅导员队伍的科学发展，需要搭建高校辅导员的科研平台，逐步提高他们的科研能力。事实上，提高辅导员队伍的科研能力，既有利于队伍自身的发展，又有利于更好地指导大学生思想政治教育各项工作，能够提升辅导员的社会地位并激励其作出积极的贡献。各地各高校要搭建项目支撑平台，设置专项课题、划拨专项经费用于辅导员队伍的课题研究，鼓励辅导员从事科研活动。要搭建辅导员队伍的理论研讨和工作交流平台，通过组织、开展国家、地方和高校等不同层次、不同级别的辅导员工作论坛，提升其学术、科研能力和工作水平。高校可以为辅导员配备专业理论导师、科研导师和业务指导教师，从组织层面关怀、指导辅导员有效从事科学研究，不断提升自身的科研能力和业务技能。

发展中的问题需要用发展的思想和措施予以解决。关注辅导员队伍的职业发展是实现辅导员队伍专业化、职业化和专家化建设的目标指向，也是维护辅导员队伍动态稳定的最为核心的因素。不从体制上、根本上解决辅导员队伍的发展问题，就难以维持辅导员队伍的稳定，不利于辅导员队伍建设，亦会影响大学生日常思想政治教育和管理的效果。

（五）科学管理，永葆队伍生机活力

要坚持人文关怀和制度规约相结合，全面加强高校辅导员队伍的管理，促使队伍永葆生机。

首先，重人文关怀，强文化引领。

加强组织文化建设有助于增强辅导员队伍的凝聚力和向心力，有助于促进辅导员的自我发展和自我实现，这也是激发辅导员队伍敬岗爱业、潜心育人的动力源泉和形成良好人际关系的重要保证。为此，应进行组织文化诊断、确立组织共同理想、浓厚组织文化氛围，为高

校辅导员队伍建设营造良好的组织氛围。高校可以组织开展辅导员技能大赛，实施亲情化建设，高度关注并切实解决辅导员的现实困难，让广大辅导员感受到组织的温暖和党的光辉，安心工作，潜心育人。

其次，重评价督促，强帮扶指导。

为科学评价、量化考核高校辅导员队伍建设，各地各高校需要制定科学的考核评价体系，遵循"认识到位、组织健全、制度完善、成效显著"的原则和要求，设计和制定辅导员队伍建设的评价体系。建立和实施"国家—省市—校—院"四级评价和指导机制，形成上下联动、优势互补、职责分明的运行机制。教育部、地方教育主管部门成员应赴高校基层组织、指导和督促辅导员队伍建设。坚决做到各级部门高度负责、齐抓共管，下级对上级负责，上级指导和督促下级有效开展队伍建设，形成一级抓一级、层层抓落实的良好格局。党和国家应继续加大高校辅导员队伍建设的考核评价机制建设，将辅导员队伍建设成效作为对各省市、各高校年度或阶段考核评价的重要内容，通过制度的形式，采取一定的激励和惩罚措施，保证各地各高校大力推进辅导员队伍建设。为加大帮扶指导的力度，各高校可以通过借鉴学习、考察观摩，与其他高校开展"结对子""大手拉小手"等活动，让先进帮助后进，用优秀引领落后，做到整合资源、共同进步。在高校内部，要按照可持续发展的原则，优化辅导员队伍结构，在年龄、学历、专业和职称职级等方面合理布局，在工作中形成传帮带引的良好格局。

最后，重建设效果，强制度规约。

为确保高校辅导员队伍建设的效果，应实行地方、高校主要分管领导"一把手"责任制，将辅导员队伍建设的实际效果作为对其年度或届满考核的重要内容。各地各高校应对辅导员强化"双重身份"、明晰其职责使命，加强"双重领导"、增强其组织归属，实现"双线晋升"、明确其发展保障。高校要紧密结合自身实际，创造性地开展绩效管理、柔性管理、人本管理，形成支撑保障机制、培养发展机制、约束强化机制等对策措施，实现高校和辅导员的协同发展，不断提高队伍建设效果，使辅导员队伍永葆生机，焕发活力。

第二章　改革开放以来高校辅导员队伍建设的发展历史研究

通过对改革开放以来高校辅导员队伍建设发展历程的全面分析，笔者以我国经济社会和高等教育改革发展的工作重点为划分标准，将改革开放以来高校辅导员队伍建设发展历程划分为恢复探索、平稳发展和深入发展三个历史阶段。在全面分析研究的基础上，可以科学总结辅导员队伍建设的工作举措和存在的不足，为加强高校辅导员队伍建设提供历史性的借鉴与启示。

第一节　高校辅导员队伍建设的恢复探索阶段

这一阶段的起始时间是从十一届三中全会至十三届四中全会。

中共中央十一届三中全会重新确立了解放思想、实事求是的思想路线，党和国家把工作重心转移到经济建设上来，实行了改革开放的战略决策。我国高校辅导员队伍建设也逐渐复苏。在以邓小平为核心的党中央的领导下，我国政治、经济和高等教育蓬勃发展，有效推动了高校辅导员队伍的发展壮大。

一、恢复探索阶段高校辅导员队伍建设的时代背景

十一届三中全会至十三届四中全会期间，改革开放的重要战略思想逐步深入人心，我国的政治、经济和高等教育事业稳步发展，为高校辅导员队伍建设奠定了坚实的社会基础。

（一）思想大解放

关于实践是检验真理的唯一标准的大讨论，促进了我国思想领域的大解放。中国共产党总结了1949年以来正反两方面的经验和历史教训，坚持解放思想、实事求是，实现了全党工作从"以阶级斗争为纲"向以经济建设为中心的战略转移，提出了改革开放的重大战略，确立了"一个中心，两个基本点"的基本路线；深化政治体制改革、经济体制改革和教育体制改革，带领全国各族人民开启了改革开放的伟大历史进程，开辟了中国特色社会主义的发展道路，提出了"建设有中国特色的社会主义"的历史命题，坚决反对和抵制资产阶级自由化思潮，提出了"稳定压倒一切"的科学论断。期间，中央领导集体时刻关注最广大人民群众的利益和愿望，敏锐地把握时代发展的脉搏和契机，既继承前人，又突破陈规，以巨大政治勇气和理论勇气，理智地处理了历史遗留问题，形成了邓小平理论。

思想大解放既是我党在思想政治领域里的一次深刻历史总结，同时又是中国共产党思想理论的一次重大突破和飞跃。思想大解放使广大人民重新正视思想政治教育在经济工作和其他一切工作中的重要地位，对高校辅导员制度的恢复和高校辅导员队伍的组建具有重要的推动作用。

（二）经济快速发展

全国人民在中国共产党的领导下，坚持"以经济建设为中心"，开启了社会主义建设新的历史征程。这一阶段是我国由计划经济体制向社会主义市场经济体制转轨，由封闭、半封闭向开放和全面开放转变。这一时期，生产力获得了新的解放和发展，"科学技术是第一生产力"的观念深入人心，深刻影响和改变着人们的生活方式和思维方式。

经济体制改革取得了新的成效。1984年10月《关于改进计划体制的若干暂行规定》提出"适当缩小指令性计划的范围，扩大指导性计划和市场调节的范围"①。随后，《中共中央关于经济体制改革的决定》中第一次明确提出了社会主义经济是在公有制基础上的有计划的商品经济的论断；提出了以公有制为主体、积极发展多种经济成分的思想；提出了以按劳分配为主体的多种分配方式并存的思想。在国家政策的指导下，个体经济不断涌现，"下海"成了当时最具时代特征的流行语。

继1980年深圳、珠海、汕头和厦门经济特区对外开放以来，1985年，长江三角洲、珠江三角洲和厦漳泉三角洲被设为经济开发区；1988年，海南省进一步开放。外出务工成了农村剩余劳动力的最佳选择。第二、三产业快速发展，国家经济实力明显提高，居民收入明显增加。1978年至1989年，我国国民总收入从3645.2亿元增长到17 000.9亿元，国内生产总值从3645.2亿元增长到16 992.3亿元。人均国内生产总值从381元增长到1519元，增长约4倍。②三大产业结构变化明显，第一产业经济比重逐渐下降，第二、三产业经济比重逐渐增加。一方面，经济体制的改革影响和改变着大学生的思想观念和行为方式，给高等学校的教育管理带来了新的挑战。另一方面，国内经济的快速增长，能为高校的发展和辅导员队伍建设提供必要的物质条件和经济保障，能够更好地吸纳有志之士从事辅导员工作。

（三）高等教育不断发展

经济基础决定上层建筑。随着我国经济社会不断发展，社会对人才的需求日益增加，高等教育得以快速发展。1983年，邓小平同志指出："教育要面向现代化，面向世界，面向未来。"③1985年5月，改革开放后的第一次全国教育工作会议在北京召开，会议颁布的《中共中央关于教育体制改革的决定》指出"教育改革和发展的根本目的是提高民族素质，多出人才，出好人才"④，以满足当时经济社会发展的需要。同时，高等教育办学规模不断扩大，办学层次不断多样，形成了学科门类逐渐齐全，专、本、硕、博层次合理的良好局面。尊重知识、尊重人才、尊师重教的社会风尚不断形成，教师的社会地位、职业地位也逐渐上升。

据《中国统计年鉴（2010）》数据显示，从1978年至1989年，普通高等学校由598所增

---

① 中共中央文献研究室. 十二大以来重要文献选编：中[C]. 北京：人民出版社，1986.
② 数据来源：《中国统计年鉴（2010）》。
③ 邓小平. 邓小平文选：第三卷[M]. 北京：人民出版社，1993.
④ 中共中央文献研究室. 十四大以来重要文献选编：上[C]. 北京：人民出版社，1996.

加到1075所，专任教师由20.6万人增加到39.7万人，招生人数由40.2万人增加到59.7万人，在校人数由85.6万人增加到208.2万人。[①]高等学校在校学生数量不断增长，需要不断补充新的辅导员，以满足大学生思想政治教育和管理工作的需要。

二、恢复探索阶段高校辅导员队伍建设的工作举措

在解放思想、实事求是的思想引领下，高校辅导员队伍伴随着我国思想政治、经济文化和高等教育事业的发展而发展。通过分析研究恢复探索阶段相关政策文件，笔者发现，高校辅导员队伍建设的思想认识在不断提高，辅导员队伍的选拔配备、培养发展、待遇保障等方面都有较明显的进步。

（一）辅导员队伍建设的重视程度不断增强

1980年4月29日，教育部、共青团中央共同颁发《关于加强高等学校学生思想政治工作的意见》，其中明确要求："加强学生的思想政治工作，必须建立一支坚强的、有战斗力的政治工作队伍……各校要根据具体情况建立政治辅导员制度或班主任制度。"[②]这样，高校辅导员的地位得到了肯定，辅导员队伍得以重新组建。"任何忽视、削弱思想政治工作的观点和做法都是错误的"[③]这一说法为辅导员队伍队伍建设奠定了思想基础。"学校党委要加强对学生思想政治工作的领导，把它列入党委的重要议事日程。"[④]这指出辅导员要在高校党委的领导下开展工作，强调了辅导员在大学生思想政治教育中的重要地位和作用。

1980年12月，时任教育部长的蒋南翔同志在教育工作会上强调："要解决思想政治工作的队伍问题……我们要大力宣传、办好社会主义学校，培养又红又专的人才，政治工作队伍不仅是不可缺少的，而且是很重要的……但是，现在政治工作干部的贡献往往得不到承认和尊重，这是不对的……必须改变这种情况。"[⑤]1981年9月，蒋南翔在第五届全国人大常委会第二十次会议上做了《关于学位工作和加强学校思想政治教育工作的报告》，明确指出："加强学校的思想政治教育，必须建立一支精干的、稳定的政治工作队伍……学校政工干部同教师一样，都是教育工作者，都是学生的老师。他们的劳动和贡献，同样应该得到社会的承认、支持和鼓励……还须采取切实措施解决他们的实际困难，鼓励他们安心做好工作。"[⑥]1984年11月，中共中央宣传部、教育部《关于加强高等学校思想政治工作队伍建设的意见》再次强调："高等学校的根本任务是为社会主义现代化建设培养德、智、体全面发展的又红又专的人才。为了完成这个任务，高等学校必须建设一支精干有力的思想政治工作队伍。"[⑦]这些论述

---

① 数据来源：《中国统计年鉴（2010）》。
② 教育部思想政治工作司.加强和改进大学生思想政治教育重要文献选编（1978—2008）[C].北京：中国人民大学出版社，2008.
③ 中共中央文献研究室.十四大以来重要文献选编：中[C].北京：人民出版社，1997.
④ 教育部思想政治工作司.加强和改进大学生思想政治教育重要文献选编（1978—2008）[C].北京：中国人民大学出版社，2008.
⑤ 何东昌.蒋南翔同志在教育工作座谈会上的讲话.中华人民共和国重要教育文献（1949年—1997年）[C].海南：海南出版社，1998.
⑥ 何东昌.关于学位工作和加强学校思想政治教育工作的报告.中华人民共和国重要教育文献（1949年—1997年）[C].海南：海南出版社，1998.
⑦ 教育部思想政治工作司.加强和改进大学生思想政治教育重要文献选编（1978—2008）[C].北京：中国人民大学出版社，2008.

体现了党和国家对辅导员队伍建设的高度重视,明确了辅导员队伍在高校人才培养中的重要地位和作用,振奋了辅导员的精神,激发了辅导员的工作热情,对于全面推进高校辅导员队伍建设提供了政策保障。

在党的领导下,各省市各高校积极采取有效措施,狠抓高校思想政治工作,有的地方还在教育部等相关政策上进行创新和拓展,收到了很好的效果。根据忻福良主编的《中国高等教育改革大事记(1978—1989)》的记载,比较有影响的是清华大学的"双肩挑"模式。1981年,上海市建立了例会制度,定期召集各校有关领导同志交流和研究学生思想政治工作经验和情况,大力推广班主任制度,有的学校还建立了德育教研室或研究室。1984年4月,深圳大学建立了导师制,要求全体教师都要担负起思想政治工作。1984年9月,上海交通大学船舶及海洋工程系先后聘请本系博士、硕士研究生20多人次担任本科一、二年级兼职辅导员。①1987年5月,《中共中央关于改进和加强高等学校思想政治工作的决定》颁发之后,大连市和上海市采取有力措施不断加强高校辅导员队伍建设,取得了一定的实效。总的来说,在恢复探索时期党和国家高度重视高校辅导员队伍建设,无论从政策的制定,还是从工作的要求都充分体现了党和国家对高等教育、大学生人才培养和高校辅导员队伍建设的高度重视,为新时期高校辅导员队伍建设奠定了坚实的基础。

(二)辅导员队伍人员选拔配备得到了落实

选拔配备是组建辅导员队伍的基础性环节,党和国家高度重视,明文规定了辅导员队伍选拔的标准、人数的配备和配备的模式。

1978年10月4日,教育部颁发《全国普通高等学校暂行工作条例(征求意见稿)》,明确提出:"在一、二年级设立政治辅导员。辅导员由党政干部、政治理论教师和青年教师中政治觉悟高、作风正派、联系群众、有一定政治工作经验的人担任,定期轮换。"②

1980年4月29日,《关于加强高等学校学生思想政治工作的意见》再次明确指出:"政治辅导员和班主任应从政治、业务都好的毕业生中选留或从教师中选任。"③

1981年7月,教育部颁布《高等学校学生思想政治工作暂行规定(征求意见稿)》,对于政治辅导员的配备做了明确规定:"在第一线从事学生思想政治工作的政治辅导员,可按每一百二十名左右学生配备一名,学校规模小或专业特殊、学生人数少的可以根据实际需要配备。"④

1984年11月13日,中共中央宣传部、教育部《关于加强高等学校思想政治工作队伍建设的意见》指出:"高等学校应配备精干的专职人员作为思想政治工作队伍的骨干……同时还应动员和组织一些教师、高年级大学生、研究生兼职做思想政治工作。"⑤并首次明确提出了专职思想政治工作人员及选拔的五项标准和要求。

---

① 忻福良. 中国高等教育改革大事记(1978—1989)[M]. 上海:同济大学出版社,1991.
② 教育部思想政治工作司. 加强和改进大学生思想政治教育重要文献选编(1978—2008)[C]. 北京:中国人民大学出版社,2008.
③ 教育部思想政治工作司. 加强和改进大学生思想政治教育重要文献选编(1978—2008)[C]. 北京:中国人民大学出版社,2008.
④ 高等学校学生思想政治工作暂行规定:征求意见稿[M]//王昌华,等. 政治辅导员工作概论. 哈尔滨:黑龙江人民出版社,1988.
⑤ 教育部思想政治工作司. 加强和改进大学生思想政治教育重要文献选编(1978—2008)[C]. 北京:中国人民大学出版社,2008.

1986年5月，国家教委会颁发的《关于加强高等学校思想政治工作的决定》中指出："各高等学校要尽快配齐在班级从事学生思想政治工作的政治辅导员或班主任、指导教师。这类人员，原则上应是兼职的。"[①]特别提出了今后辅导员选拔的标准是"选拔那些政治品质好，有较高的马克思主义理论水平和政策水平、较广博的科学文化知识、较强的组织活动能力的人"[②]。同年12月，《国家教育委员会关于高等学校学生思想政治工作兼职人员若干问题的规定》颁布，指出："从事学生思想政治工作的兼职人员，可以从政治品质好，有一定思想理论水平和组织活动能力的教师、干部及品学兼优的研究生、高年级大学生中选拔。"[③]明确指出了辅导员的选拔范围。1987年5月29日，中共中央颁布《关于改进和加强高等学校思想政治工作的决定》，再次明确和强调了上述要求。

在以上关于高校学生思想政治工作的各类文件中，党和国家对高校辅导员队伍的选拔标准做出了具体的规定，要求从事高校辅导员工作的人员应当思想政治觉悟高、作风正派、联系群众，具有一定思想理论水平、政治工作能力和大学文化程度。由于辅导员工作特别辛苦，后来对身体素质也做了具体要求。兼职从事辅导员工作的来源主要集中为在校教师、干部以及品学兼优的研究生、高年级本科生。在人员配备上，提出了原则上按照1:120的师生比例配备一线政治辅导员，对学校规模小、特殊或学生人数少的专业，可以根据实际需要配备，同时从大一、大二年级配备辅导员逐渐发展到了整个大学期间都予以配备。恢复探索阶段，党和国家特别注重辅导员的选拔和配备，使高校辅导员的数量和质量都得到了显著的提高，从政策法律的角度保障了辅导员队伍的规模。各地各高校充分挖掘学校师资力量，采取配备兼职辅导员的方式来组建辅导员队伍，基本建立了以兼职为主的辅导员队伍。研究资料表明，恢复探索时期，高校辅导员的构成主要是少量"文化大革命"前毕业留校的干部、少部分留校的工农兵学员，大部分是恢复高考后陆续毕业留校的和部分双肩挑干部。

（三）辅导员队伍培训培养得到了加强

在恢复探索阶段，为满足大学生思想政治工作的需要，党和国家将辅导员队伍培训培养提上了议事日程，紧密依托新成立的思想政治教育专业，着力培养和提高政治辅导员的思想素质和业务技能。

为进一步提高高校思想政治工作队伍的政治素质和知识水平，1984年11月13日，中共中央宣传部、教育部《关于加强高等学校思想政治工作队伍建设的意见》（以下简称《意见》）指出："要大力加强专职思想政治工作人员的培训，并使培训工作正规化、制度化……要将具有大学本科毕业学历、又红又专、经过一定的工作实践考查、具有从事思想政治工作良好素质的青年干部，有计划地选择一部分送到思想政治教育专业第二学士学位班学习，毕业时授予第二学士学位。凡具有高等专科毕业文化程度、已定向专职从事思想政治工作的青年干部，可分批选送到思想政治教育本科班学习，毕业时授予学士学位。对于有条件参加党校、团校、

---

① 教育部思想政治工作司. 加强和改进大学生思想政治教育重要文献选编（1978—2008）[C]. 北京：中国人民大学出版社，2008.
② 教育部思想政治工作司. 加强和改进大学生思想政治教育重要文献选编（1978—2008）[C]. 北京：中国人民大学出版社，2008.
③ 教育部思想政治工作司. 加强和改进大学生思想政治教育重要文献选编（1978—2008）[C]. 北京：中国人民大学出版社，2008.

工会干校学习的人员给予支持。"①这无疑是当时高等学校思想政治工作队伍建设的一项重大改革。同年6月，教育部就开展思想政治专业第二学位班提出了明确的要求，招生对象主要是"年龄在30岁以下的（个别可放宽到35岁）已获得理工农医学士学位，在高等学校从事思想政治工作一年以上的优秀在职人员"②。为解决培训的后顾之忧，《意见》对参与培训人员的保障也做了具体的规定。一方面，毕业后回原校工作；另一方面，学生在学期间，在国家做出有关规定之前，仍享受原工资和其他福利待遇，由原学校负责。毕业后，工资待遇按国家有关规定执行。这样便可以让辅导员安心学习、潜心钻研，扎实提高各种素质和能力。为保证培训的效果和质量，教育部对六所组织开展第二学位班的学校也提出了明确的要求。

1986年5月，国家教育委员会颁发《关于加强高等学校思想政治工作的决定》，在思想政治工作队伍建设方面明确提出："从高等学校长远建设出发，要培养和造就一批思想政治教育的专家、教授和理论家。除了积极提高现有人员的水平以外，要抓紧培养新的人才……各高等学校要尽快配齐在班级从事学生思想政治工作的政治辅导员，或班主任、指导教师……要认真办好思想政治教育专业，包括第二学士学位班和研究生班，为正规化培养从事思想政治工作的专门人才走出一条新路。"③同年6月，教育部又颁发了《关于在高等学校举办思想政治教育本科班的意见》，同样是为了提高高校从事思想政治工作的人员的素质和能力。党和国家不仅高度重视专职人员的培训，对兼职人员也做了相应的规定。12月，国家教育委员会在《关于高等学校学生思想政治工作兼职人员若干问题的规定》中对凡已被推荐免试为硕士生的本科毕业生、在职的学生思想政治工作人员攻读硕士学位都做出了明确的规定，在政策上予以特殊优惠。

1987年5月29日，中共中央颁布《关于改进和加强高等学校思想政治工作的决定》，提出："兼职人员从事思想政治工作的成绩应作为表扬奖励和晋升职务的重要依据之一，在他们工作一段时间后，还要酌情给予一定的脱产进修时间。"④

加强对高校辅导员队伍的培训是辅导员素质开发的重要途径，党和国家在恢复探索阶段高校辅导员队伍整体素质不高的情况下，紧密依托思想政治教育专业进行系统的第二学位的培训无疑是提升辅导员队伍素质最有效的途径，充分体现了党和国家对辅导员队伍建设的重视和投入。不仅如此，党和国家还高度重视思想政治专业的建设和发展，将思想政治教育专业作为培养思想政治工作队伍的核心阵地和党的后备干部生产基地，予以了大力扶持。继1984年《教育部关于在十二所院校设置思想政治教育专业的意见》颁布以来，先后有7个文件出台，第二学位班、本科班、在职第二学位班的培养形式不断涌现。1987年9月，国家教育委员会印发了《关于思想政治教育专业培养硕士研究生的实施意见》的通知，复旦大学等十所高校在次年进行招生。1989年12月5日，《国家教育委员会关于思想政治教育专业本科招生工作几个问题的通知》进一步完善了思想政治教育专业招生与培养体系。

---

① 教育部思想政治工作司. 加强和改进大学生思想政治教育重要文献选编（1978—2008）[C]. 北京：中国人民大学出版社，2008.
② 教育部思想政治工作司. 加强和改进大学生思想政治教育重要文献选编（1978—2008）[C]. 北京：中国人民大学出版社，2008.
③ 教育部思想政治工作司. 加强和改进大学生思想政治教育重要文献选编（1978—2008）[C]. 北京：中国人民大学出版社，2008.
④ 教育部思想政治工作司. 加强和改进大学生思想政治教育重要文献选编（1978—2008）[C]. 北京：中国人民大学出版社，2008.

通过培训，高校辅导员队伍的思想政治素质和专业技术能力都有了显著的提高。研究资料表明，"这支队伍中大多数人的政治素质与思想觉悟都是较高的……能以大局为重，任劳任怨，做好自己的本职工作。"①这为当时大学生的成长成才作出了积极的贡献。

（四）辅导员队伍待遇有了一定的保障

恢复探索阶段，党和国家结合当时经济社会发展实际，对辅导员队伍的待遇、职称职务评定做出了相对具体的规定。

1980年4月29日，教育部、共青团中央印发的《关于加强高等学校学生思想政治工作的意见》中明确指出："在一般情况下，政工人员的物质待遇应不低于同时期毕业的教学人员的水平。对于有专业知识并担任一定教学任务的政工干部，应与专业教师同样评定职称。对于不担任教学工作的专职政工干部，可以按照本人的条件评为处级、科级，享受同级干部的工资福利待遇。"②这是辅导员队伍双重晋升的最早提法，为辅导员的发展指明了方向。

1981年7月，《高等学校学生思想政治工作暂行规定》指出："在教师兼任辅导员期间，要保证有一半左右的时间做学生的思想政治工作。期满后给予一年左右的脱产进修时间。兼任班主任和辅导员的教师、干部，每月发给一定数量的岗位津贴。"③这体现了按劳分配的原则，更体现了党和国家对辅导员工作的认同和肯定。

1984年11月13日，《关于加强高等学校思想政治工作队伍建设的意见》指出："务必使他们的工资同本人肩负的责任和劳绩密切联系起来。在住房以及其他方面也应和条件相当的教师享有同等待遇……半学习半工作期间，除享受应得的助学金外，可适当发给补贴。对思想政治工作人员，在阅读文件、参加会议等方面，应根据工作需要，适当放宽条件……要大力表彰优秀的思想政治工作人员……对于成绩突出的人员，应同其他优秀教职工一样，授予先进工作者、劳动模范的称号，并记功、授奖和破格提级。"④

1986年5月29日，国家教育委员会《关于加强高等学校思想政治工作的决定》中指出："高等学校中从事学生思想政治教育工作的人员是教师队伍的一个重要组成部分，应根据他们的水平、能力和贡献聘任为相应的教师或研究人员职务。要在学校中造成尊重思想政治工作者的风气。"⑤

此后，为充分发挥高校思想政治工作兼职人员的工作积极性，1986年12月31日，国家教育委员会专门颁发了《关于高等学校学生思想政治工作兼职人员若干问题的规定》（以下简称《规定》），除了对辅导员的培训培养做出了具体的要求之外，还首次提出了对兼职人员进行工作考核的要求。《规定》指出："研究生、高年级大学生在学习期间兼做学生思想政治工作……本科生可享受最高奖学金，生活有困难者还可以申请贷款，研究生享受生活补助费……

---

① 黄飞，吴明寿，冯婉娥. 高校专职政治辅导员心理需求调查分析[J]. 高教探索. 1987（3）：81-84.
② 教育部思想政治工作司. 加强和改进大学生思想政治教育重要文献选编（1978—2008）[C]. 北京：中国人民大学出版社，2008.
③ 高等学校学生思想政治工作暂行规定（征求意见稿）. 王昌华等. 政治辅导员工作概论[M]，哈尔滨：黑龙江人民出版社，1988.
④ 教育部思想政治工作司. 加强和改进大学生思想政治教育重要文献选编（1978—2008）[C]. 北京：中国人民大学出版社，2008.
⑤ 教育部思想政治工作司. 加强和改进大学生思想政治教育重要文献选编（1978—2008）[C]. 北京：中国人民大学出版社，2008.

兼任学生思想政治工作的教师……并根据做学生思想政治工作的实际情况减免相应的教学工作量。如超工作量，可按规定发给超工作量酬金。"①

1987年5月11日，国家教育委员会印发《关于在高等学校学生思想政治教育专职人员中聘任教师职务的实施意见》，明确指出专职人员可以评定助教、讲师、副教授和教授职务。同年5月25日的补充通知中再次强调，"今后学生思想政治教育专职人员列入教师编制，他们的职务聘任工作与其他教师同步进行"②，为高校辅导员队伍的发展提供一定的保障。这是激励辅导员队伍整体活力和工作激情的重要手段，同时也是解决辅导员队伍思想不稳、后继乏力问题的重要途径。

在恢复探索阶段，党和国家为提高高校辅导员队伍的物质待遇和发展做了大量积极的工作，扎实推进辅导员队伍建设。首先，在物质待遇有了基础性的保障的情况下，在政工人员待遇不低于同期毕业的教学人员水平的思想指导下，对兼职思想政治工作的教师发放一定的岗位津贴，高年级本科学生享受最高奖学金，研究生享受生活补助，同时发放超工作量酬金等措施，以及在住房以及其他方面也和条件相当的教师享有同等待遇。此举为高校辅导员队伍提供了良好的生活保障，使广大辅导员能安心工作。其次，在精神鼓励上党和国家也采取了相应措施。比如在阅读文件、参加会议等方面适当放宽了条件，而且加大了对优秀思想政治工作人员的表彰力度；明确指出，对于成绩突出的人员，应同其他优秀教职工一样，授予其先进工作者、劳动模范的称号，并记功、授奖和破格提级。例如，1980年，南京师范学院党委在广泛征求群众意见的基础上，评选了五名在学生思想政治工作中取得突出成绩的"优秀政治辅导员（班主任）"。同时对十位同志进行了表扬，并交流了学生思想政治工作的经验③，在学校中营造了重视思想政治工作的良好氛围。最后，在培养和发展方面也为高校辅导员提供了明确的方向，指出辅导员在职称或职务方面都可以晋升。

正是在以上政策和制度的指引下，我国高校辅导员队伍建设取得了辉煌的成绩，为高校人才培养作出了积极的贡献。华中农业大学毕业并担任该校辅导员的鲁先发老师便是其中的典型代表。1982年，鲁先发接受组织的安排，坦然走上了政治辅导员的岗位。当时，一部分人对思想政治工作抱有偏见，不少人也比较轻视辅导员工作。但是鲁老师并没被击倒，还通过自身的努力和实际行动为其正名，恢复它的声誉，并作出了积极的贡献。为了实现自己的宏愿，鲁先发如饥似渴地学习马克思主义理论和有关的社会科学知识，努力提高自己的思想理论素质，并将辅导员工作当成一项崇高的事业来对待，以帮助学生成为"四有新人"为目标，爱护学生、工作细致、实事求是、严格管理，积极引导学生奋发向上，潜心教育82级、83级的学生。他注重对学生的人文关怀、学风建设，制定了《园林系学生管理制度》二十条，使班级学生的学习成绩显著提高。鲁老师公而忘私、事业第一，将言传与身教淋漓尽致的演绎，无论是孩子生病还是自己身患重感冒，他始终将学生的需要放在第一位，一心扑在学生的思想政治工作上。鲁先发老师敬岗爱业的精神和优异的工作业绩得到了学校和社会的高度认可，在平凡的工作岗位上做出了可喜的成绩。1986年2月，华中农业大学党委授予他"优秀

---

① 教育部思想政治工作司. 加强和改进大学生思想政治教育重要文献选编（1978—2008）[C]. 北京：中国人民大学出版社，2008.
② 教育部思想政治工作司. 加强和改进大学生思想政治教育重要文献选编（1978—2008）[C]. 北京：中国人民大学出版社，2008.
③ 江苏省高教局. 南京师院评选优秀政治辅导员[J]. 人民教育. 1986（6）：51.

思想政治工作人员"光荣称号，湖北省委科教部、省教委、省教育工会、团省委授予他"湖北省高校优秀思想政治工作人员"的光荣称号，湖北省委科教部又授予他"优秀共产党员"光荣称号。①时隔三十多年，鲁老师当年培育的学生现正在社会各行各业中肩负重要使命，推动社会进步和发展。

三、恢复探索时期高校辅导员队伍建设存在的问题

由于恢复探索时期社会环境等客观因素的影响，我国高校辅导员队伍建设还存在着一些不足之处。

（一）部分高校对辅导员队伍建设的重视程度不够

在以经济建设为中心的战略思想的指导下，不少人仅仅看到了物质建设和经济效益的重要性，存在着忽视或削弱思想政治教育的不良倾向，对高校而言主要表现为重科技轻人文、重经济建设轻思想建设，对高校辅导员队伍建设政策贯彻执行不力，对策和措施单一，待遇、发展和保障没有及时跟进。一些高校领导不仅不重视辅导员队伍建设，甚至对大学生的思想政治教育工作也不重视。1987年5月，《中共中央关于改进和加强高等学校思想政治工作的决定》在肯定思想政治工作的同时，深刻指出，"近几年从中央到地方在政治思想战线上存在着软弱混乱现象，许多高等学校程度不同地削弱了党的思想政治工作"②。导致辅导员队伍得不到应有的尊重，辅导员队伍的工作激情不能有效施展，大学生思想政治教育效果欠佳。由于当时社会环境的影响，很少有人安心从事辅导员工作。有学者指出："本人愿意担任政治辅导员的不多，多数人只是服从组织安排，而心里还是希望搞业务、当教师。"③有学者指出："目前，在人们的头脑中已经约定俗成地形成了这样一个概念，辅导员工作不是一个终身的职业。在实际工作中，一般辅导员当了一轮（3年或4年）最多的是两轮就得'转业'另谋出路了。"④高校辅导员队伍的稳定性极差，影响了大学生思想政治教育的效果和质量。

部分高校辅导员队伍建设对政策执行不力，建设措施缺乏。高校辅导员队伍建设的思想认识重视程度不够，具体表现为对高校辅导员队伍的选拔配备、培训培养和发展保障等方面措施缺乏，未能充分和有效地贯彻执行党和国家关于高校辅导员队伍建设的政策和制度。在这方面，笔者专门访问了该阶段的辅导员和青年大学生，得到有效证实。如此境况下，高校大学生思想政治教育的效果便可想而知。

（二）部分辅导员自身素质不高

恢复探索时期，由于受当时政治、经济等方面的影响，高校辅导员队伍自身素质还有待加强。改革开放之初，我国人才稀缺，队伍成员的自身素质不高。

当时文献资料显示："这支队伍在思想理论水平、知识结构、培训、职称待遇等方面都存

---

① 鲁大安. 他一心扑在学生思想政治工作上——记华中农业大学政治辅导员鲁先发[J]. 中国高等教育. 1986（9）：25-30.
② 教育部思想政治工作司. 加强和改进大学生思想政治教育重要文献选编（1978-2008）[C]. 北京：中国人民大学出版社，2008.
③ 杨德广. 高等学校学生政工队伍建设自议[J]. 高等教育研究. 1984（12）：61.
④ 陈国祥. 高校学生政工队伍建设当议[J]. 江苏高教. 1985（6）：69.

在不少问题，还普遍存在着骨干老化、后继乏人的情况，很不适应新的历史时期高等学校思想政治工作的需要。"①除此之外，有学者指出，年青的辅导员缺少专业知识，辅导员在工作前后所受的专业教育仅与被教育者在同一层次上；信息闭塞削弱了辅导员自身的凝聚力，往往使工作处于被动局面；思想阻滞，往往生硬地照搬文件进行行政干预。②整体而言，恢复探索时期，高校辅导员队伍的自身素质相对较低，离党和人民的要求还相距甚远。

（三）高校辅导员队伍建设的理论研究薄弱

任何社会实践活动都离不开科学理论的指导。高校辅导员队伍恢复探索期间，虽然党和国家颁布了不少政策文件，但是辅导员队伍建设的理论研究并未及时有效跟进。期间，学术界仅对政治辅导员工作特点、素质要求和辅导员工作体会等进行了探讨，但是总体来说学术论文和专著数量少、质量不高，研究不够深入，不能对辅导员队伍建设提供有价值的理论支撑。笔者以辅导员、思想政治工作队伍、政工队伍为题名关键词对中国学术文献网络出版总库进行检索，其文献数量如表2-1所示。

表2-1 恢复探索时期高校辅导员队伍建设的研究成果（单位：篇）

	辅导员	政工队伍	思想政治工作队伍
数量	31	16	10

数据来源：中国学术文献网络出版总库

由此可见，恢复探索阶段与高校辅导员相关的学术论文数量较少，理论研究的成果极少。在学术专著方面，仅有上海市高教局主编的《高等学校学生思想政治教育》中的第八章和王昌华等主编的《政治辅导员工作概论》中的第十章对辅导员队伍进行了论述。专门的有关辅导员队伍的学术专著则没有。从仅有的学术论文所涉及的内容来看，关于高校辅导员队伍建设的研究亦不多见。高校辅导员队伍建设理论研究的不足，不能不说是当时高校辅导员队伍建设一大遗憾。

第二节 高校辅导员队伍建设的平稳发展阶段

这一阶段的时间为从党的十三届四中全会到党的十六大。

1989年6月，在中国共产党第十三届四中全会上，形成了以江泽民为核心的中国共产党第三代中央领导集体，继续坚持马克思主义的指导地位，坚持高举邓小平理论伟大旗帜，坚持思想政治理论的创新，孕育、发展和形成了"三个代表"重要思想，回答了"建设什么样的党，怎样建设党"的重大理论问题，继续将马克思主义中国化推向新的高潮。这段时间，高校辅导员队伍在反思中逐步发展，为辅导员队伍专业化、职业化和专家化发展奠定了基础。

---

① 教育部思想政治工作司. 加强和改进大学生思想政治教育重要文献选编（1978—2008）[C]. 北京：中国人民大学出版社，2008.
② 林茜. 浅谈大学的青年辅导员[J]. 青年探索. 1988（3）：36.

一、平稳发展阶段高校辅导员队伍建设的时代背景

平稳发展阶段，我国经济社会稳步发展，党的建设得到了加强，经济实力明显提高，高等教育体制改革不断深入，有力地促进了高校辅导员队伍建设。

（一）党的建设得到加强

在思想政治领域，党的建设得到加强，形成了"三个代表"重要思想，巩固和发展了中国化马克思主义在意识形态领域中的指导地位。

十三届四中全会以后，世情国情党情呈现新的发展态势。面对复杂的国内国际形势，党中央明确提出要加强党的领导，大力推进党的建设。确立邓小平理论和"三个代表"重要思想为党的指导思想，用邓小平理论和"三个代表"重要思想武装全党，全国上下大力开展"三讲"教育和"三个代表"重要思想学习教育活动，收到良好效果。依法治国的基本方略和建设社会主义法治国家的目标进一步落实，中国特色社会主义法律体系基本形成。

高校辅导员队伍平稳发展阶段，党的建设和思想政治教育不断加强，为辅导员队伍的健康发展营造了良好的氛围。辅导员的社会地位、政治地位有了明显提高。辅导员的从业心态也逐渐转变，职业认同度有所提高，辅导员队伍健康有序地发展壮大。

（二）经济实力明显提高

在社会经济领域，社会主义市场经济体制从确立目标到初步建成，国有企业改革深入推进，现代化建设第二步发展战略成功实现。国家综合国力大幅提升，国际影响力显著扩大。

在这13年中，我们党从容应对来自国际国内的经济风险及挑战，牢牢把握经济建设的主动权，保持了经济较快增长。经济结构战略性调整取得成效，农业的基础地位继续加强，传统产业得到提升，高新技术产业和现代服务业加速发展，西部大开发取得重要进展。从1989年到2002年，我国国内生产总值年均增长9.3%，居同期世界各国年均经济增长率之首。我国国内生产总值从1989年的1.7万亿元达到2002年的10.2万亿元人民币，经济总量由居世界第10位跃升到第6位，经济实力和综合国力显著增强，社会主义市场经济体制初步建立，宏观调控体系不断完善，政府职能转变步伐加快。财税、金融、流通、住房和政府机构等改革继续深化，国有企业改革稳步推进，个体、私营等非公有制经济较快发展。经过15年的艰苦谈判，我国在2001年正式加入世界贸易组织，从此在更大范围、更广领域和更深层次上能够充分参与国际经济技术合作与竞争。人民生活水平总体上实现了从温饱到小康水平的历史性跨越，第二步战略任务圆满完成。

高校辅导员队伍平稳发展阶段，经济社会平稳快速发展，经济实力显著提高，对辅导员队伍建设提出了更高的要求，也为辅导员队伍建设提供了更大的发展空间和平台。不少高校在经费投入上不断加大，有力地促进和推动了高校辅导员队伍建设。

（三）高等教育体制改革不断深入

高校辅导员平稳发展时期，党和国家根据20世纪90年代我国经济社会发展需要，大力发展高等教育。高校扩招、合并和后勤社会化开启了人才培养大国的新征程。

1991年10月17日，国务院颁布《关于大力发展职业技术教育的决定》，明确了职业技术教育的发展任务，为高等教育的发展搭建了新的发展平台。1992年8月21日，国家教委颁布《关于国家教委直属高校深化改革，扩大办学自主权的若干意见》，指出改革的重要方面是理顺政府与学校之间的关系，转变政府职能，扩大学校办学自主权，逐步确立高等学校的法人地位，进一步明确学校的权利和义务、利益和责任，以利于增强学校办学活力，主动适应和服务于国家经济建设和社会发展的需要。

　　1993年1月12日，国务院批转国家教委《关于加快改革和积极发展普通高等教育的意见》，要求高等教育必须面向经济建设主战场，改革办学体制，积极发展以高新技术产业为主的校办产业。2月13日，中共中央、国务院印发《中国教育改革和发展纲要》，深刻分析了当前教育事业面临的形势和任务，明确了发展战略和指导方针，提出了全面贯彻教育方针、全面提高教育质量的具体要求，对教师队伍建设和教育经费等都提出了明确的要求。这是我国高等教育发展的重要指导方针，是我国改革开放时期最有指导意义的教育改革与发展决策性文件。

　　1995年7月19日，国务院办公厅转发国家教委《关于深化高等教育体制改革的若干意见》，指出："社会各方面积极参与办学，开始打破由政府包揽办学的格局；政府对高等教育的管理职能正向宏观转移，逐步扩大了学校面向社会依法办学的自主权；开展了多种形式的联合办学、共建共管和有条件的学校进行合并等改革试验，逐步加强了省、自治区、直辖市人民政府对高等教育的统筹权，高等教育的结构、布局有所改善。"

　　1999年6月，中共中央、国务院在北京召开改革开放以来第三次全国教育工作会议，颁布了《关于深化教育改革全面推进素质教育的决定》，要求以提高民族素质和创新能力为重点，深化教育体制和结构改革，全面推进素质教育，振兴教育事业，实施科教兴国战略，对高等教育提出了新的要求和希望。同年，在汤敏夫妇的提议下，开始了高校扩招的新征程。1999年6月16日，原国家计划发展委员会和教育部联合发出紧急通知，决定1999年中国高等教育在年初扩招23万人的基础上，再扩大招生33.7万人。这样，普通高等院校招生总人数达到153万。1999年，普通高等院校招生增幅达到42%。到2002年，全国高校计划招生275万人，增幅高达154.6%。

　　高校辅导员平稳发展阶段，我国高等教育改革不断深入，为辅导员队伍建设带来了新的机遇与挑战。首先，高校学生人数不断增加、办学规模和层次不断提升，需要更多的辅导员从事大学生思想政治教育与管理工作，以满足学生成长和高校发展的客观需要。在这种局势下，辅导员队伍规模明显扩大，社会地位逐步增强。其次，高校共青团建设、爱国主义教育、素质教育、公民道德教育深入推进，大学生社会实践活动深入开展，大学生网络思想政治教育、大学生心理健康教育、家庭经济困难学生资助和毕业生就业指导逐渐纳入了高校辅导员队伍的工作范围之内，辅导员队伍的工作职责不断扩展。最后，青年大学生的需求明显增强。在高等教育体制改革中，大学生的思想意识和整体情况也在发生渐变。缴费上学、自主择业、高校扩招和高校后勤社会化等一系列改革难免对青年学生产生了正面或负面的影响。要缓解或消除其中的负面影响，就迫切需要建设一支高素质、高水平的辅导员队伍，通过开展耐心细致的思想政治教育、管理和服务，帮助大学生健康成长。

　　纵观高校辅导员平稳发展阶段，我国的政治、经济和高等教育稳步发展，为高校辅导员队伍建设提供了良好的生存环境和发展空间。特别是党和国家高度重视高校党建和高校德育工作，这为我国高校辅导员队伍的健康发展奠定了坚实的基础。

二、平稳发展阶段高校辅导员队伍建设的工作举措

平稳发展阶段，从国家宏观层面明确提出高校辅导员队伍建设的文件同恢复探索阶段相比较少。但这一阶段，党和国家依然高度重视大学生的思想政治教育，狠抓高校党建和德育工作，促进和推动了高校辅导员队伍建设。

（一）党和国家对高校思想政治教育的高度重视推动了辅导员队伍建设

党和国家对高校思想政治教育的高度重视进一步推动了辅导员队伍建设。平稳发展阶段，高校辅导员队伍建设方面的思想认识逐步提高，选拔、培养和政策措施等方面加强。

首先，党和国家高度重视辅导员队伍建设。1994年8月31日，中共中央发布《关于进一步加强和改进学校德育工作的若干意见》，明确提出"要优化队伍结构，建设一支专兼结合、功能互补、信念坚定、业务精湛的德育队伍"[1]，进一步提出坚持稳定现有队伍，不断补充新生力量；通过培训提高队伍素质；加大表彰力度增强职业认同、提高社会声誉；完善职务系列，解决发展、待遇等方面的要求。

1995年，国家教委颁发的《中国普通高等学校德育大纲（试行）》（以下简称《大纲》）是当时高校大学生思想政治教育和辅导员队伍开展工作的纲领性文件，对高校辅导员队伍建设具有重要的指导作用。《大纲》明确指出，"高等学校德育队伍包括学生专职政工人员、'两课'教师和众多的兼做德育工作的业务课教师和党政干部。学生专职政工人员和'两课'教师都是德育专职教师。要优化队伍结构，建设一支专兼结合、功能互补、政治坚定、业务精湛的德育队伍"[2]。其中，学生专职政工人员主要就是指高校辅导员，辅导员的身份和地位有了较为明晰的界定。

1999年9月29日，中共中央颁发了《关于加强和改进思想政治工作的若干意见》，再次重申"高度重视思想政治工作，是我们党的优良传统和政治优势……思想政治工作是经济工作和其他一切工作的生命线"[3]，要求企业、农村、学校、科研院所、街道和其他基层单位，都要根据自己的实际情况抓紧落实思想政治教育工作。在这一思想的指导下，12月31日，中共教育部党组关于高等学校学习贯彻《中共中央关于加强和改进思想政治工作的若干意见》的通知出台，为次年全国高校学生思想政治工作队伍建设奠定了基础。

2000年6月，中央思想政治工作会议在京隆重召开。7月3日，中共教育部党组颁发了《关于进一步加强高等学校学生思想政治工作队伍建设的若干意见》，强调学生思想政治教育队伍建设的重要性和紧迫性，并对加强高校学生思想政治工作队伍建设提出了具体的意见和要求，具有划时代的历史意义。平稳发展阶段，党和国家加强了大学生思想政治理论教育的力度和投入。"两课"教育深入开展，形式与政策教育逐步推进，思想政治教育专业的办学层次从硕士研究生向博士研究生培养推进，1991年和1999年，教育部两次组织国内思想政治教育领域顶级专家教授编写思想政治教育相关著作，多次修订高校思想政治理论课教学方案，

---

[1] 教育部思想政治工作司. 加强和改进大学生思想政治教育重要文献选编（1978—2008）[C]. 北京：中国人民大学出版社，2008.

[2] 教育部思想政治工作司. 加强和改进大学生思想政治教育重要文献选编（1978—2008）[C]. 北京：中国人民大学出版社，2008.

[3] 教育部思想政治工作司. 加强和改进大学生思想政治教育重要文献选编（1978—2008）[C]. 北京：中国人民大学出版社，2008.

对大学生思想政治教育以及思想政治专业人才培养作出了巨大的贡献，同时对于辅导员队伍专业化培养具有重要的意义和价值。

其次，高等学校高度重视辅导员的选拔、培养和管理。《中国普通高等学校德育大纲（试行）》规定，"学生专职政工人员与学生人数的比例大体掌握在 1∶120 至 1∶150。规模较小的学校应视情况酌情提高比例"[1]，对辅导员队伍的配备提出了具体的要求。同时，《大纲》还对建立与健全实施德育的规章制度、德育工作的评估和实施德育的经费及物质保障都做了具体的要求。在这一文件精神的指引下，不少高校采取了积极的措施加强高校辅导员队伍建设。如 1995 年上海外国语学院制定了《关于进一步加强辅导员队伍建设的决定》，从组织领导、培训等八个方面推动高校辅导员队伍建设。

为了建设具有马克思主义理论素养，政治坚定、专兼结合、结构合理的高素质队伍，《关于进一步加强高等学校学生思想政治工作队伍建设的若干意见》（以下简称《意见》）对辅导员的选拔和配备都做出了明确规定："高等学校学生思想政治工作队伍建设，要坚持德才兼备的原则和专兼结合的原则，选拔政治素质和思想作风好，学历层次高，具有较强组织管理能力，善于做群众工作的教师或高年级党员学生担任学生思想政治工作人员。"[2]这是首次将中共党员作为选拔辅导员的一个重要参考指标，提出了专兼结合的配备原则，开启了逐步转变兼职辅导员配备模式。为了保证大学生思想政治教育和管理的持续性，文件对专兼职辅导员的任职时间作了明确规定："专职学生政治辅导员任期一般为 4~5 年；兼职学生政治辅导员任期一般为 2~4 年。"[3]为维持辅导员队伍的动态稳定提供了政策保障。为提高辅导员队伍的整体素质，文件要求："各高等学校要坚持选拔、使用、管理、培养、提高相结合的原则，采取得力措施，加强对学生政治辅导员的教育、培养。像培养业务学术骨干那样，花大力气培养高水平、高素质的学生思想政治工作骨干。要从实际出发，制订培养规划，有计划、有步骤地安排他们参加各种形式的岗前培训和在岗培训，不断提高他们的政治理论素养和政策水平，努力提高组织管理工作水平和工作技能。要建立必要的规章制度，切实保证各项培养工作的落实。"[4]同时根据专兼职辅导员队伍的层次差异，对培训的内容、形式、途径和培训保障方面也提出了具体的要求。这些举措对于促进辅导员队伍素质的开发、业务能力的提升具有较强的指导作用。

最后，辅导员的待遇和发展有了政策保障。在职务和待遇问题上，《意见》要求各省、直辖市、自治区和各高校设置专门的教师职务评审委员会，负责专职学生思想政治工作人员的职务评议。文件规定："各高等学校对学生思想政治工作人员的长远发展要做出统筹安排……有的作为骨干进一步加以培养，继续留在学生思想政治工作岗位上，有的输送到教学科研工作或管理工作岗位。特别要注意对那些政治素质好、业务能力强、有发展潜力的中青年思想政治工作的骨干予以重点培养，具备条件的，根据工作需要逐步提拔到系、校领导管理岗位

---

[1] 教育部思想政治工作司. 加强和改进大学生思想政治教育重要文献选编（1978—2008）[C]. 北京：中国人民大学出版社，2008.

[2] 教育部思想政治工作司. 加强和改进大学生思想政治教育重要文献选编（1978—2008）[C]. 北京：中国人民大学出版社，2008.

[3] 教育部思想政治工作司. 加强和改进大学生思想政治教育重要文献选编（1978—2008）[C]. 北京：中国人民大学出版社，2008.

[4] 教育部思想政治工作司. 加强和改进大学生思想政治教育重要文献选编（1978—2008）[C]. 北京：中国人民大学出版社，2008.

上,并积极向各地组织部门推荐、输送……各高等学校应根据自己的实际,将思想政治工作人员的岗位津贴等纳入学校内部分配办法统筹考虑。通过合理调整校内奖酬金分配办法,使学生思想政治工作人员的实际收入与本校相应教师的平均收入水平相当。"[1]对辅导员队伍实施有效的激励措施,保障辅导员队伍的后续发展空间,为其提供了强大的精神动力。

《意见》指出:"各地教育工作部门、各高等学校要对学生思想政治工作队伍建设的规划工作加强指导、督促和检查,切实落实学生思想政治工作队伍建设的各项措施。"[2]立意高远、操作性强,和原有关于高校学生思想政治工作的文件相比,《意见》有了明显的进步,再次进行了理论和实践上的创新,首次提出了建立健全和完善学生思想政治工作人员的管理考核制度,并强调将考核的结果与职务聘任、奖惩、晋级挂钩。党和国家要求各地教育主管部门和高校根据《意见》精神,结合实际,制定具体的实施细则。这无疑从组织的角度对辅导员队伍建设的各项政策的贯彻落实做出了具体的规定,可以很好地克服和避免高校执行不力的不良局面,有力地推动了辅导员队伍建设的纵深发展,为辅导员队伍专业化、职业化和专家化发展提供了政策保障。

(二)高校党建工作促进了高校辅导员队伍建设

平稳发展阶段,党和国家认真总结分析了恢复探索阶段辅导员队伍建设和大学生思想政治教育的得失成败。中央明确提出大力加强高校党的建设,高度重视大学生的思想政治教育,推动了高校辅导员队伍建设。

1990年7月7日,国家颁发《中共中央关于加强高等学校党的建设的通知》(以下简称《通知》),提出:"明确高等学校的领导体制,坚持党委的领导地位;加强领导班子建设,保证高等学校的领导权掌握在忠于马克思主义的人手中。"[3]学生政治辅导员队伍一直都是在高校党委领导下开展工作的,加强高校党的建设必将对辅导员队伍的建设产生巨大的推动作用。《通知》进一步指出"建设一支以精干的专职人员作为骨干、专兼职结合的素质较高的党务工作队伍""切实搞好党支部建设,增强党组织的凝聚力和战斗力"和"加强对工会、共青团和学生会的领导,充分发挥群众组织的作用"等要求。对于高等学校,这些具体任务的落实必须依靠辅导员队伍,才能有效实施、顺利完成。1991年2月6日,中共国家教育委员会党组《关于高等学校党政领导干部深入师生做好工作的几点意见》出台,这对高校辅导员工作是有益的补充,有助于推进高校辅导员队伍建设。

1993年8月13日,中共中央组织部、宣传部、国家教育委员会联合发出《关于新形势下加强和改进高等学校党的建设和思想政治工作的若干意见》,旗帜鲜明地提出:"要加强党对高等学校的领导,加强和改进党的建设和思想政治工作,充分发挥党的政治优势。"[4]发挥党的优势,需要坚持走群众路线,高等学校需要紧密联系青年学生。青年学生是高校的主体,

---

[1] 教育部思想政治工作司.加强和改进大学生思想政治教育重要文献选编(1978—2008)[C].北京:中国人民大学出版社,2008.
[2] 教育部思想政治工作司.加强和改进大学生思想政治教育重要文献选编(1978—2008)[C].北京:中国人民大学出版社,2008.
[3] 教育部思想政治工作司.加强和改进大学生思想政治教育重要文献选编(1978—2008)[C].北京:中国人民大学出版社,2008.
[4] 教育部思想政治工作司.加强和改进大学生思想政治教育重要文献选编(1978—2008)[C].北京:中国人民大学出版社,2008.

是党教育和培养的对象。辅导员队伍与青年学生联系最紧密、最直接，要发挥党的政治优势，没有一支素质高、业务强的辅导员队伍是不可能办到的。《意见》提出"进一步加强政工干部队伍建设"，虽然没有明确提出加强高校辅导员队伍建设，但是至少文件中关于政工干部的身份认定、工作要求、生活待遇和培训发展等方面的措施和要求可以为辅导员队伍建设提供有价值的借鉴和参考。

三、平稳发展阶段高校辅导员队伍建设存在的不足

高校辅导员队伍建设在平稳发展阶段取得了一定的成绩，但是还存在党和国家对高校辅导员队伍建设的政策支持略显不足、学术界对高校辅导员队伍建设的研究依然单薄等问题。

（一）党和国家关于高校辅导员队伍建设政策的执行存在问题

在平稳发展阶段，高校辅导员队伍在党和国家继续加强和改进大学生思想政治教育的指导下，坚持党的教育方针和社会主义办学方向，平稳推进大学生教育、管理的各项工作。

通过对1989年至2002年期间国家关于高校辅导员队伍建设的政策文件的系统梳理，我们发现，明确有关辅导员队伍建设的指导性、纲领性文件仅有2000年7月3日中共教育部党组颁发的《关于进一步加强高等学校学生思想政治工作队伍建设的若干意见》。1995年国家教委颁发的《中国普通高等学校德育大纲（试行）》虽然强调了要加强高校德育教师队伍建设，并对学生专职德育教师进行了界定，指出了辅导员队伍是高校德育教师队伍的组成部分，对辅导员队伍建设起到了一定的帮助，但是从学科属性上讲，德育主要是从教育学的角度出发，而没有从思想政治教育的角度出发，这样给人的感觉是辅导员队伍只是德育教师队伍的依附，大学生思想政治教育只是德育的一个补充，有一种隔靴搔痒的感觉，最后导致高校辅导员队伍建设不力。

平稳发展阶段，党和国家对高校辅导员队伍建设的政策建立、完善是不够的，原有高校辅导员队伍建设相关政策的具体落实是不足的。因此，高校辅导员队伍建设永远离不开党的领导以及党和国家的关心和支持。

（二）高校辅导员队伍建设的理论研究依然薄弱

1990年，苏英博在海南师院学报发表《加强高校政治辅导员队伍建设浅议》一文以来，学术界关于辅导员队伍建设的研究逐渐兴起，但数量有限。通过中国学术文献网络出版总库检索1990年1月1日至2002年6月30日的学术论文，总共仅有68篇题包含"辅导员队伍"的文章，平均每年不到6篇。

如果说在辅导员恢复探索时期是因为相关学术期刊、出版社较少或者计算机、网络等办公条件较差而影响了学术论文的数量，那么在平稳发展阶段漫长的13年时间里仅仅发表68篇学术论文不能不说是一种遗憾。在中国学术文献网络出版总库检索时间段和其他条件完全不变的情况下检索，题名包含"教师队伍""干部队伍"的文章分别为2993篇和4109篇。对比之下，这一阶段高校辅导员队伍建设的理论研究显得相当薄弱。这从某个方面反映了这一阶段高校辅导员队伍建设的理论探讨是沉闷的，队伍建设和发展是缓慢的，和20世纪90年代风风火火的高等教育体制改革相比，是有所滞后和不够协调的。

第三节　高校辅导员队伍建设的深入发展阶段

这一阶段的时间为党的十六大召开至今。

在新世纪新阶段新时代，中国人民在党中央的领导下坚持改革开放、科学发展，共同战胜了重大自然灾害，成功举办了奥运会、世博会等重大国际赛事，以博大胸怀共同应对国际金融危机，特别是在宏伟中国梦的引领下，党和国家全面深化改革、创新驱动发展，以铿锵有力的步伐迈进社会主义新时代，为高校辅导员队伍建设提供了良好的政治、经济和社会环境，高校辅导员队伍建设逐步迈向了专业化、职业化和专家化的运行轨道。

一、深入发展阶段高校辅导员队伍建设的时代背景

历史的车轮驶过千禧之年，在中国共产党第十六次全国代表大会胜利召开之后，中共中央继续带领全党和全国各族人民全面推进经济建设、政治建设、文化建设和社会建设，昂首阔步地迈向新世纪新阶段。面对新的时代背景和高等教育跨越式发展，党和国家高度重视大学生思想政治教育，将高校辅导员队伍建设推向了新的高度，开启了专业化、职业化和专家化新的伟大征程。

（一）思想政治建设取得重大突破

党的十六大以来，马克思主义中国化的理论创新不断推进，形成了科学发展观和习近平新时代中国特色社会主义思想。

（1）党的十六大以来，科学发展观深入人心。党和国家紧密结合中国社会发展的客观情况，加强理论创新，不断丰富和发展中国化马克思主义理论，提出了"第一要义是发展，核心是以人为本，基本要求是全面协调可持续，根本方法是统筹兼顾"[①]的科学发展观。这既是世界观又是方法论。发展就是为了不断解放和发展生产力；以人为本就是要实现好、维护好、发展好最广大人民的根本利益；全面协调可持续既是经济社会又好又快发展的内在规律，又是破解改革难题的关键所在，还是构建和谐社会的本质要求；统筹兼顾是正确认识和妥善处理中国特色社会主义事业中的各项重大关系和充分调动各个方面积极性的根本方法。中国共产党第十七次全国代表大会对改革开放的历史进程和经验做了大跨度的回顾总结，创造性地提出并阐述了中国特色社会主义理论体系，突出了高举中国特色社会主义伟大旗帜，坚持中国特色社会主义道路，确立了中国特色社会主义理论体系。科学发展观，既是党的十六大以来我国坚持以马克思主义为指导思想在意识形态领域的持续发展，也是马克思主义中国化理论上的重大突破，为我国高校辅导员队伍建设提供了崭新的指导思想和研究视角。

在科学发展观的指导下，党和人民心连心，成功破解发展中面临的困难，各项社会事业稳步推进。一方面，非典肆虐、禽流感来袭、汶川地震等疫情、灾害夺去的是生命，摧毁的

---

① 胡锦涛.高举中国特色社会主义伟大旗帜为夺取全面建设小康社会新胜利而奋斗——在中国共产党第十七次全国代表大会上的报告[C].北京：人民出版社，2007.

是家园。但在党中央的坚强领导下，中国人民战胜了一个又一个困难，特别是抗震救灾不仅体现了全国各族人民万众一心、众志成城，不畏艰险、百折不挠，以人为本、尊重科学的伟大精神和民族气节，而且考验了各级党组织和领导干部的执政能力，以及人民军队忠于党、忠于人民的光荣传统和优良作风。另一方面，党和人民同心同德，为成功举办奥运会、世博会奠定了坚实的群众基础，向世界各国人民展示了新世纪中国人民的光辉形象，展示了中国安定团结的政治局面。社会主义民主政治理论大发展、文化建设理论大繁荣也深深地激励着高校辅导员队伍为了党和人民的教育事业繁荣发展和社会主义事业后继有人而努力奋斗的壮志豪情。

（2）我国社会主义进入新时代，形成了习近平新时代中国特色社会主义思想。党的十八大以来，以习近平同志为核心的党中央团结和带领全国各族人民在面对世界经济复苏乏力、局部冲突和动荡频发、全球性问题加剧的外部环境以及党和国家面临重大风险考验的内部环境下，以宏伟的中国梦凝聚人心，以社会主义核心价值观引领社会风尚，以反腐惩恶、正风肃纪全面加强党的领导和党的建设。通过全面深化改革，使我国民主法治建设迈出重大步伐，思想文化建设取得重大进展，取得了全方位、开创性的成就，推进了深层次、根本性的变革。党的十九大报告对我国社会发展新的历史方位，社会主要矛盾转化，以及新时代中国共产党的历史使命进行了科学分析和全面总结。从党的十八大以来，党和国家事业的发展历程系统回答了"新时代坚持和发展什么样的中国特色社会主义、怎样坚持和发展中国特色社会主义"的重大时代课题，形成了新时代马克思主义中国化的最新理论成果——习近平新时代中国特色社会主义思想，并以八个"明确"为总揽，从14个"坚持"予以展开，以全新的视野深化对共产党执政规律、社会主义建设规律、人类社会发展规律的探索与创新。这是当之无愧的马克思主义理论的最新力作，以其理论上的开拓性和实践上的创新性奠定了其在中共党史、社会主义发展史和世界马克思主义发展史上的突出地位。这是以习近平同志为核心的党中央向全国人民和世界社会主义国家呈交的一份满意答卷，是马克思主义中国化的最新成果，是党和人民实践经验和集体智慧的结晶，是中国特色社会主义理论体系的重要组成部分，是全党和全国各族人民推进中华民族伟大复兴的指导思想和行动纲领。习近平新时代中国特色社会主义思想既是当前高校辅导员开展大学生思想政治教育工作的理论锐器，也是推进新时代高校辅导员队伍建设的有力思想政治保障。

（二）经济持续增长，总量稳居世界第二

党的十六大以来，我国继续坚持以经济建设为中心，顺利走出"拉美危机"的怪圈，实现又好又快的发展。在科学发展观的指导下，以健全现代市场体系和加强、改善宏观调控为着力点，不断完善社会主义市场经济体制，提出了大力发展循环经济、自主创新，建设创新型国家、建设社会主义新农村等重大战略思想。中国经济从以前所提倡"又快又好"的发展模式向"又好又快"的模式进行转变，在全面协调可持续发展的基本思想下，加强自主创新，提出"四个尊重"，不断调整并升级产业结构，从劳动密集型向技术密集型转变，关注生态发展，转变以前粗放式、高消耗、高排放、高污染的发展格局。

中国成功应对了国际金融危机，彰显了社会主义制度的优越性。由美国次贷危机引发的金融风暴席卷全球，我国沿海等不少中小型企业纷纷破产，大量外出务工人员被迫返乡。面

对突如其来的经济危机，中国政府以对世界人民和中国人民高度负责的态度采取了积极的应对措施。2008年，中央政府实行宽松货币政策，划拨40 000亿拯救濒临破产的企业。随着企稳回升，2011年及时调整为适当宽松的货币政策，及时化解宽松货币政策可能引发的通货膨胀，导致物价上涨和人民币贬值。转变经济增长模式，实行"三驾马车"共同拉动经济增长，家电下乡、汽车下乡等优惠政策有效地扩大内需对国民经济增长的比重，实施各项优惠政策鼓励民间投资，在2010年成功实现GDP回升，有效防止了经济下滑的趋势，体现了中央政府在应对国际金融危机方面的宏观干预能力，更体现了社会主义制度的无比优越性。党的十六大以来，中国经济总量居世界第二，外汇储备世界第一，粮食产量七连增等……一串串喜人的数据让辅导员队伍在中国经济强大、国运昌盛的自豪感中增添了历史的使命感和责任感，不断激励自己忠于党和人民的教育事业，逐步树立终生从事辅导员工作的职业信心。

党的十八大以来，党和国家统筹推进"五位一体"总体布局、协调推进"四个全面"战略布局，在全面深化改革、创新驱动发展的基础上，端正发展观念、转变发展方式，深入推进供给侧结构性改革，创造性地推进"一带一路"建设、数字经济等新兴产业蓬勃发展。在世界经济复苏乏力的情况下，我国"经济保持中高速增长，在世界主要国家中名列前茅，国内生产总值从五十四万亿元增长到八十万亿元，稳居世界第二，对世界经济增长贡献率超过百分之三十"①。

（三）高等教育由精英化教育向大众化转变

深入发展阶段，我国高等教育蓬勃发展，实现了从精英教育向大众化教育的转变，成了世界高等教育大国。随着高校扩招，提高高等教育质量成为高等教育的内在要求。为实现科技兴国和人才强国战略，就必须通过高等教育来培养和造就经济社会发展需要的各种人才，逐步实现从人力资源大国向人才资源强国转变。自1999年高校扩招以来，党和国家高度重视高校的建设和发展，立足于打造人才培养、科学研究、服务社会、引领风尚的主阵地和主战场。"尊重劳动、尊重知识、尊重人才、尊重创造"的价值观念深入人心，《国家中长期科技发展纲要》《中国中长期人才发展规划纲要》和《国家中长期教育改革和发展规划纲要》纷纷出台，既为高校提高培养人才质量、加强科学研究指明了方向，同时又为高等教育注入了新的动力，施加了新的压力。

党的十九大以来，我国高等教育人数规模不断扩大，党和人民对高等教育的支持和关注达到了前所未有的程度。党的十九大以来，全国高等教育系统深入学习习近平新时代中国特色社会主义思想，全面贯彻党的教育方针，坚持教育为人民服务，为中国共产党治国理政服务，为巩固和发展中国特色社会主义制度服务，为改革开放和社会主义现代化建设服务，全面推进高等教育"双一流"建设，高等教育事业取得了新的伟大进展。2016年全国教育事业统计公报显示，"全国各类高等教育在学总规模达到3699万人，高等教育毛入学率达到42.7%。全国共有普通高等学校和成人高等学校2880所。其中，普通高等学校2596所（含独立学院266所），成人高等学校284所。普通高校中本科院校1237所，高职（专科）院校1359所。……普通高等教育本专科共招生748.61万人，比上年增加10.76万人；在校生2695.84万人，比

---

① 本书编写组. 党的十九大报告辅导读本[C]. 北京：人民出版社，2017.

上年增加 70.55 万人；毕业生 704.18 万人，比上年增加 23.29 万人"①。高等教育改革不断深入，高校规模不断扩大，给高校辅导员带来了机遇与挑战。一方面，党和国家高度重视大学生思想政治教育和高校辅导员队伍建设，对高校辅导员寄予了殷切的期望和信任，赋予其更为神圣的责任与使命。另一方面，经济社会的发展对大学生健康成长产生的负面影响更为直接，高校学生工作内容更广、难度更大、责任更重，迫切需要加强辅导员队伍建设，以破解高等教育改革发展和大学生人才培养的瓶颈问题。

二、深入发展阶段高校辅导员队伍建设的工作举措

党的十六大以来，高校辅导员队伍建设得到了前所未有的发展。党和国家的宏观政策指导有力，各地各高校对于辅导员队伍的建设力度不断增强，高校辅导员队伍建设的理论研究不断深入。这开启了高校辅导员队伍专业化、职业化和专家化发展新的伟大征程。

（一）思想认识明显提高，建设力度不断加大

深入发展阶段，党和国家高度重视大学生思想政治教育，将高校辅导员队伍建设推向新的战略高度。在党和国家关于高校辅导员队伍建设宏观政策的指引下，各地各高校积极响应，开拓创新，在思想认识、体制机制等方面采取有效措施，在全国范围内掀起了辅导员队伍建设新的高潮。

一方面，党和国家高度重视高校辅导员队伍建设。2004 年 8 月 26 日，中共中央、国务院颁发《关于进一步加强和改进大学生思想政治教育的意见》（以下简称《意见》），该文件明确提出"加强和改进大学生思想政治教育是一项重大而紧迫的战略任务""辅导员、班主任是大学生思想政治教育的骨干力量……要采取有力措施，着力建设一支高水平的辅导员、班主任队伍"②。在《意见》的指导下，2005 年教育部社政司颁发了《关于加强高等学校辅导员班主任队伍建设的意见》，2006 年教育部颁发了《普通高等学校辅导员队伍建设规定》和《2006—2010 年普通高等学校辅导员培训计划》。党的十八大以来，党和国家更加重视高校意识形态建设和思想政治工作。2013 年 5 月 3 日，教育部党组印发《普通高等学校辅导员培训规划（2013—2017 年）》（教党〔2013〕9 号），同年 8 月 19 日，习近平在全国宣传思想工作会议上的讲话强调："经济建设是党的中心工作，意识形态工作是党的一项极端重要的工作。"同时告诫广大宣传思想工作者"宣传思想工作就是要巩固马克思主义在意识形态领域的指导地位，巩固全党全国人民团结奋斗的共同思想基础。"2014 年 3 月 27 日，教育部印发《高校辅导员职业能力标准（暂行）》（教思政〔2014〕2 号）。同年 12 月 28 日至 29 日，在第 23 次全国高等学校党的建设工作会议上，习近平指出："办好中国特色社会主义大学，要坚持立德树人，把培育和践行社会主义核心价值观融入教书育人全过程；强化思想引领，牢牢把握高校意识形态工作领导权……坚持党的教育方针，坚持社会主义办学方向，加强和改进思想政治工作，切实把党要管党、从严治党落到实处。" 2016 年 12 月 7 日至 8 日，在全国高校思想政治工作会议上，习近平强调："高校思想政治工作关系高校培养什么样的人、如何培养人

---
① 教育部.2016年全国教育事业发展统计公报[EB/OL]. 中华人民共和国教育部官网，2017-07-10.
② 关于进一步加强和改进大学生思想政治教育的意见[N]. 中国青年报，2004-10-15.

以及为谁培养人这个根本问题。要坚持把立德树人作为中心环节,把思想政治工作贯穿教育教学全过程,实现全程育人、全方位育人,努力开创我国高等教育事业发展新局面。"同时对高校思想政治工作队伍进行了高度的评价和充分的肯定,指出:"要拓展选拔视野,抓好教育培训,强化实践锻炼,健全激励机制,整体推进高校党政干部和共青团干部、思想政治理论课教师和哲学社会科学课教师、辅导员班主任和心理咨询教师等队伍建设,保证这支队伍后继有人、源源不断。"在习近平全国高校思想政治工作会议讲话精神的指导下,2017年2月27日,中共中央、国务院印发了《关于加强和改进新形势下高校思想政治工作的意见》并强调指出:"高校思想政治工作队伍和党务工作队伍具有教师和管理人员双重身份,要纳入高校人才队伍建设总体规划,形成一支专职为主、专兼结合、数量充足、素质优良的工作力量。"2017年9月21日,中华人民共和国教育部令第43号《普通高等学校辅导员队伍建设规定》正式出台,为新时代高校辅导员队伍建设提出了新的要求和保障。这些纲领性文件为我国高校辅导员队伍建设做出了明确的指示和具体的要求,从国家政策层面为高校辅导员队伍建设支撑起了发展的平台,是一项深得民心的举措。

教育部《关于加强高等学校辅导员班主任队伍建设的意见》是我国有史以来,第一次以中央专题文件的形式明确提出要加强高校辅导员队伍建设。该文件从加强辅导员班主任队伍建设的重要意义出发,明确要求全国地方教育主管部门、各高校要"认真做好辅导员班主任队伍的选聘配备工作、大力加强辅导员班主任队伍的培养培训工作和切实为辅导员班主任工作和发展提供政策保障"[①],为高校辅导员队伍建设指明了方向,提供了政策保障。

在深入调研、广泛收集意见的基础上,《普通高等学校辅导员队伍建设规定》于2006年7月23日正式颁布。该文件在教育部《关于加强高等学校辅导员班主任队伍建设的意见》的基础上进行了新的理论和实践的探索与创新。全文共六章,分别为总则、要求与职责、配备与选聘、培养与发展、管理与考核以及附则,进一步明确了辅导员的身份、工作职责,理清了队伍建设的措施和方法。2017年9月,教育部对《普通高等学校辅导员队伍建设规定》(教育部令第24号)进行修订,并以教育部第43号令予以发布。其中,第43号令对辅导员的职业定位更加清晰准确,强调"辅导员应当努力成为学生成长成才的人生导师和健康生活的知心朋友",辅导员队伍建设的方向更加明确,指出"切实加强高等学校辅导员队伍专业化职业化建设……不断提高队伍的专业水平和职业能力,保证辅导员工作有条件、干事有平台、待遇有保障、发展有空间"。辅导员的工作要求与职责更加规范、配备与选聘更加务实、发展与培训更加具体、管理与考核更加明确。此次《普通高等学校辅导员队伍建设规定》修订出台,是深入贯彻落实习近平总书记重要讲话精神和中央系列决策部署的重要举措,是进一步加强高校辅导员队伍建设、提升高校辅导员队伍专业水平和职业能力的重要制度安排与顶层设计,是新阶段高校辅导员队伍建设的最高纲领和行动指南。

除此之外,为了进一步加强和改进大学生思想政治教育,国务院办公厅、中共中央宣传部、教育部和共青团中央等国家机关相继出台了一系列关于大学生思想政治教育、大学生就业、心理健康教育、网络管理、学生社团工作、大学生社会实践、学生宿舍管理以及高校贫困家庭学生困难问题等的政策文件,为高校辅导员各项工作的开展指明了方向。同时还对心

---

① 教育部思想政治工作司. 加强和改进大学生思想政治教育重要文献选编(1978—2008)[C]. 北京:中国人民大学出版社,2008.

理健康教育、大学生就业指导等方面提出要求，按一定比例配备专业、专职教师，有效分解高校辅导员队伍的工作任务，缓解其工作压力，促进了辅导员队伍建设。

另一方面，高校积极响应号召，队伍建设力度不断加大。在党和国家关于辅导员队伍建设的宏观政策的指引下，各省市、各高校积极采取有效措施，高校辅导员队伍建设效果显著提高。新时期新阶段，伴随高等教育事业的蓬勃发展，高校辅导员队伍建设在党和国家正确的政策引导下，逐步向专业化、职业化和专家化方向发展，逐步形成了角色定位明确、工作内涵明晰、发展目标清晰、配置比例合理、条件待遇改善和辅导员队伍工作成效明显的良好态势。广大辅导员不辱使命，始终坚持教书育人，以德为先的宗旨，在提高人才培养质量、维护学校稳定、促进学校发展等方面作出了卓越的贡献。

（二）高校辅导员队伍建设的理论研究有了较大的进步

在高校辅导员队伍建设深入发展阶段，辅导员队伍建设的理论研究有了较大的进步，为辅导员队伍建设提供了理论和实践上的指导。

马克思指出："理论在一个国家实现的程度，总是取决于理论满足这个国家的需要的程度。"[①]随着高校辅导员队伍的工作职责不断扩大，辅导员队伍的育人价值不断彰显，高校辅导员工作和队伍建设逐渐从盲目、零散和自发的感性活动向科学、系统和自觉的理论与实践相结合的目标范式转换。改革开放以来，伴随着党和国家对大学生思想政治教育的高度关注，辅导员队伍建设的理论文献不断涌现。在学术争鸣的理论交锋中，高校辅导员队伍建设的理论研究取得了新的突破，为高校辅导员队伍建设相关政策的制定和实施提供了坚实的理论基础。

三、深入发展阶段高校辅导员队伍建设存在的不足

高校辅导员队伍建设深入发展阶段，在高校辅导员队伍专业化、职业化和专家化建设的进程中，一些瓶颈性的问题还有待逐步破解。

（一）辅导员队伍素质有待提高

深入发展阶段，高校辅导员规模不断扩大，人数不断增多。但是由于历史和现实的原因，辅导员队伍的整体素质还有待进一步提高。

深入发展阶段，辅导员队伍成员构成主要包括平稳发展阶段继续留任的辅导员和新进辅导员两部分。在平稳发展阶段，辅导员队伍本身就思想不稳，愿意终身从事学生教育管理的辅导员较少，加之当时辅导员队伍建设还没有提出专业化、职业化和专家化发展理念，不少优秀的辅导员都被"分流"，继续留任的辅导员自身素质还有待进一步提高。由于高等学校学生招生人数的不断增加，高校规模的不断扩大，不少高校选拔和引进了大量的辅导员，以满足大学生日常思想政治教育与管理的需要。由于辅导员队伍建设理论和制度建设还未及时跟进，特别是辅导员的选拔机制不太健全，导致不少高校在聘用辅导员时降低了对辅导员的素质要求，对后期辅导员队伍的发展以及大学生日常思想政治教育与管理的效果造成了一定的

---

① 马克思，恩格斯. 马克思恩格斯文集：第一卷[M]. 北京：人民出版社，2009.

负面影响。以至于《教育部关于加强高等学校辅导员班主任队伍建设的意见》明确指出:"辅导员、班主任队伍建设还不能很好地适应新形势下加强和改进大学生思想政治教育的需要,还存在一些问题和困难。"主要就是指辅导员队伍的素质还不够高,进行大学生思想政治教育和管理的各项业务技能还有待加强。

(二)队伍建设发展不平衡

深入发展阶段,由于部分省市教育职能部门和高校主管领导对辅导员队伍建设的思想认识不够到位,建设思路不活,投入不够,措施不力,导致辅导员队伍建设发展不平衡。

在建设思路方面,部分高校未能充分结合学校辅导员队伍建设的自身实际情况,直接运用党和国家关于辅导员队伍建设的政策文件,有的高校甚至在执行政策的过程中不能按照规定要求严格执行,缺少联系实际、与时俱进和开拓创新的精神,高校辅导员队伍建设的视野狭隘。

在投入方面,部分领导思想认识不够深刻,对大学生思想政治教育或辅导员队伍建设的投入不够,具体表现在辅导员队伍编制不够,辅导员与学生的师生比严重超标,使辅导员超负荷工作;辅导员的继续教育、科研支撑、经济待遇、发展保障和专业教师相比还有一定的差距;有的高校在学生教育管理方面的经费投入不足,不利于辅导员顺利开展工作。

在对策措施方面,辅导员队伍选拔不太科学,辅导员培养未能及时跟上,辅导员的发展空间得不到应有的保障。在传统的思维模式下,高校辅导员队伍建设的评价机制落后,激励措施乏力,辅导员应有的价值没有得到充分的肯定和尊重,大学生思想政治教育的效果不甚明显。

第三章　改革开放以来高校辅导员队伍建设的成绩与经验启示

加强高校辅导员队伍建设既需要正视辅导员队伍建设存在的不足，又需要坚持创新性发展的工作理念，科学总结改革开放以来我国高校辅导员队伍建设取得的成绩，科学探寻其队伍建设的经验启示。

第一节　改革开放以来高校辅导员队伍建设取得的成绩

通过对高校辅导员队伍建设现状调查问卷数据分析和文献资料的研究可知，高校辅导员队伍建设在党和国家的高度重视下，建设成效显著。高校专职辅导员数量不断增加，队伍规模不断扩大；辅导员队伍自身素质不断提高，育人效果不断彰显；思想认识不断提高，组织领导不断加强；选拔、培训和发展日益科学；理论创新不断取得新的突破。

一、高校辅导员队伍自身建设效果明显提高

改革开放以来，党和国家高度重视高校辅导员队伍建设，高校辅导员队伍规模不断扩大，辅导员队伍自身质量不断提高，日渐满足大学生思想政治教育的客观需要。

（一）高校辅导员队伍的规模不断扩大

高校辅导员队伍规模大小关系到辅导员队伍建设的成效，直接影响着大学生思想政治教育的质量和效果。加强高校辅导员队伍建设需要保证辅导员队伍的人员数量。改革开放以来，为满足大学生思想政治教育和管理日益增长的现实需要，我国高校辅导员队伍的人员编制不断增加，师生比例几经调整且日益科学。

2006年，教育部颁发的《全国普通高等学校辅导员队伍建设规定》要求"高等学校总体上要按师生比不低于1∶200的比例设置本、专科生一线专职辅导员岗位"。这是教育部在组织专家学者经过广泛调查、科学研究、严密论证而得出的科学论断，是新时期高校辅导员队伍组织建设的一条红线。在该文件的要求下，各地、各高校不断采取有效措施，逐步扩大了辅导员队伍的规模。

就全国范围而言，高校辅导员队伍整体规模在不断扩大。据教育部思政司原司长杨振斌介绍，截至2006年底，全国高校共有本、专科专职辅导员69 198人，与2005年底相比增加了20 506人，增幅达42%；师生比为1∶238，与2005年底的1∶266相比有了较大提高。[①]

---

① 肖春飞. 教育部：未来我国辅导员将有十万名专职辅导员[EB/OL]. 新华网，2008-2-25.

截至 2008 年底，全国高校共有本专科生专职辅导员 91 808 人，与 2006 年底相比，增加了 22 610 人，增幅为 33%。专职辅导员与学生的比例为 1∶207；研究生专职辅导员 3680 人，与研究生的比例为 1∶323。另外还有本、专科生兼职辅导员 29 329 人，班主任 212 851 人，与专职辅导员一起共同构成了做好大学生日常思想政治教育的重要组织保证。①

2010 年，全国普通高校专职辅导员已近 10 万人，比 2004 年增长了一倍多。②笔者 2012 年 4 月参加第五届全国高校辅导员工作创新论坛，从教育部思政司时任领导处获悉，当时全国高校辅导员达 10 700 余人，逐渐逼近 1∶200 师生比的要求。2015 年《光明日报》报道："据教育部最新统计，全国高校专职辅导员人数已经超过 13 万，他们与兼职辅导员、班主任一道构成大学生日常思想政治教育的重要组织基石。"③由此可见，我国高校辅导员队伍的规模在不断扩大，辅导员数量在不断增加，逐渐满足了大学生思想政治教育的需求，为辅导员队伍建设专业化、职业化和专家化发展打下了坚实的基础。

在党和国家关于高校辅导员队伍人员配备相关政策的指导下，不少地方采取校内外招聘和校内"2+2""4+4"等有效措施，选拔和培养了大量的辅导员，使辅导员队伍规模不断扩大。整体而言，我国高校辅导员队伍规模不断扩大，辅导员人数，特别是一线专职辅导员人数不断增加，也充分体现了高校和地方教育主管部门对高校辅导员队伍建设的高度重视。

（二）高校辅导员队伍自身质量不断提高

加强高校辅导员队伍建设，不仅要增加辅导员的数量，更重要的是通过培训、管理等措施不断提高辅导员队伍自身的素质和能力，使其能胜任大学生日常思想政治教育，并发挥更大的育人作用。

首先，高校辅导员队伍的思想政治素质过硬。一直以来，各高校都高度重视辅导员队伍的思想道德素质建设，将辅导员的思想品德和政治素养作为选拔辅导员的重要考核指标，取得了一定的效果。调查数据显示，新时期高校辅导员队伍的思想道德素质过硬，93.6%的辅导员深信自己具有科学的世界观、人生观、价值观以及严谨的思维方式；92.87%辅导员政治信念坚定、政治立场鲜明、政治纪律严明、政治鉴别力敏锐；94.59%具备全心全意为学生服务的奉献精神和敬业精神。这充分说明高校辅导员队伍是一支值得党和国家信任和依靠的坚强力量，能够在大学生思想政治教育与管理中担当历史重任，发挥重要作用。2006 年 4 月，国务院原委员陈至立在全国高校辅导员队伍建设工作会议上指出："在高校辅导员这个岗位上，既培养和造就了一大批大学生思想政治教育方面的专家，也走出了一大批勇攀科学高峰的学术大师，同时也不乏在共和国建设事业中发挥骨干作用的兴业之将、治国之才，有的还担任了党和国家的领导人。"④高校辅导员队伍过硬的思想政治素质，为帮助大学生与党中央保持高度一致奠定了坚实的基础。

其次，高校辅导员队伍的学历层次和职称结构不断提升。高校扩招和高等教育办学层次

---

① 本刊记者.总结经验 抓好落实，加快辅导员队伍建设步伐——访教育部思想政治工作司负责同志[J].思想教育研究，2009（4）：3-4.
② 徐遥、张少义.育人为本 德育为先——教育部部长袁贵仁谈大学生思想政治教育[J].高校党建与思想教育，2010（8）：24.
③ 陈鹏.高校专职辅导员人数已超 13 万：思想引领的"导航者"[N].光明日报，2015-07-13.
④ 陈至立国务院委员在全国高校辅导员队伍建设工作会议上的讲话[N].教育部公报.2006-7-27（3）.

的不断提升，人才市场处于供大于求的局面，这为科学选拔素质高能力强的辅导员提供了充裕的人力资源。1999年前后，不少高校本科毕业生都不愿意留校担任辅导员。2000—2006年，不少高校主要还是以招聘优秀的本科毕业生为主要渠道，但辅导员职业准入的要求明显在逐年提高。由于高校扩招，学生急剧增加，辅导员人数进入增长最快的时期。由于受2004年硕士研究生扩招的影响，在2007年前后，不少高校进一步提高了辅导员职业准入的学历要求，把研究生学历作为选拔辅导员的硬性指标。与此同时，参加竞聘辅导员的毕业研究生空前增加。2007年之后，类似"重庆邮电大学招聘6名辅导员，全国上百高校千余研究生前来竞聘"的新闻时常见诸网络媒体和报纸杂志。毕业生人数增加为高校选拔辅导员提供了丰富的人力资源，为选拔素质高、能力强的辅导员提供了源头活水。据报道，2008年底，"北京市高校共有专兼职辅导员6500名，90%以上为研究生，其中30%具有博士学位"①。和北京市一样，其他各个省区市高校辅导员队伍的学历层次同样得到明显的提升。调查数据显示，高校辅导员队伍的最高学位为博士的占2.83%，具有硕士学位的占64.08%，大学本科毕业的为29.40%，专科及以下的辅导员占1.48%。辅导员行政职务方面，调查数据结果显示，副科及以下占63.10%，正科占28.91%，副处占7.63%，正处占0.37%。在高校辅导员队伍专业技术职务方面，初级及以下占43.05%，中级职称占50.68%，副高职称占5.66%，正高职称占0.62%。与湖南省95所普通高校辅导员队伍建设2009年调查数据"本科以上学历、中高级职称两项指标分别从2006年的75.70%和23.08%，提高到了2009年的97.55%和39.38%"②相比，辅导员队伍的学历层次和职称结构均明显提高，由此可见辅导员队伍整体的科学文化素质和工作能力有了明显的进步，辅导员队伍自身质量也得到明显提高。

再次，高校辅导员队伍的科研能力不断提升。改革开放以来，高校辅导员培训力度不断加强对高校辅导员队伍的综合素质的全面提升发挥了重要的作用。20世纪八九十年代，高校辅导员的培养方法相对单一，主要依托思想政治教育第二学位授课等进行培训。进入新阶段之后，攻读硕（博）士学位、岗前培训、骨干培训、专题培训等措施不断改进和创新，培训内容全面、培训方法多样、培训体系健全，高校辅导员的综合素质得到了全面的提升。

在教育部全国高校辅导员班主任骨干示范培训班的带动下，各地各高校也积极开展了多层次、多形式的辅导员班主任培训工作。2006年，全国高校7万多名专职辅导员人均参加校级培训3.5次，另有32%的辅导员参加了省级培训，12%的辅导员参加了各类专项培训。③也正是在各地各高校大力开展高校辅导员队伍培训的基础上，高校辅导员队伍的整体素质不断提高，科研能力不断增强。在重庆市2010年度高校学生工作会议上，西南大学学工部部长指出："2008—2010年，学校辅导员工作队伍获国家、省部级等研究课题近20项，在核心期刊发表各类研究文章200余篇。……校专职处级领导干部中，约40%都有从事辅导员工作的经历"。由此可见，通过培训，高校辅导员的科研能力和综合素质得到了显著的提高和加强。

最后，高校辅导员队伍的育人价值在不断彰显。改革开放以来，高校辅导员队伍的社会价值集中表现为以通过他们开展大学生日常思想政治教育、管理和服务工作，促进大学生德

---

① 赵正元. 北京高校辅导员大有干头[N]. 中国教育报，2008-12-12（1）.
② 周先进，张亚南. 高校辅导员队伍建设的现状及优化思路——以湖南省95所普通高校为研究对象[J]. 湖南农业大学学报：社会科学版，2009（4）：55.
③ 吴晶. 我国大力开展高校辅导员班主任骨干培训工作[N]. 人民日报，2007-12-30（8）.

智体美全面发展，进而维护学校稳定、推动学校发展。高校辅导员队伍的社会价值主要体现在辅导员队伍为社会企事业单位输送了大量的优秀人才，为国家和社会培养了大量合格的建设者和可靠的接班人。

一直以来，党和国家高度重视人才的培养，把人才培养作为祖国建设和发展的重要战略部署，对人才培养的质量和要求做出了具体的规定。高校辅导员队伍按照党和国家的教育方针、"德才兼备"的根本要求，致力大学生的培养与开发。调查数据显示，90.8%的学生对辅导员的工作满意或比较满意。2010年度全国优秀辅导员年度人物之一——北京大学李玉莲老师于1978年开始从事辅导员工作，33年送走24届学生共2400余名毕业生。从教三十多年来，李玉莲同志在辅导员的工作岗位上兢兢业业、尽职尽责、善于动脑、敢于创新，培养出一批又一批的优秀人才。她不仅是学生思想上的领路人、生活上的知心人、成长道路上的铺路人，也是学生工作的开拓者、辅导员队伍中的定心丸和楷模。

绝大多数大学生在涉及国家和民族利益的重大问题上，与党同心同德，理性表达爱国情感，自觉维护国家统一、民族团结和社会稳定。一大批大学生在推进社会主义现代化的奋斗实践中书写美好人生，见义勇为、舍己救人、孝老爱亲、诚实守信、扶危济困的大学生典型不断涌现。广大青年学生展现出良好的政治素质、强烈的爱国情怀、昂扬的精神风貌，充分表明当代大学生正在成为中国特色社会主义共同理想的坚定信仰者、社会主义核心价值观的积极践行者、社会和谐稳定的坚强维护者，是大有作为、大有希望的一代，是党和人民可以信赖的一代。这些喜人的变化，是党中央高度重视、坚强领导的结果，是中国特色社会主义道路取得巨大成功、改革开放取得巨大成就的结果，也是各地各高校和广大思想政治教育工作者共同努力的结果。其中，广大辅导员作为大学生思想政治教育的骨干力量，发挥了不可替代的重要作用。

二、高校辅导员队伍建设的体制机制不断完善

高校辅导员队伍建设取得成效离不开科学的领导体制和管理机制。改革开放以来，高校辅导员队伍建设的思想认识不断提高，领导管理不断加强，制度建设不断完善，有效地推动了高校辅导员队伍专业化、职业化发展。

（一）高校辅导员队伍建设的思想认识不断提高

马克思指出："思想、观念、意识的生产最初是直接与人们的物质活动，与人们的物质交往，与现实生活的语言交织在一起的。"[1]加强高校辅导员队伍建设，必须建立在转变思想、提高认识的基础上。

一方面，大部分地方高等教育主管部门的领导高度重视辅导员队伍建设，"三化"建设深入逐步人心。在中共中央、国务院《关于进一步加强和改进大学生思想政治教育的意见》（中发〔2004〕16号）和教育部《加强高等学校辅导员队伍建设的规定》（教育部令第43号）等政策的指导下，大部分省区市积极响应并采取有效措施，加强高校辅导员队伍建设，认真学习领会文件精神，在全面调研的基础上，紧密结合本省区市和本高校大学生思想政治教育和

---

[1] 马克思，恩格斯. 马克思恩格斯文集：第一卷[M]. 北京：人民出版社，2009.

辅导员队伍的实际情况，采取有效措施组织开展各项工作，制定和颁布了高校辅导员队伍建设的各项政策和文件，指导本地区、本高校辅导员队伍建设。

在高校辅导员队伍建设的专题会方面，北京、上海和湖北等多个省区市的党委常委出席大会并发表专题讲话，在本省区市内产生了良好的社会反响和巨大的推动作用，极大地提升了辅导员队伍的社会声誉，增强了社会认同感。一方面，提高了人们，特别是高校主要领导对于加强高校辅导员队伍建设的思想认识，有效促使高校领导科学进行制度设计，不断加大经费投入，积极探索和改进辅导员队伍建设的对策措施。另一方面，党和国家对高校辅导员队伍建设的高度重视和省区市主要领导对高校辅导员队伍的关心和爱护，对于提高辅导员自身的思想认识，自觉进行科学的角色定位，明确自己肩负的历史使命，具有重大的影响，能够促使广大辅导员端正思想态度，明确职业发展方向，增强职业动力和信心，更加坚定"终身从事辅导员工作"的理想信念，不断提高育人效果。同时，不少省区市还专门由省区市教育主管职能部门组织专家学者，针对高校辅导员队伍建设的情况进行指导、监督和考核，以确保高校辅导员队伍建设扎实高效地开展。社会各界，包括广大辅导员自身，正在"三化"建设的目标指引下，转变了原有的思想认识，增强了队伍建设的信心。广大辅导员不断追求进步，提高自身的素质和能力，在大学生思想政治教育发挥了重要的作用。

另一方面，高校辅导员队伍建设的经费投入不断增加，保障政策有力。随着高校辅导员队伍自身价值在高等教育事业中的重要价值和作用不断彰显，社会各界对高校辅导员队伍的重视程度也不断提升。部分省区市和高校对辅导员队伍建设加大了经费投入，在发展保障方面予以了政策倾斜。

2009年伊始，北京市每年投入2000万元岗位补贴、支持一线高校辅导员工作。设立辅导员岗位补贴，根据每年学校在校学生总数，按照每200个学生设立一个辅导员岗位，每个岗位每月500元的岗位补贴，由学校在绩效考评的基础上发放到每个辅导员，辅导员的物质待遇得到了明显提高。

除此之外，从2008年开始，教育部在人文社会科学研究的专项任务当中增设了高校思想政治工作专项，并在其中专门设立针对专职辅导员的研究项目，鼓励支持辅导员骨干开展科学研究。高校人文社会科学专项任务高校思想政治工作类，每年300万元经费，其中100万专门面向全国高校辅导员招标，一旦中标，每个课题予以1万元的资助。

2004年，辽宁省专门拿出80万元用于高校辅导员培训，相当于全省一年所有师资培训经费的五分之一。2005年，辽宁省教育厅决定采取三项措施强化对辅导员的专业培训：一是实施辅导员持证上岗制度，暑期开始对全省新上岗辅导员进行集中岗前培训，培训合格，颁发辅导员上岗证书。二是加强辅导员的日常培训，在省内高校设立5个思想政治理论培训基地、2个心理健康教育师资培训基地、1个大学生思想政治教育艺术研究中心，及时更新辅导员的专业知识，提高其工作水平。三是加大辅导员实践培训力度，在农村、工厂、部队、纪念馆等地建立10个辅导员实践基地，根据需要，组织辅导员进行学习考察。[①]上海市从2005年起，每年投入70万元用于辅导员培训基地的创建，同时把高校学生思想政治教育研究纳入上海市哲学社会科学研究的整体规划中。2005年上海市科党委、市教委出资50万元重点资助10个德育重大决策咨询课题。同济大学、华东师大、上海师大等多所高校已设立了学

---

① 刘玉. 工作有条件 干事有平台 发展有空间[N]. 中国教育报，2005-11-16（1）.

生思政研究基金,鼓励辅导员开展德育研究。[1]各省区市加强对高校辅导员队伍建设的投入,是加强大学生思想政治教育的必然要求,也是辅导员队伍建设专业化发展的必然之路,体现了党和国家对辅导员队伍的价值认同和充分肯定。

整体上说,改革开放以来,党和国家高度重视高校辅导员队伍建设,人们对高校辅导员队伍建设的重视程度不断加强,从政策、制度、培训、经费等方面,更重要的是从社会舆论方面为高校辅导员队伍建设夯实了思想基础,为各基层组织大力开展辅导员队伍建设提供了政策导向和制度保障,在看待辅导员队伍建设的思想观念上发生了根本性的改变,有力地推动了高校辅导员队伍建设。

(二)高校辅导员队伍建设的组织领导日渐科学

根据现代人力资源管理和组织行为学的相关理论,激发组织潜能必须建立在员工对组织认同感上。良好的、和谐的组织文化是激励组织员工从自发向自觉转变的最好方法。为此,在坚持"以人为本"的原则下,肯定辅导员工作价值,尊重辅导员劳动付出,营造良好的组织文化,是加强高校辅导员队伍建设的重要方面。

首先,高校辅导员队伍建设的领导管理体制逐步完善。"文化大革命"之后,各高校恢复思想政治工作机构,并相继成立学生工作部。在党委统一领导下,党委各职能部门与团委等机构共同开展思想政治工作。[2]20世纪80年代中期,学生工作处独立设置,属于学校行政系统,但一般都是与党委学生工作部合署办公。学生工作部(处)成为高校主管学生思想政治工作并建有学生事务管理职能的组织机构。学生工作职能部门的独立设置意味着一种转变,即由1949年以来的共青团为主、党委宣传部门分管的模式转变为以学生工作部门为主、共青团协助的模式。[3]尽管各个高校学生思想政治工作管理机构的具体形式多样,但是,由学校党委统一领导、由一名党委副书记或副校长分管、在学校以及院(系)两级设置相应的学生工作机构这样一种高校学生思想政治工作领导体制与基本框架被大多数高校采用,并基本延续至今。高校学生思想政治工作管理机构的设置和领导体制的建立,对于搭建高校辅导员队伍建设的组织平台具有重要的作用。

其次,成立了三级辅导员协会组织,为高校辅导员搭建了交流和沟通的组织平台。在教育部思政司的指导下,在山东大学党委书记朱正昌教授等领导的努力下,2007年,经民政部批准,中国高等教育学会新设立了三个分支机构:创新创业教育分会、联合办学研究分会和辅导员工作研究分会。经过一年多时间的努力,中国高等教育学会辅导员工作研究分会于2008年7月10日正式成立。自此,高校辅导员有了自己的研究组织,并创办、发行了正式刊物《高校辅导员》,建立了"高校辅导员"专题网站。时任研究会会长、山东大学党委书记朱正昌指出:"任何工作都是有一定规律的,辅导员工作也不例外。我们要把研究会真正办成全国高校辅导员的精神家园、锻炼培养人才的摇篮和研究探索大学生思想政治教育工作的创新平台。"[4]

---

[1] 沈祖芸. 专业化强素质,职业化给出路[N]. 中国教育报,2005-1-13(1).
[2] 方田古,唐河. 中国学生教育管理大辞典[Z]. 北京:北京师范学院出版社,1991.
[3] 郝邦增,吴惟义,张志尧. 面向21世纪的高等学校学生工作[M]. 天津:南开大学出版社,2001.
[4] 唐景莉,杨晨光. 将学生工作经验变成科学——高校辅导员广泛开展大学生思想政治教育研究[N]. 中国教育报,2010-5-25(1).

教育部依托"中国大学生在线"建立了"辅导员之家"论坛，为全国高校辅导员提供了交流、沟通和学习的平台。随后，福建省、辽宁省、厦门市等相继成立了地方高校辅导员协会。2005年，全国首个高校辅导员协会在复旦大学成立，120余名本科生、研究生辅导员成为该协会的首批会员。随后，绍兴文理学院、集美大学、中央财经大学、贵州大学等高校成立校级辅导员协会。各级辅导员协会在高校辅导员队伍建设中扮演了重要角色，为高校辅导员搭建起了国家、地方和高校之间和内部交流的平台，建立了属于辅导员队伍自身的精神家园。中国高等教育学会辅导员工作研究分会成立之后，组织了九次高校辅导员工作创新论坛，从2007年开始组织开展全国高校优秀辅导员年度人物评选表彰等活动。辽宁省高校辅导员协会组织开展了全省辅导员网球赛，厦门市高校辅导员协会组织开展了2011年春季登山活动，对丰富高校辅导员的业余生活，促进辅导员的交流、沟通以及释放压力发挥了积极的作用。复旦大学辅导员协会为促进辅导员队伍的专业化、职业化建设，多次组织开展辅导员培训，提供了菜单式培训内容、学分制培训考核，有效提升了辅导员的专业化水平。

最后，组织开展了活跃高校辅导员队伍组织文化的活动，增进了辅导员的组织归属感和凝聚力。2009年11月，辽宁省成立了高等学校辅导员协会，举办了辽宁省高校辅导员红色歌曲演唱比赛；北京举办了高校辅导员沙龙；上海、广东等省市还建立了高校辅导员专题网站。在高校层面，为丰富辅导员队伍的组织文化生活，北京航空航天大学、西南大学和成都信息工程学院（现为成都信息工程大学）等也先后举办了类似的活动。这些举措给予了高校辅导员极大的关怀与鼓励，是激发高校辅导员组织认同感和组织归属感的有效途径。

在教育部思政司、全国高校辅导员协会等组织开展的全国高校优秀辅导员年度人物评选活动的带动下，全国各省市区都不同程度地开展了高校辅导员先进个人和集体的评比和表彰活动。通过电视、网络和报纸等媒介向社会宣传辅导员队伍，提高辅导员队伍的社会地位，对高校辅导员队伍建设起到积极的推动作用。

（三）高校辅导员队伍建设的制度建设得到了加强

纵观改革开放以来的高校辅导员队伍建设，党和国家在不同的历史时期都高度重视，制定并出台了不少相关政策，为高校辅导员队伍的制度建设指明了方向，提供了保障。

一方面，不少省区市和高校制定了辅导员队伍建设的实施意见。据不完全统计，全国22个省市在调研的基础上，结合本省区市辅导员队伍建设的实际情况，先后制定了高校辅导员队伍建设的实施办法或意见，为本省区市各高校落实高校辅导员队伍建设提供了政策保障。黑龙江省出台了《普通高等学校辅导员队伍建设实施办法》，并于2010年1月1日实施，总共42条，实施办法的内容相对于其他各省区市是最全面的。文件对职务评聘、考核管理进行了明确规定。辽宁省于2005年9月制定了《辽宁省普通高校辅导员工作规程（试行）》和《辽宁省普通高校班主任（导师）工作规程（试行）》。2007年，辽宁省教育厅与时俱进，又出台了《关于加强全省高等学校辅导员队伍建设的实施意见》（辽教发〔2007〕59号）。之后，2010年，辽宁省委高校教育工委、辽宁省教育厅颁发《关于推进高校学习型辅导员队伍建设的实施意见》（辽委高〔2010〕10号），充分体现了辽宁省委、教委对高校辅导员队伍建设的高度重视和关注。在上述政策的指引下，辽宁大学先后制定了并下发了《关于加强和改进我校学生思想政治教育工作的若干意见》《辅导员工作职责》《辅导员联系家长制度》以及《辅导员听课制度》等，随后又根据工作的需要制定并出台了《辽宁大学辅导员管理办法》和《辽宁大学辅导员工作考核办法》等文件。

另一方面，高校辅导员队伍的培养、发展等制度得到加强。不少省区市和高校在辅导员队伍的考核和发展制度建设上进行了积极的探索，为推动工作和维护队伍稳定作出了积极的贡献。

为了探索高校辅导员队伍培训的长效机制，部分省区市和高校根据具体实际，建立了高校辅导员培训制度，将高校辅导员的能力提升提上了议程。调查显示，上海、北京等11个省市区出台了高校辅导员培训计划，培训力度和广度显著。如中共上海市科技教育工作委员会、上海市教育委员会颁布了《关于上海高校辅导员培训工作的实施意见》（沪教委德〔2007〕4号），配套出台了《上海高校辅导员岗前培训工作实施办法》《上海高校辅导员日常培训工作实施办法》《上海高校辅导员专题培训工作实施办法》《上海高校辅导员职业化培训工作实施办法》和《上海高校辅导员培训基地考核办法》，建立了9个市级辅导员培训基地，培训人次达8 000余人次。2012年初，上海市与时俱进，颁布了《上海高校辅导员队伍建设发展规划（2012—2015）》。复旦大学采取了菜单式和学分制的模式开展辅导员队伍培训。此外，湖北省在制定《湖北省普通高校辅导员五年培训计划（2006—2010）》之后，还制定了《湖北省普通高校辅导员第二个五年（2011—2015）培训计划》，要求每年至少举办一期全省高校研究生辅导员培训班、全省高校辅导员高级研修班、高校辅导员赴海外研修班、辅导员硕士博士研修班等。

2007年，自建立高校辅导员培训和研修基地以来，教育部对全国21个培训研修基地分阶段进行了考核，有效推动了基地的建设。2012年，中共中央宣传部、教育部印发了《全国大学生思想政治教育工作测评体系（试行）》，对辅导员队伍建设进一步提出了明确要求。加强高校辅导员队伍建设同样需要进行考核测评，表彰奖励。教育部从2008年组织开展了全国高校优秀辅导员和年度人物的评选活动，涌现了一大批优秀典型的辅导员。各省市也制定政策，加强辅导员的考核、表彰。中共上海市科技教育工作委员会、上海市教育委员会颁发《关于上海高校辅导员考核工作的实施意见》（沪教委德〔2008〕12号）；云南省2008年颁布《高校辅导员班主任队伍建设工作考核指标体系（试行）》，并发放云南省政府奖学金，表彰高校辅导员和大学生年度人物。湖南省实施两年一度的思想政治理论课教师、辅导员、班主任十佳先进个人评选活动，授予湖北省五一劳动奖章，并奖励辅导员两万元人民币，极大地提升了高校辅导员队伍的社会地位，对于增进高校辅导员队伍的职业认同起到了积极的促进作用。为进一步提升辅导员队伍的实际工作水平和科研能力，四川、江西、湖南、辽宁、江苏、浙江、山东和广东等省开展了辅导员创新论坛和优秀论文评比等活动。如湖南省2010年开设"湖南省高校辅导员工作研究会2010—2011年高校辅导员专项课"；2010年，《高校辅导员学刊》在安徽师范大学创刊。

三、高校辅导员队伍建设的选拔和培训力度不断加大

加强对高校辅导员队伍的培训，是改进、创新和落实高校辅导员队伍建设的对策措施，

是高校辅导员队伍建设的关键。改革开放以来，在国家关于高校辅导员队伍建设政策文件的指导下，高校辅导员队伍的培训力度和措施不断加大，全面提升了高校辅导员队伍的整体素质和能力。

（一）高校辅导员队伍的选拔逐步科学

改革开放以来，随着辅导员在高等教育中的作用不断彰显，各地各高校逐渐重视辅导员的选拔。在政策要求下，严格选拔标准、规范选拔程序、科学实施测评，有效遴选了优秀的本硕毕业生，不断为辅导员队伍注入新鲜血液。在政策制度方面，关于高校辅导员队伍选拔的制度鲜见，主要集中体现在诸如高校辅导员队伍建设实施意见之中。各地各高校按照教育部"政治强、业务精、纪律严、作风正"等规定严格选拔。不少高校在选拔辅导员时，高校主要领导亲自参与，严格把关，采取了面试、笔试和心理测评等方法进行考核。学术界还建议参照国家公务员选拔标准，组织系统地评选、考核，对有效选拔辅导员做出了积极的探索。

（二）高校辅导员队伍培训日渐专业化

改革开放以来，党和国家高度重视高校辅导员队伍培训工作，以促进辅导员专业化、职业化和可持续发展为导向，不断完善培训体系，改进培训模式，优化培训路径，强化培训保障，为不断提升大学生思想政治教育科学化水平，全面提高高等教育质量提供坚强的思想政治保障和人才支持。

1. 明确培训内容，完善培训体系

改革开放以来，党和国家高度重视高校辅导员培训工作，经过培训，辅导员思想政治素质、职业素养、业务水平大幅提升，为大学生思想政治教育的科学发展提供了有力支撑。继教育部印发《普通高等学校辅导员队伍建设规定》（教育部令第24号）之后，教育部思想政治工作司印发了《2006—2010年普通高等学校辅导员培训计划》和《普通高等学校辅导员培训规划（2013—2017年）》两个专门的培训计划，在全国范围内有力地推动了高校辅导员培训工作。特别是《普通高等学校辅导员培训规划（2013—2017年）》文件，不仅明确了高校辅导员培训的指导思想、主要目标，还规定了思想政治理论教育、专业素养和职业能力三项主要培训内容，再加上教育部思想政治工作司印发的《高等学校辅导员职业能力标准（暂行）》（教思政〔2004〕2号），为建构以专题培训和职业能力提升为核心的全国高校辅导员骨干训班计划、以学位提升为核心的辅导员在职攻读博士学位计划、以科研能力提升为核心的辅导员访问学者计划组成全国高校辅导员培训体系提供了坚实的理论和政策支撑。

首先，持续推进全国高校辅导员骨干培训班计划，提升辅导员的职业能力。自2006年4月全国高校辅导员班主任骨干培训班第一期在国家教育行政学院开班以来，全国有上万名高校辅导员接受了高层次的专题培训和教育。根据教育部网站资料统计分析，截至2015年11月，全国共举办了132期高校辅导员班主任骨干培训。其中，2013年7月在山东威海举办第51期全国高校辅导员骨干培训班之后，同年，教育部思想政治工作司启动了全国高校辅导员示范培训项目招标，首批18项专题培训项目中标，并由此扩展了全国高校辅导员骨干培训班

的培训范围与主题，并自 2014 年 1 月首次以 23 个专题的形式全年开展培训，2015 培训专题扩展为 36 个。通过 2014 年、2015 年对培训班的拓展与改革，为扩大培训班的受众面，教育部思想政治工作司于 2016 年将"全国高校辅导员骨干培训班"改为"全国高校辅导员示范培训班"，并于 2016 年组织开展 35 期培训。2017 年组织开展了 36 期全国高校辅导员示范培训班。

过去这些年全国高校辅导员骨干培训班计划执行与实施的情况充分体现了教育部思想政治工作司对高校辅导员队伍培训的重视与支持，体现了党和国家对高校辅导员的真切关爱与殷切期望。在全国高校辅导员骨干和示范培训中，教育部高校辅导员培训与研修基地与全国高校心理健康教育与咨询示范中心等培训承办单位高度重视，精心组织，积极聘请全国顶尖级专家、教授与学者，地方或教育部领导，以及全国优秀辅导员年度人物担任培训主讲老师，为参训辅导员提供理论上、政策上和实践上的大力指导。上万名高校辅导员通过参加各种专题骨干培训班，思想得到了鼓舞、能力得到了提升、视野得到了拓展，为不断提升大学生思想政治教育科学化水平、全面提高高等教育质量提供坚强的思想政治保障和人才支持。

其次，创新推进高校辅导员在职攻读博士学位计划，切实改善高校辅导员队伍的学历结构，促进专业化发展。实施高校辅导员队伍学位提升计划，是专业化提升高校辅导员队伍素质的最具实效的途径之一。这对高校辅导员系统掌握专业理论知识、提升科研能力、提升学位层次具有无可比拟的作用。继高师硕士培训之后，2006 年 9 月 26 日，教育部思想政治工作司和学位管理与研究生教育司在京联合召开了辅导员在职攻读硕士学位工作协调会，决定从 2006 年起，依托 34 所高校，每年"专门单列 1000 个指标用于鼓励和支持高校辅导员在职攻读思想政治教育专业硕士学位"。2008 年开始实施辅导员攻读博士学位计划，18 名辅导员有幸成为北京师范大学、东北师范大学、复旦大学、山东大学、武汉大学和陕西师范大学 6 所高校首批攻读思想政治教育专业博士学位的学生。教育部计划"五年内，分批选拔 5000 名优秀辅导员攻读思想政治教育专业硕士学位，分批选拔 500 名优秀辅导员定向攻读思想政治教育专业博士学位"[1]。2009 年又增加了南开大学、浙江大学、中南大学和西南大学，总共 10 所高校共招生 30 名思想政治教育专业博士研究生。通过对教育部网站公布的关于高校辅导员在职攻读博士学位专项计划招生简章的统计，截至 2017 年，全国累计培养在职辅导员博士 1048 人，招生学校由最初的 6 所增至 33 所，招生名额从最初的 18 名增至 150 名，招生的专业由思想政治教育拓展为马克思主义理论、管理科学与工程、公共管理、发展与教育心理学和应用心理学 5 个一级学科。2018 年初，教育部为进一步加强高校思想政治工作队伍建设，按照《中共中央国务院关于进一步加强和改进新形势下高校思想政治工作的意见》（中发〔2016〕31 号）、《普通高等学校辅导员队伍建设规定》（教育部令第 43 号）的要求，教育部将"高校辅导员在职攻读博士学位专项计划"调整为"高校思想政治工作骨干在职攻读博士学位专项计划"，且明确规定"各招生单位招收一线专职辅导员的比例须占招生名额的 70%以上"。通过对 2018 年《高校思想政治工作骨干在职攻读博士学位专项计划》的分析，招生名额达 300 人，招生学校增至 62 所，培养专业调整为马克思主义理论、党史党建、公共管理、管理科学与工程和心理学。其中，马克思主义理论专业计划招生 214 名，占比超过 70%。由

---

[1] 教育部思想政治工作司. 加强和改进大学生思想政治教育重要文献选编（1978—2008）[C]. 北京：中国人民大学出版社，2008.

此可见，教育部是严格按照《普通高等学校辅导员培训规划（2013—2017年）》的计划推进高校辅导员在职攻读博士学位计划的。依托思想政治教育专业等学科提升高校辅导员队伍的理论素养，通过培养思想政治教育专业的硕士和博士生，是新时期高校辅导员队伍建设的重要途径，是辅导员队伍建设在理论和实践上的巨大创新。这对于有效推进辅导员队伍专业化、职业化和专家化建设具有重要的价值。

作为一名普通的辅导员，笔者多次参加全国高校辅导员骨干培训班。其中，为提升高校辅导员博士生的理论素养，2011年8月在吉林长春东北师范大学，第26期全国高校辅导员骨干培训班暨思想政治教育专业辅导员博士生高级研修班开班。来自全国各地的辅导员博士生有幸聆听了张耀灿、郑永廷等9位思想政治教育领军人物的专题培训，教育部思政司杨振斌司长、王光彦副司长等领导做了重要讲话，让两百多位辅导员博士生受益匪浅。期间，东北师范大学张澍军教授高度评价了教育部高校辅导员博士学位攻读博士学位计划，指出"实施辅导员攻读博士学位计划是一件功德无量、后继有人的顶层设计"，激励辅导员博士生珍惜机会，提升自我，努力成为高校学生工作中的中流砥柱和领军人物。

高校辅导员在职攻读博士学位的培养学校高度重视辅导员博士生的培养工作，将其与统招博士生同等对待，同等培养和同等考核，有力地保证了辅导员博士培养的质量和效果。实施高校辅导员在职攻读博士学位计划十周年，先后毕业的辅导员博士多能不辱使命、不负厚望，继续潜心扎根于高校学生工作的基层岗位，创造性地开展大学生思想政治教育工作，以自身的聪明才智和真才实学教育、引领和服务广大青年学生。

最后，创造性地推进高校辅导员访问学者计划，着力提升辅导员的科研能力与水平。为贯彻执行《普通高等学校辅导员培训规划（2013—2017年）》（教党〔2013〕9号），进一步加强高校辅导员队伍专业化、职业化建设，教育部思想政治工作司于2014年起实施"高校辅导员访问学者计划"，从各高校选派辅导员骨干作为国内访问学者赴教育部指定的高校或辅导员培训和研修基地进行访学研修。2014年至2017年，辅导员访问学者培养学校从10所增加到15所，先后累计选派了123名高校辅导员骨干进行3~6个月时间的访学研修。访学研修计划是继辅导员在职攻读博士学位计划之后的又一创举，对高校辅导员队伍能力提升起到了补充作用。

2. 拓宽覆盖范围，创新培训方式

面对十多万名高校辅导员，仅仅依靠教育部举办的全国高校辅导员示范培训显然不能满足广大辅导员素质能力提升的现实需要。在教育部的领导下，为规范和保障高校辅导员培训，以教育部举办的全国高校辅导示范培训为龙头，以教育部、省（区、市）高校辅导员培训和研修基地举办的专题培训、高级研修为重点，以高校举办的岗前培训、日常培训等各类培训为基础，分层次、全覆盖的三级辅导员培训体系逐步健全完善。各地各高校积极学习借鉴教育部骨干培训班培养模式，创造性地开启了地方或校本培训，全面提升了辅导员队伍的素质与能力。

随着高等教育对外交流与开放办学的不断推进，为了培养辅导员的国际视野，进一步学习和借鉴国外高校先进的学生事务管理经验，教育部"设立国家公派出国留学高校学生工作者培训项目，将辅导员海外培训纳入国家公派留学计划"。教育部从2005年开始，每年选派30名左右辅导员骨干赴英国、美国等国参加为期三个月的专题研修，帮助辅导员开阔视野。

截至 2010 年，全国"已累计选派 300 多名辅导员骨干赴英国、美国开展学生事务管理研修"[①]。与此同时，各地各高校还积极开展高校辅导员实践培训和网络培训，不断丰富和拓展高校辅导员队伍的培训路径。

为进一步丰富高校辅导员队伍的培训形式，提升其培训效果和质量。由教育部思想政治工作司指导、中国高等教育学会辅导员工作研究分会主办的全国高校辅导员工作创新论坛，教育部人文社会科学研究专项任务项目（高校思想政治工作）设置的辅导员骨干专项课题，教育部思想政治工作司举办的高校辅导员工作精品项目，高校辅导员职业能力大赛、高校辅导员择优资助项目以及高校辅导员名师工作室等，都在以不同的培训形式培育和打造高校辅导员队伍。

3. 加大培训投入，完善培训保障

为保障高校辅导员队伍的培训运行，提升高校辅导员队伍的培训质量，各地各高校不仅加大了对高校辅导员队伍的培训投入，而且不断建立和完善高校辅导员队伍培训的制度，切实保障培训质量。

首先，高校辅导员队伍的培训投入不断增大。教育部印发的《普通高等学校辅导员培训规划（2013—2017 年）》（教党〔2013〕9 号）明确要求，"加强辅导员培训工作必须有相应的经费予以保障。全国高校辅导员国家级示范培训所需经费列入全国教师培训专项经费计划。各地各高校要把辅导员培训纳入教师培训计划，并落实培训经费。在安排全国教育干部培训专项经费时，要对辅导员培训工作给予一定支持"。在这一指导思想的要求下，各地各高校都加大了对辅导员队伍培训的投入力度，不遗余力地对参训辅导员在培训经费支撑和时间保障上予以大力支持，为辅导员职业能力提升提供政策和制度保障。

其次，高校辅导员队伍培训的内容体系逐步完善。通过吸收国内外研究最新成果和大学生思想政治教育有益经验，教育部组织编写了贴近工作实际的系列教材，制作课件和教案，逐步建立理论学习、能力训练和案例教学相结合的培训教材和课程体系，为实施高校辅导员队伍培训提供教材教案和内容体系。积极依托现代网络技术和新兴信息技术，建立和建设高校辅导员专题网站、微信公众号等网络学习平台；随着慕课（MOOC）和网络教学方式的不断兴起与推进，高校辅导员网络学院（http://www.ausc.edu.cn）亦应运而生，教育部思想政治教育工作司依托"易班"建立了"全国高校辅导员互动社区"，为每一期培训建立一个班级，通过网上注册、网上管理，使所有参加过全国高校辅导员骨干培训班的辅导员都能在同一平台上实现长期的资源共享和互动交流。网络学习培训平台的建立不仅可以促进优质培训资源的共享，而且还可以面向不同类别辅导员学习需求，建设便捷灵活和个性化的学习环境。

最后，高校辅导员队伍培训的基地建设不断加强。2007 年，教育部确定首批 21 个全国高校辅导员培训和研修基地，为高校辅导员培训与培养提供了坚实的平台。教育部思想政治工作司原司长杨振斌指出，辅导员基地除承担培训任务外，还要承担专题研究的任务，要在教学实践和科研的基础上，为教育部和省级教育部门制订相关政策提供决策咨询，确保政策合理到位，努力成为加强辅导员队伍建设及大学生思想政治教育的智库。教育部高校辅导员

---

① 董洪亮. 高校辅导员——做好青春领路人[N]. 人民日报，2010-4-9（18）.

培训和研修基地承担着培训、研究、咨询等方面的任务,在推进辅导员专业化、职业化建设的过程中,发挥着重要作用。2012年以来,教育部思政司提出着力在"规范"和"质量"上下功夫、做文章,组织专家对21个辅导员基地开展了评估检查,深入总结专项检查中发现的问题,加强对辅导员基地的政策指导、资源配置和评估督查,以便更好地发挥高校辅导员培训和研修基地的作用与功能。

四、高校辅导员队伍建设的理论研究有了新的突破

高校辅导员队伍建设和其他社会实践活动一样,离不开科学理论的正确引领。新时期,加强高校辅导员队伍建设必须既要关注生动的现实生活,紧跟时代和社会发展节奏,而且要从学术的角度关注理论建设和发展。可喜的是,思想政治教育学科和理论研究取得的重大成果有力地促进了广大学者对高校辅导员队伍建设的理论探讨与研究,呈现出关于高校辅导员队伍建设的理论文献不断涌现、课题研究不断深入、建立高校辅导员专业的呼声不断增强的良好局面。

(一)恢复探索阶段高校辅导员队伍建设理论研究取得的成绩

改革开放之后,特别是1984年思想政治教育学科专业诞生以后,理论界中与辅导员相关的理论研究成果才有所增加。期间,理论界对辅导员工作特点、素质要求、辅导员工作体会等进行了探讨。其中,有代表性的文献包括刘继秀的《浅谈师专政治辅导员工作特点》、文师的《政治辅导员应有的素质》、姚炎祥的《试论高校政治辅导员的知识结构及其完善途径》、王豪杰的《努力提高大学政治辅导员的素养》等,以及孙松滨、王铁柱的《浅谈高等学校政治辅导员工作》和焦兴业的《对高校政治辅导员工作的探讨》。

这一阶段,理论界鲜见辅导员队伍建设学术论文,仅有杨德广的《高等学校学生政工队伍建设刍议》和王国君的《试论高校思想政治工作队伍建设》等文章论述了高校辅导员队伍建设。最早涉及高校辅导员的著作是上海市高教局主编的《高等学校学生思想政治教育》。该书第八章"学生思想政治教育队伍的建设"中的第一节中从思想建设、组织建设、业务指导和贯彻党的有关政策四个方面论述了政治辅导员队伍的建设,是改革开放以来最早明确提出"政治辅导员队伍的建设"的理论文献。在专著方面,王昌华等主编的《政治辅导员工作概论》对政治辅导员的产生和发展、地位和作用、工作任务、对象、方针和原则、方法、途径、辅导员应具备的素质以及辅导员的职责进行了系统论述。该专著第十章"政治辅导员队伍的建设"分三节论述了政治辅导员的来源及构成、政治辅导员队伍的思想建设和业务建设以及加强党对政治辅导员队伍的领导等内容,开创了高校辅导员队伍建设新的篇章,为高校辅导员队伍建设的理论研究奠定了坚实的基础。

改革开放以来的前十年,党和国家关于高校辅导员队伍建设的政策文件相对较多,并对高校辅导员队伍的思想认识、配备选拔、培养和发展等进行了明确的论述。虽然这一时期学术界关于高校辅导员队伍建设的理论文献相对较少,理论研究的力度不够,但是仍为后续的理论研究做出了铺垫。

（二）平稳发展阶段高校辅导员队伍建设理论研究的成绩

平稳发展阶段，党和国家高度重视高校党建工作和德育工作，出台了一系列政策文件，为深入研究高校辅导员队伍建设提供了政策依据和理论导向，高校辅导员队伍建设的理论研究逐步增强。

在学术论文方面，自苏英博 1990 年在海南师院学报第 3 期发表《加强高校政治辅导员队伍建设浅议》一文以来，学术界关于辅导员的理论研究明显增加。通过对 20 世纪 90 年代高校辅导员队伍建设的文献进行检索，检索到题名为"辅导员队伍"的文章 77 篇、题名为"辅导员队伍建设"的文章 46 篇。高校辅导员队伍的理论研究方向开始有了新的变化，开始对高校辅导员队伍建设中的稳定、管理、专业化、队伍素质、地位、结构和现状及发展方向等进行了研究。有代表性的文献有：马国清的《试论高校专职辅导员队伍的管理问题》、文章代的《高校辅导员队伍稳定问题探讨》、杨志荣等的《浅议高校思想政治辅导员队伍的专业化建设》、孟文海的《辅导员队伍的现状及发展方向》、武士俊的《高校辅导员队伍建设亟须加强》等学术论文。

学术专著依然不多，其中有代表性的是杨春如、栾永玉等主编的《高校政治辅导员工作概论》。该书以马列主义基本理论为指导，依据思想政治、管理等科学原理，总结高校辅导员的实践工作经验，系统阐述了高校辅导员工作理论基础、基本原则、工作规律、内容、方法艺术、工作评估、改革和发展等问题。第十一章还从政治辅导员的自身队伍建设、应具备的基本素质和辅导员的选留与培养三个方面进行了论述，相较于《政治辅导员工作概论》，又在理论研究上向前迈进了一步。

通过对这一阶段理论文献的研究，高校辅导员队伍建设实践相对平稳缓和。在党和政府的政策文件方面，直接涉及高校辅导员队伍建设的主要还是 2000 年颁布的《中共教育部党组关于进一步加强高等学校学生思想政治工作队伍建设的若干意见》。高校辅导员队伍建设的重要性主要体现在高校党的建设和德育工作之中，并未像 20 世纪 80 年代那样鲜明和突出。高校辅导员队伍建设的学术论文明显增加，但学术专著无论是数量还是质量上，均未见大的突破和超越。

（三）深入发展阶段高校辅导员队伍建设理论研究的巨大变化

党的十六大以来，特别是 2004 年中共中央国务院《关于进一步加强和改进大学生思想政治教育的意见》颁发以来，高校辅导员队伍建设的理论研究在数量和质量上都取得了重大的突破。

首先，理论专著大量涌现。有代表性的专著主要有清华大学张再兴教授等所著的《高校辅导员队伍建设理论与实践》。该书主要内容包括新时期加强和改进高校辅导员队伍建设的目标和任务；高校辅导员队伍的性质、职能和工作价值；贯彻执行高校辅导员队伍建设的方针政策，落实领导体制、管理机制和建设措施；探索辅导员队伍发展的模式。山东大学党委书记朱正昌教授所著的《高校辅导员队伍建设研究》一书从高校辅导员队伍建设的历史与现状出发，对高校辅导员队伍建设的方向和目标、辅导员的工作内容、业内发展机制、辅导员队伍建设的支撑体系、评价体系等进行了深入研究，对辅导员队伍建设和辅导员工作研究方面一些亟待解决的问题，探索性地提出了解决办法。长安大学杜向明教授和黎开谊副教授合著的《嬗变与开新：高校辅导员制度发展研究》历时两年多，对高校辅导员制度进行了系统的研究，对高校辅导员队伍建设的研究具有启迪作用。曲建武等主编的《高校辅导员队伍建设的理论与实践》从提高认识、组织领导、选拔配备、履行职责、培养培训、规范管理和职业发展等七个方面进行了论述，具有较强的实践指导性和可操作性。

除此之外，胡金波主编的《高校辅导员职业化发展研究》、王小红所著的《高校辅导员工作的理论与实践》、张书明主编的《高校辅导员队伍建设》、黄林芳所著的《高校辅导员队伍建设机制论》、买寿清等主编的《普通高等学校辅导员工作理论与实践探索》、唐家良所著的《高校辅导员队伍专业化建设与成长》、张文强所著的《高校政治辅导员职业化研究》等从不同的研究视角对高校辅导员队伍建设进行了理论探讨和研究，为进一步研究高校辅导员队伍建设提供帮助，奠定了基础。

纵览高校辅导员队伍建设的学术专著，关于高校辅导员队伍的理论研究、实证研究的理论成果显著，主要集中于高校辅导员工作的经验探讨、归纳与总结；但深层次的理论创新和全面深入的实证研究还有待加强，以便更好地紧跟高校辅导员队伍的发展要求。

其次，硕博学位论文数量不少。笔者利用中国知网（CNKI）博硕学位论文数据库对与高校辅导员相关字段进行检索，数据显示，截至2017年12月31日，与高校辅导员相关的博士和硕士学位论文有384篇，其中硕士学位论文有356篇，博士学位论文为28篇。具体如表3-1所示。

表3-1 2002—2017标题含有"高校辅导员"的博/硕学位论文数量统计（单位：篇）

检索项	高校辅导员	高校辅导员队伍	高校辅导员队伍建设
硕士学位论文	356	63	32
博士学位论文	28	2	1

数据来源：中国知网（CNKI）博硕学位论文数据库

由此可见，研究辅导员及辅导员队伍建设的相关硕士论文数量不少。从研究的学科属性来看，除大量文献从思想政治教育专业的学科进行研究之外，还有从教育学、心理学、历史学、社会学和管理学等诸多学科角度对高校辅导员进行的研究。大有百家争鸣、百花齐放之势。

在博士学位论文方面，比较有代表性的是由广西师范大学博士生唐文红撰写的《我国高校辅导员队伍建设政策研究》以及中国矿业大学（北京）博士生李鹏撰写的《我国高校辅导员队伍专业化职业化建设研究》两篇博士学位论文。在《我国高校辅导员队伍建设政策研究》中，该论文聚焦于我国高校辅导员队伍建设政策领域，以新中国成立以来高校辅导员队伍建设政策的产生和发展为主要研究对象，遵循思想政治教育决策管理论，借鉴政策设计执行理论，主要围绕我国高校辅导员队伍建设政策的发展历程、价值与理念、高校辅导员队伍建设执行情况及策略等问题展开研究。在《我国高校辅导员队伍专业化职业化建设研究》中，作者系统论述了高校辅导员队伍专业化职业化的相关理论、辅导员队伍建设的历史及现状、国（境）外高校学生事务管理队伍建设的做法以及高校辅导员专业化职业化建设的路径选择等方面。

通过对356篇硕士学位论文进行研究与探讨，笔者发现，在辅导员队伍建设方面，较有代表性的有林成华的《走向善治——基于治理理论的高校辅导员队伍建设研究》、庄波的《新中国成立以来高校辅导员队伍建设历史演进及启示》、艾连北的《论新时期高校辅导员队伍建设》、郑芬的《上海市高校辅导员队伍建设研究》、李建国的《我国高校辅导员队伍职业化建设的现实与思考》、周信勇的《我国高校辅导员队伍职业化建设研究》、郁军态的《我国高校辅导员角色定位及队伍建设研究》和王建的《高校辅导员队伍职业化、专业化建设研究》等硕士论文。

通过对与高校辅导员队伍建设相关硕博学位论文的分析，笔者发现，年轻有为的研究生在其学位论文指导老师的指导下，通过自身的努力，从理论和实践的角度为高校辅导员队伍建设创造性地提出了许多真知灼见，为推动高校辅导员队伍建设的理论研究生产了大量的研究硕果，推动了理论与实践的创新。随着我国思想政治教育学科建设的不断加强，特别是教育部推进的高校辅导员在职攻读博士学位计划的深入开展，思想政治教育博士生的人数不断增加，为继续加强高校辅导员队伍建设的理论研究提供了大量的人才储备，势必推动高校辅导员队伍建设的理论研究再上新的台阶。

最后，学术论文为数众多。在学术论文方面，笔者以与高校辅导员相关字段为关键词，在中国知网（CNKI）学术期刊数据库进行检索。数据显示，在2002年底至2017年12月31日期间，与高校辅导员相关的学术论文为12 301篇，其中，北大核心期刊1194篇，CSSCI来源期刊667篇。具体如表3-2所示。

表3-2　2002年至2017年高校辅导员队伍学术论文数量统计（单位：篇）

篇名	全部期刊	北大中文核心期刊	CSSCI来源期刊
高校辅导员	12 301	1194	667
高校辅导员队伍	1816	240	130
高校辅导员队伍建设	976	136	67

数据来源：中国知网（CNKI）学术期刊数据库

由表3-5可知，关于高校辅导员队伍建设的学术论文为976篇，北大中文核心期刊为136篇，CSSCI来源期刊为67篇。由此可见，虽然关于高校辅导员相关的期刊论文很多，但从其发表的期刊级别来看，高水平、高质量的论文不多，从一定程度上表明，高校辅导员队伍建设的理论研究成果的质量还有待继续提高。

上述研究表明，高校辅导员队伍建设的理论研究成果涉及高校辅导员队伍建设的方方面面，学者们从不同的角度探索了高校辅导员的地位和作用，历史与经验，任务和职责，素质和能力，辅导员队伍建设的现状与对策、方法和原则等方面，对高校辅导员队伍建设的选拔、培养、管理、考核等进行了系统深入的论述。关于辅导员队伍建设专业化、职业化和专家化的文章也相对较多，有的学者还对国外学生事务工作者与国内辅导员队伍进行了对比研究，为我们进一步研究高校辅导员队伍建设奠定了坚实的理论基础。

第二节 改革开放以来高校辅导员队伍建设的经验启示

探寻改革开放以来高校辅导员队伍建设的经验启示，需要运用辩证唯物主义和历史唯物主义的基本观点，坚持继承与发扬、批判与创新的科学理念，在客观、科学分析改革开放以来高校辅导员队伍建设的成绩与不足的基础上，不断总结经验、探寻规律、启发借鉴。

一、加强高校辅导员队伍建设必须坚持党的领导

坚持党的领导是四项基本原则的重要内容之一，也是四项基本原则的核心所在。回顾改革开放以来三个历史阶段高校辅导员队伍建设的发展历程，加强高校辅导员队伍建设必须坚持党的领导。坚持党的领导，需要各级党组织持续关心、支持与指导高校辅导员队伍建设。

（一）加强教育部对高校辅导员队伍建设的领导

教育部是高校辅导员队伍建设的政策制定和监督指导的最高领导层，具体负责制定高校辅导员队伍建设的宏观政策，密切关注和监督地方和高校辅导员队伍建设实施进展情况，及时掌握并解决高校辅导员队伍建设中存在的突出问题，着力在全国范围内营造尊重辅导员队伍劳动价值和社会地位的社会氛围，为基层辅导员队伍建设提供指导与服务，其核心是决策规划和监督指导。

恢复探索阶段，党和国家高度重视高校辅导员队伍建设，教育部根据当时高校辅导员队伍建设和大学生思想政治教育的实际需求，制定《关于加强高等学校思想政治工作的决定》等多个纲领性文件，从国家宏观决策上高度重视辅导员队伍建设，有力地推动了高校辅导员队伍建设。平稳发展阶段，党和国家关于辅导员队伍建设的政策文件主要蕴含在高校党建工作中，直接关于高校辅导员队伍建设的政策文件不多。2000年7月中共教育部党组颁发的《关于进一步加强高等学校学生思想政治工作队伍建设的若干意见》具有划时代的意义和较强的指导性。深入发展阶段，党和国家采取有效措施致力于高校辅导员队伍建设。继2004年中共中央、国务院颁发《关于进一步加强和改进大学生思想政治教育的意见》（中发〔2004〕16号）以后，教育部先后颁发了《教育部关于加强高等学校辅导员班主任队伍建设的意见》（教社政〔2005〕2号）、《高等学校辅导员队伍建设规定》（教育部令第24号）；继2017年2月27日中共中央、国务院印发《关于加强和改进新形势下高校思想政治工作的意见》之后，同年9月，教育部印发了《高等学校辅导员队伍建设规定》（教育部令第43号）等一系列政策文件，为辅导员队伍建设提供了坚强的政策保障，有效推动了辅导员队伍建设和发展。

党和国家坚持实事求是、与时俱进的理论品质，紧密结合大学生思想政治教育的客观需求和高校辅导员队伍发展的内在诉求，及时调整、制定并实施辅导员队伍建设的纲领性文件，决策科学、领导有方、引领有力，有效地推动了我国高校辅导员队伍建设，成功应对高校辅导员队伍工作职责扩大、工作任务增多、教育对象变化、时代和环境改变等给辅导员队伍建设带来的压力和挑战，为高等学校人才培养提供了坚强的组织保证和政策保障。

党和国家科学的政策或措施必须通过基层高校认真贯彻执行才能产生相应的社会效应，否则就不能达到党和国家对高校辅导员队伍建设的目标和要求，大学生思想政治教育的效果必将大打折扣，人才培养的质量必然受到影响。因此，需要上级教育主管加强对基层高校政策执行情况的评价和考核，让党和国家关于高校辅导员队伍建设的各项政策付之以行、惠之以民、暖之以心。

（二）加强地方高等教育主管部门对高校辅导员队伍建设的领导

地方教育主管部门在高校辅导员队伍建设中发挥着承上启下的纽带作用。学习领会、贯彻并监督执行党和国家关于高校辅导员队伍建设的政策是其工作职能的核心所在。应鼓励其在国家政策允许的情况下，根据本地高等教育的自身特点，创造性地开展辅导员队伍建设工作。加强地方教育主管部门对高校辅导员队伍建设的领导必须注重宣传、落实与执行。在辅导员队伍建设恢复探索阶段和平稳发展阶段，党和国家制定了诸多高校辅导员队伍建设的相关政策文件，但最终效果不是很好，主要原因之一就是政策文件的贯彻、落实和执行不到位。在深入发展阶段，党和国家同样制定了很多科学的政策，整体来说贯彻执行情况不错，但是各地方教育主管部门对政策的贯彻、落实和执行还不彻底、不平衡、不全面。因此，需要进一步加强地方教育主管部门对本地高校辅导员队伍建设的领导。

（三）加强高校党委对高校辅导员队伍建设的领导

高校党委是辅导员队伍建设最直接、最基层的组织者、推进者和实施者，对辅导员队伍建设的程度、成效具有最直接和最关键性的影响。其职能主要是根据学校的具体情况采取有效措施，狠抓辅导员队伍建设各项政策的执行与落实。

通过对改革开放以来高校辅导员队伍建设发展历程的反思，特别是通过对各项政策文件的解读，高校辅导员队伍的核心职能是开展大学生日常思想政治教育。思想政治教育，是指"一定的阶级、政党、社会群体遵循人们思想品德形成发展规律，用一定的思想观念、政治观点、道德规范，对其成员施加有目的、有计划、有组织的影响，使他们形成符合一定社会、一定阶级所需要的思想品德的社会实践活动"。[①]因此，辅导员队伍的工作职责是党性、政治性、阶级性的集中体现，是坚持社会主义办学方向的组织保证。一方面，高校辅导员要在党的坚强领导下永远跟党走，时刻与中央精神保持高度一致，自觉加强党性修养，不断提高思想政治觉悟，在高校党委的正确领导下认真开展各项工作，履行党和国家赋予的神圣使命。另一方面，高校党委必须深刻认识"高校思想政治工作关系高校培养什么样的人、如何培养人以及为谁培养人这个根本问题"的战略决策，有责任、有义务认真贯彻执行高校辅导员队伍建设的政策文件，创造性地开展本校辅导员队伍建设的各项工作。高校辅导员队伍建设如果没有基层高校党委的坚强领导，势必导致辅导员队伍建设不力，影响辅导员队伍的素质能力提升，影响大学生思想政治教育的效果。因此，只有坚持党对高校辅导员队伍建设的坚强领导，才能保证辅导员队伍在党的领导下开展各项工作，进而发挥高校辅导员在大学生思想政治教育中的育人功能和价值。

---

① 张耀灿，郑永廷，吴潜涛，等.现代思想政治教育学[M].北京：人民出版社，2006.

二、加强高校辅导员队伍建设必须适应大学生全面发展的需要

高校辅导员队伍制度建立至今，坚持以对大学生进行思想政治教育为核心，不断满足大学生全面发展需求，始终是高校辅导员队伍的根本职责所在，也是高校辅导员队伍存在的价值体现。因此，必须围绕大学生全面发展这条主线组织开展高校辅导员队伍建设的各项工作。按照学生需不需要、学生满不满意和学生答不答应的原则组织开展高校辅导员队伍建设。改革开放以来，根据大学生发展需要，在辅导员队伍建设的历史发展进程中，辅导员队伍的职责发生了明显的变化。

恢复探索阶段，高校辅导员队伍其工作职责相对单一，主要是对大学生进行思想政治教育和简单的日常管理，辅导员和学生之间的交流和交往并不太多，从编制上看主要是以兼职为主。平稳发展阶段，高校辅导员队伍并未发生太多质的变化，几乎沿用了前一阶段的具体做法，但是"专兼结合、以兼为主"的模式明显。在国家加强对高校党的建设、大学生德育和素质教育的带动和牵引下，共青团工作、社会实践活动得到了进一步的发展。网络思想教育、心理健康教育随即提上议程，但真正深入开展还在十六大召开以后。深入发展阶段，特别是从 2004 年开始，高校辅导员队伍建设可以说得到了极大的巩固和提高。"专兼结合、以专为主"的模式基本形成，辅导员整体数量逐年攀升，工作职责明显拓展，校园文化建设、网络建设、心理健康教育、学生社团管理、社会实践活动、青年志愿服务活动、职业生涯规划教育以及家庭经济困难学生资助等职责明显增多，辅导员工作的难度明显增大。

党和国家高瞻远瞩，在肯定各高校辅导员队伍建设取得成绩的同时，明确指出了"辅导员、班主任队伍建设还不能很好地适应新形势下加强和改进大学生思想政治教育的需要，还存在着一些困难和问题"①。为此，2006 年，《普通高等学校辅导员队伍建设规定》和《2006—2010 年普通高等学校辅导员培训计划》颁布；2007 年，全国 21 个高校辅导员队伍培训基地成功落成。与此同时，由教育部思想政治工作司牵头举办的高校辅导员年度人物评选活动、辅导员职业技能竞赛、辅导员工作创新论坛、辅导员择优资助项目以及辅导员名师工作室等全国性大型活动与项目相继推进，为各地各高校持续加强辅导员队伍建设营造了良好的氛围，发挥了积极的示范和引领作用，极大地调动和激励了广大辅导员工作的积极性和创造性。教育部扎扎实实开展各项高校辅导员队伍建设的措施逐步落实，为辅导员专业化、职业化和专家化发展指明了方向、奠定了基础。这些政策和措施不但体现了党和国对辅导员队伍的关心和爱护，有效发挥了辅导员人才队伍服务社会的作用，更重要的是为青年学生的培养和成长提供了可靠的组织保证。地方高等教育主管部门和高校顺应社会和时代发展要求，紧密结合大学生思想政治教育的实际需要，采取有效措施大力加强高校辅导员队伍建设，取得了显著成绩。广大辅导员不辱使命，真心关爱学生、悉心教导学生、爱心感化学生，将党和国家的政策要求及时传达给学生，体现了党对学生的关心和爱护，使广大青年学生与辅导员队伍在一种和谐健康的氛围中共同成长。

---

① 教育部思想政治工作司. 加强和改进大学生思想政治教育重要文献选编（1978—2008）[C]. 北京：中国人民大学出版社，2008.

三、加强高校辅导员队伍建设必须坚持理论探索与实践创新

任何社会实践活动都有其内在的运行机制和规律，都必须有相应理论来指导，高校辅导员队伍建设也不例外。坚持理论探索与实践创新相结合是改革开放以来高校辅导员队伍建设的经验总结，也是当前和今后高校辅导员队伍建设的必然要求。

恢复探索阶段，党和国家关于辅导员队伍建设的政策文件较多，为辅导员队伍建设提供了宏观的政策导向。但是这一时期关于辅导员队伍建设的理论探索和实践创新并未及时跟上，没有为辅导员队伍建设提供理论上的指导，不少高校辅导员队伍建设的措施缺乏。所以，恢复探索阶段高校辅导员队伍建设的效果不太明显。平稳发展阶段，学术界、理论界关于高校辅导员队伍建设的理论探索有所加强，但研究不够深刻，未能为辅导员队伍建设提供有价值的指导和帮助。深入发展阶段，高校辅导员队伍建设的理论成果有了质的飞跃和提高，为高校辅导员队伍建设提供了理论和实践上的指导和帮助。在党和国家政策的指引下，不少专家学者已经在高校辅导员队伍建设理论创新上进行了新的尝试，以郑永廷教授等主持的教育部哲学社会科学研究重大课题"高校辅导员队伍建设研究"和全国高校思想政治教育研究会重点课题"高校辅导员工作专业化研究"为代表的重大理论成果不断涌现。另外，张再兴《高校辅导员队伍建设理论与实践》等12部关于辅导员队伍建设及工作的专著，也为高校辅导员队伍建设理论创新上提供了有力的指导和帮助。

改革开放以来，高校辅导员队伍建设和工作开展都是依托思想政治教育专业的相关理论知识作为统领一切的指南，这无可厚非，应该始终坚持。随着高校辅导员队伍工作职责的不断扩展，党和国家对高校辅导员队伍建设的重视不断加强。学术界和理论界提出了建立辅导员学的观点，也有人主张设置心理辅导员等专门辅导员，更好地促进辅导员队伍专业化发展。这些都是高校辅导员队伍建设在理论上的探讨和思考，值得肯定。但是我们绝对不能因为设置专门辅导员而放松，甚至放弃了对大学生开展思想政治教育，因为这是辅导员队伍之所以存在的生命线。为此，开设辅导员学必须是基于思想政治教育专业背景下的辅导员学，其中，心理辅导、职业生涯规划、学生事务管理等学科基础只是辅导员学的有益补充，心理辅导、职业生涯规划和学生事务管理只能作为辅导员队伍开展思想政治教育的一个手段和方法。否则，现实意义上的心理辅导员、职业生涯辅导员和学生事务管理员就不是中国特色的辅导员，不是完全意义上党委领导下的以思想政治教育为工作核心的辅导员。因此，在加强高校辅导员队伍建设理论创新时，一定不能背离大学生思想政治教育这条生命线。事实上，要构建辅导员学还有待深入的研究，高校辅导员队伍建设的理论创新还有待继续加强。

在实践创新上，广大辅导员就是现实中活生生的实践者、研究者和理论家。为什么辅导员队伍建设滞后，应该引起每位辅导员老师的反思。不排除有政策、环境等客观外在的因素，但更应思考辅导员自身的原因。认清自己不仅仅是个人职业生涯发展规划的基本要求，更是个人生命价值的真正体现。

广大辅导员要充分发挥自己的主观能动性，在主体间性理论的指导下自觉加强理论知识的学习，不断夯实深厚的理论功底，能够运用科学的理论指导工作实践。因为，正确的理论

和思想一旦被人民群众掌握，就会成为他们的思想和精神武装，就会变成改造世界的巨大的物质力量，就会对社会建设产生极大的推动作用。高校辅导员身处大学生思想政治教育的第一线，对大学生思想政治教育有着最为直接、最为深刻的感受与体会。其中，大学生思想政治教育的内容是否合理、方法是否科学、效果是否明显，都应引起辅导员深刻的反思和深入的研究。理论源于实践，广大辅导员在开展大学生思想政治教育的同时，更应在工作实践中主动探寻大学生思想政治教育、管理和服务的内在规律，不断探索辅导员队伍建设的新方法和新途径，着力增强大学生思想政治教育的针对性和实效性。通过开展理论研究，不断将实践中的体会感悟、经验方法转化为理论成果，丰富和发展高校辅导员队伍建设的理论基础。

第四章　高校辅导员队伍建设的现状研究

客观分析改革开放以来高校辅导员队伍建设取得的成绩是为了更好地继承和发扬队伍建设的宝贵经验和优良传统。通过深入细致的调查研究，笔者发现我国在高校辅导员队伍建设之中还存在着诸多不适应、不协调、不完善的地方，需要继续深入探究存在的问题，分析问题产生的根本原因，为有针对性地开展高校辅导员队伍建设研究奠定基础。

第一节　高校辅导员队伍建设现状调研概况

只有在科学指导思想的指引下，才能科学构建高校辅导员队伍建设的指标体系。本书围绕"提出问题、分析问题、解决问题"的思路谋篇布局，在对高校辅导员队伍建设理论研究系统分析和全面调查的基础上，科学设置调查问卷的指标体系，为深入研究高校辅导员队伍建设现状奠定基础。

一、科学编制高校辅导员队伍建设现状调研问卷

科学编制高校辅导员队伍建设现状调研问卷与访谈提纲是开展实证调查研究的前提和基础，其调查问卷的内容指标体系直接关系调研数据的信度、效度，直接影响着高校辅导员队伍建设的对策与措施。

1. 调查问卷设计的理论源泉与实践基础

系统研究高校辅导员队伍建设的理论成果可以为科学建构调研问卷提供理论指导。恩格斯指出："我们只能在我们时代的条件下认识，而且这些条件达到什么程度，我们就认识到什么程度。"[①]为科学、系统、有针对性地设计高校辅导员队伍建设现状调查问卷，笔者展开了深入细致的文献研究，系统了解和掌握改革开放以来高校辅导员队伍建设在理论研究取得的成果和存在的不足，为科学设置辅导员队伍建设的调查问卷理清了研究思路，指明了研究方向，提供了理论素材。

毛泽东同志多次强调"没有调查就没有发言权"，并将调查研究作为发现问题、分析问题和解决问题的重要途径与手段。编制高校辅导员队伍建设现状调查问卷同样需要坚持理论联系实际，需要建立在现实社会实践活动之中。为此，作者结合自身从事高校辅导员工作的实际，开展了大量的实地访谈、考察和观摩。其中，笔者通过对高校领导，特别是学生工作处

---

① 马克思，恩格斯. 马克思恩格斯文集：第九卷[M]. 北京：人民出版社，2009.

的主要负责人开展的电话或实地访谈交流，获取了领导对辅导员队伍的评价以及今后辅导员队伍建设的规划和创新点。通过和高校辅导员队伍进行座谈访谈，获悉了辅导员们对队伍建设的评价、思考和发展规划。通过和大学生群体座谈，了解了青年学生对辅导员队伍的认识、评价等。为调查问卷编制注入了新时期高校辅导员队伍建设的实际和实践要素。

2. 高校辅导员队伍建设现状调查问卷指标体系

为提高高校辅导员队伍建设现状调查问卷的真实性和准确性，使其具有较高的研究价值，笔者对调查问卷进行了初次测试。在测试的基础上，借鉴心理学和管理学中关于量表设计和检测的基本理论，通过专家评分法进行效度检测，通过 α 信度系数（克隆巴赫系数）分析进行信度检测，并根据测试结果对高校辅导员队伍建设现状调查问卷进行相应的调整和修改，以保证调查问卷能为科学检测和调研辅导员队伍建设现状提供有效的数据支撑。

最终定稿的调查问卷具体包括：第一，高校辅导员队伍建设基本状况。主要包括性别、年龄、学历、职称职务、专兼职情况、工作时间、专业和工作单位的性质等方面的内容，旨在掌握当前高校辅导员队伍的结构状况。第二，高校辅导员队伍的素质和能力。根据高校辅导员队伍建设相关政策和辅导员工作职责要求，选择了思想素质、政治素质、道德素质、科学文化素质、健康素质和职业胜任力等指标作为调研对象，旨在全面了解当前高校辅导员队伍的整体素质。第三，高校辅导员队伍的思想建设，主要包括了地方高等教育主管部门和高校党委等对高校辅导员队伍建设的思想认识、重视程度、投入状况以及辅导员职业认同感等。第四，高校辅导员队伍的组织建设，主要包括了高校辅导员队伍建设的组织机构、组织文化和环境等。第五，高校辅导员队伍的制度建设。主要包括了高校辅导员队伍建设的选聘、培养、发展、管理、支撑和评价机制的建设和执行情况。

与此同时，调研问卷设置上采用开放式、封闭式和半开放半封闭式相结合的方式进行合理布局。调查问卷语言简洁明了、表述准确，体系完善、逻辑严谨，为科学调研当前高校辅导员队伍建设的现实状况奠定了基础。

二、高校辅导员队伍建设现状调研数据的统计方法

为科学分析收集到的调研数据，我们利用了最新的 SPSS17.0 数据处理软件进行数据统计，同时根据论文写作需要进行了必要的比较分析、相关性分析，以便科学准确地把握新时期高校辅导员队伍建设的客观现状。

三、高校辅导员队伍建设现状调研的组织实施

为全面掌握高校辅导员队伍建设现实状况，有效开展高校辅导员队伍建设问卷调查，确保调查数据的真实性和全面性，本次问卷调研充分考虑了调研对象的层次范围、地域分布和高校性质。

为全面掌握我国高校辅导员队伍建设现状，笔者先后对中国 31 个省、自治区和直辖市的千余名辅导员开展了问卷调查。本次调研总共发放问卷 1100 份，回收 948 份，其中有效问卷

813份,回收率达86.18%,回收问卷有效率为85.76%。其中,在长春东北师范大学举办第26期全国高校辅导员骨干培训暨思想政治教育专业辅导员博士生高级研修培训期间,笔者向来自全国21个高校辅导员培训基地的博士生辅导员发放150份问卷,有效回收109份。具体如表4-1所示。

表4-1 高校辅导员队伍建设调查问卷分发及回收情况(单位:份)

序号	省(区、市)	学校	发放数量（1100）	回收有效问卷数量（813）
1	四川	成都理工大学等	30	20
2	重庆	重庆邮电大学等	30	20
3	贵州	贵州工业职业技术学院等	30	29
4	云南	云南艺术学院等	30	19
5	西藏	西藏医学院等	30	20
6	陕西	陕西教育学院等	30	26
7	甘肃	兰州交通大学等	30	27
8	青海	青海大学等	30	23
9	宁夏	宁夏医科大学等	30	19
10	新疆	塔里木大学等	30	29
11	广西	广西大学等	30	30
12	内蒙古	内蒙古赤峰学院等	30	0
13	山西	山西大学等	30	30
14	吉林	东北师范大学等	30	20
15	黑龙江	黑龙江大学等	30	11
16	安徽	蚌埠医学院等	30	25
17	江西	南昌航空大学等	30	30
18	河南	河南中医学院等	30	30
19	湖北	中南财经政法大学等	30	30
20	湖南	湖南师范大学等	30	6
21	北京	北京第二外国语学院等	30	10
22	天津	南开大学等	30	25
23	河北	河北大学等	30	25
24	辽宁	辽宁大学、铁岭师范高等专科学院	50	30
25	上海	同济大学等	30	30
26	江苏	南京林业大学等	30	10

续表

序号	省（区、市）	学校	发放数量（1100）	回收有效问卷数量（813）
27	浙江	浙江工商大学等	30	30
28	福建	集美大学等	30	10
29	山东	山东理工大学等	30	30
30	广东	中山大学等	30	30
31	海南	海南大学等	30	30
32	第26期全国高校辅导员骨干培训暨思想政治教育专业辅导员博士生高级研修培训期间		150	109

笔者在发放调查问卷时，充分考虑了各高校的特点和性质，确保调查问卷的全面性、代表性和针对性。在学校专业方面，调查涉及了邮电、交通、航空、艺术、财经、语言、教育、农业、林业、工商和医学等专业。在学校性质和层次方面，涵盖了诸如同济大学等综合性大学，又涉及一般的省属院校，还调查了一部分高职高专院校。发放调查问卷的高等学校分布如表4-2所示。

表 4-2 高校辅导员队伍建设调查问卷高校分布情况

综合性大学	单科性大学	教育部直属	其他部属	省市所属	985高校	211高校	其他院校	重点本科院校	普通本科院校	高职高专院校
566	247	186	35	592	106	175	532	371	367	75
69.62%	30.38%	22.88%	4.31%	72.82%	13.04%	21.53%	65.44%	45.63%	45.14%	9.23%

在著作撰写过程中，笔者还通过电话、邮件等形式，就少数具体问题向相关人员进行咨询，及时补充和捕获辅导员队伍建设现状的最新动态。上述所做的调查研究工作尽管耗费时间长，投入精力大，耗费费用高，但是这些扎实具体的工作能为本选题研究任务的圆满完成提供较为丰富的一手材料，能为后续研究高校辅导员队伍建设取得的成绩、存在的不足等奠定最为基础的数据支撑。

第二节 高校辅导员队伍建设存在的问题

通过对改革开放以来高校辅导员队伍建设政策文件、理论文献的梳理和研究，以及对中国31个省、自治区和直辖市的70余所高校的近千名辅导员关于"高校辅导员队伍建设调查问卷"数据的分析研究。笔者发现，高校辅导员队伍建设还不同程度地存在着思想认识不深刻、辅导员队伍的体制机制不合理、队伍建设的对策措施不科学、辅导员队伍建设的成效不明显等突出问题。

一、高校辅导员队伍建设的思想认识不够深刻

思想上故步自封、观念上保守落后，必将导致行为上迟缓、建设上乏力。思想认识不够深刻是束缚和抑制辅导员队伍建设发展的根源性问题。高校辅导员队伍建设思想认识不够深刻，表现为部分辅导员队伍建设者对高校辅导员队伍建设的思想认识不到位和少数高校辅导员自身思想认识存在偏差。

（一）部分高校辅导员队伍建设者的思想认识不到位

高校辅导员队伍建设之所以存在一些不尽如人意的问题，一个根本的原因是部分高校辅导员队伍建设者的思想认识不到位。国家、地方高等教育主管部和高校三者在高校辅导员队伍建设中扮演着不同的角色，承担着不同的建设职责，其思想认识的深度会对高校辅导员队伍建设产生不同程度的影响。对此，笔者设计了高校辅导员职业体验和感受的问卷，来反映队伍建设者的思想认识水平，具体如表4-3所示。

表4-3 高校辅导员的职业体验和感受

序号	您从事学生工作以来的职业体验和感受	完全符合	基本符合	符合	不太符合	完全不符
Q031	您所在省市教育主管部门等高度重视高校辅导员队伍建设	26.08%	40.22%	17.10%	13.78%	2.83%
Q032	贵校校级领导高度重视辅导员队伍建设	29.89%	34.44%	20.42%	12.67%	2.58%
Q033	您觉得您所在院系学生工作专职领导（如党总支书记或副书记等）对您的成长、发展和工作上的指导能够提供有益的帮助	36.41%	35.06%	17.71%	8.86%	1.97%

从上表可以看出，当前部分高校辅导员队伍建设者的思想认识还有待提高。

首先，部分地方高等教育主管部门对高校辅导员队伍建设不够重视。地方高等教育主管部门在辅导员队伍建设中扮演着承上启下的纽带作用。在现行的教育管理模式下，党和国家关于高校辅导员队伍建设的各项政策和制度需要各级地方教育主管部门组织落实，他们对高校辅导员队伍重视的程度直接影响到辅导员队伍建设的效果。调查数据显示，66.30%辅导员完全或基本认同本地教育主管部门高度重视高校辅导员队伍建设，认为不太符合和完全不符合的占到了16.61%。由此可见，部分地方高等教育主管部门对高校辅导员队伍建设的重视程度还有待进一步增强。

地方高等教育主管领导是否重视高校辅导员队伍建设，是辅导员队伍发展不平衡的重要原因。缺乏思想上的深刻认识，难免会对本地高校辅导员队伍建设缺乏有力的指导和科学的监督，也就难以提升辅导员队伍的素质和能力。

其次，部分高校校级领导对高校辅导员队伍建设思想认识不够深刻。调查结果显示，64.33%的辅导员完全或基本认同高校领导重视辅导员队伍建设，15.25%的辅导员持否定态度。教育部《普通高等学校辅导员队伍建设规定》（教育部令第43号）是新时代高校辅导员队伍建设的纲领性文件，是各高校切实加强辅导员队伍建设的政策依据和行动指南。调查数据显示，仅52.40%的辅导员赞同或比较赞同学校能认真落实《普通高等学校辅导员队伍

建设规定》（教育部令第 43 号），辅导员队伍建设效果良好；还有 13.66%的辅导员不太赞同或极不赞同。由此可见，部分高校领导在落实辅导员队伍建设相关政策文件方面还存在着执行不力的现象，充分证明了他们对辅导员队伍建设的思想认识还不够深刻，这具体体现在学校辅导员的经济收入和岗位编制等方面。

一方面，高校辅导员队伍的经济收入较低。在市场经济背景下，高校辅导员的经济待遇是吸引和激励辅导员的重要手段，也是经济社会中维持高校辅导员及其家庭发展的物质基础。合理的经济待遇既是对高校辅导员工作的认可和肯定，也是社会公平正义的具体体现。但调查结果显示，2012 年全国高校辅导员的经济待遇相对较低。调查数据如图 4-1 所示。

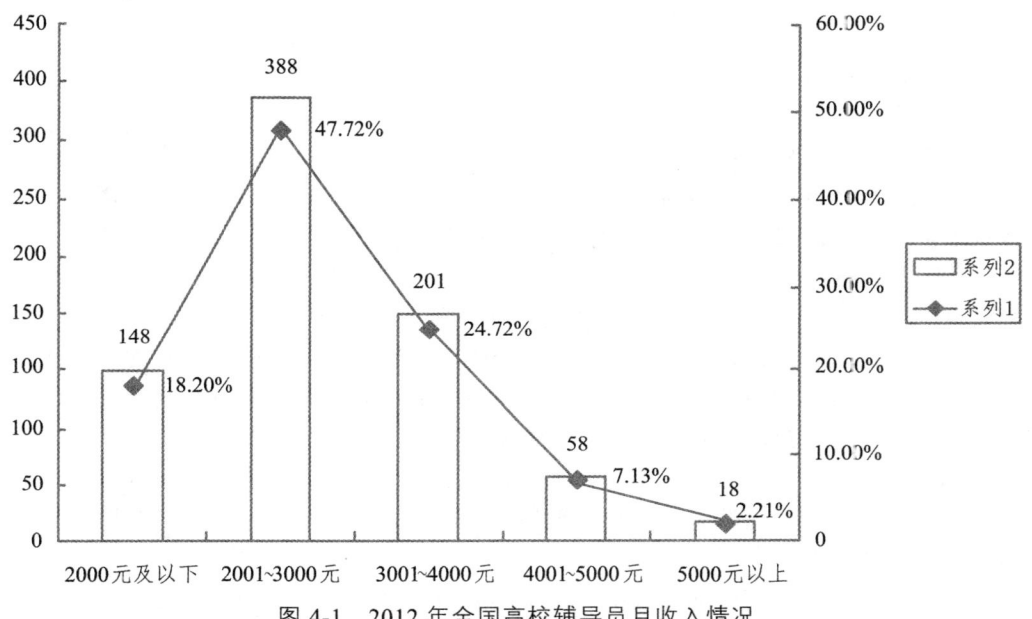

图 4-1　2012 年全国高校辅导员月收入情况

通过对上图数据的分析，2012 年，18.2%的辅导员月纯收入低于 2 000 元人民币，2 001～3 000 元之间的位居第一占 47.72%，月收入超过 5 000 元仅占 2.21%，与学校其他教师群体比较，高校辅导员队伍的经济待遇相对较低，与教育部规定的"确保辅导员、班主任的实际收入与本校专任教师的平均收入水平相当"①还存在一定的差距。调查结果显示，在与学校其他教职员工的比较上，5.41%的辅导员感觉经济收入处于学校的中上等，中等水平的占23.74%，处于下等水平的辅导员更是大有人在，占 70.85%。由此可见，相对于高校辅导员工作的时间投入和精力付出，辅导员队伍的经济回报是不平衡、不对称的，难免影响高校辅导员队伍的工作激情。

通过对经济收入满意度的调研数据分析，绝大多数的辅导员对当前的收入不太满意。调查数据显示，相对于辅导员在学校的工作付出与投入，高校辅导员在实际收入的感受上，非常满意和比较满意的仅占 7.75%，31.12%的辅导员认为还可以，61.13%的辅导员不太满意或不满意目前的经济收入，具体如图 4-2 所示。

---

① 教育部思想政治工作司. 加强和改进大学生思想政治教育重要文献选编（1978—2008）[C] 北京：中国人民大学出版社，2008.

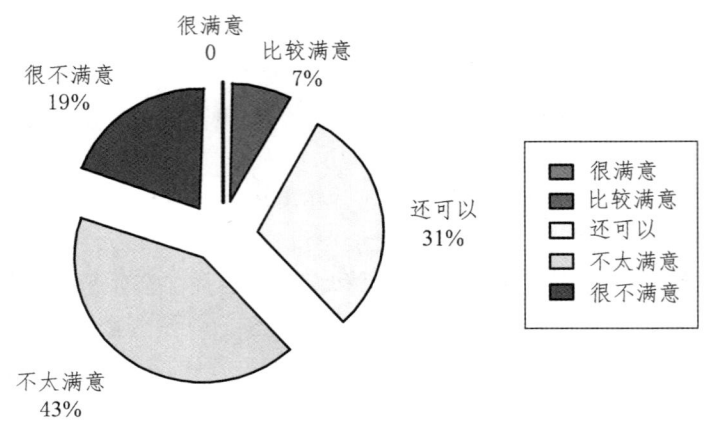

图 4-2　2012 年全国高校辅导员工资收入的满意度

在对学校辅导员工资、福利分配办法的评价方面，12.55%的辅导员觉得学校的分配机制科学合理，能充分体现个人能力与贡献的差异；25.09%的辅导员觉得在分配方面平均主义、大锅饭现象依然存在；59.41%的辅导员感觉现行分配制度固定成分太大，激励性不强；16.48%的辅导员认为差距悬殊，两极分化现象严重。因此，加强高校辅导员队伍建设，必须客观分析高校辅导员的工作职责和社会贡献度，尊重高校辅导员队伍的劳动，在遵循市场规律的前提下，根据人力资源薪酬管理理论，合理分配，体现公平正义和对辅导员队伍应有的尊重和肯定。

另一方面，各级领导对辅导员队伍建设不重视还突出表现为辅导员编制配备不到位。配备一支数量充足的辅导员队伍是有效开展大学生思想政治教育的组织保证。虽然最近几年高校辅导员队伍的人数逐渐增多，规模明显扩大，但是由于部分高校领导思想认识不足、学校办学条件不足等主客观原因的影响，高校辅导员整体数量配备不足，不能很好地满足大学生思想政治教育的实际需要。

本次调查结果显示，高校辅导员负责学生的人数分别为 100 人以下占 8.00%，101～200 人占 21.53%，201～300 人占 25.09%，301～400 人占 21.03%，400 以上达 24.35%。对于教育部规定的高校辅导员师生比 1∶200 的标准，仅有 29.53%的辅导员达到了，超过 70%的辅导员负责管理 200 人以上的学生。在访谈中，有的辅导员居然负责管理 600 多名学生，每次年级集中都要分两三次进行。

当前高校辅导员队伍缺编的现象依然十分严重，这与高校校级领导的思想认识不到位密切相关，人员数量配备明显不足，将导致诸多潜在隐患。一方面，队伍缺编势必导致辅导员承担的工作量急剧增加。以致辅导员难以有效开展深入细致的教育、管理和服务工作，不利于大学生的成长。另一方面，辅导员超负荷工作，使辅导员缺少必要的时间和精力来进行工作反思、经验总结和自我提升，不利于辅导员自身的科学发展。

笔者在访谈中获悉，部分高校领导更加重视学校的学科建设、教学科研和基础设施建设等，对辅导员队伍，甚至大学生的思想政治教育不够重视。具体表现为辅导员经济收入较低、校内地位不高、职业发展空间狭隘、办公环境不优、工作经费不足以及学校全员育人氛围不浓、大学生思想政治教育支撑体系不完善等，严重影响和制约了高校辅导员队伍专业化、职业化和专家化发展。

最后，部分高校院系领导对辅导员队伍建设的思想认识不够深刻。为实现对高校辅导员队伍的双重领导和双重管理，绝大多数高校都为各院系配备了党总支副书记，负责院系学生工作和辅导员队伍的建设和管理。院系党总支副书记对于辅导员工作的开展、利益的维护具有重要的作用和影响。调查数据显示，71.47%的辅导员完全或基本赞同院系学生工作专职领导（如党总支书记或副书记等）对辅导员的成长、发展和工作上的指导能够提供有益的帮助，10.83%辅导员对之不置可否，感觉未能充分感受到直接领导的关心和爱护。

高校院系领导不重视辅导员队伍建设，将对辅导员队伍失去应有的人文关怀和有效的工作指导。一方面，缺失人文关怀的辅导员感受不到学校和组织的温暖，看不到事业发展的前途，难免会带着情绪开展大学生思想政治教育工作，出现消极懈怠的现象，不利于学生成长和发展。另一方面，学院分管学生工作领导疏于对辅导员工作的指导，会给辅导员，特别是年轻的辅导员顺利开展工作带来诸多困难，以致辅导员工作成效难以显现，不利于辅导员的发展。

事实上，高校辅导员队伍建设者对辅导员队伍建设的重视程度直接关系到辅导员队伍的发展、稳定与人心向背，直接影响大学生思想政治教育的效果和高校的发展与稳定。这也是当前我国高校辅导员队伍建设发展不平衡的根源所在。为此，各级高校辅导员队伍建设者应认真学习领会，并贯彻执行党和国家关于辅导员队伍建设的各项政策文件，提高思想认识，保持与中央高度一致；同时应学习借鉴其他高校辅导员队伍建设的先进经验，开拓创新地推进辅导员队伍建设。

（二）部分高校辅导员自身思想认识存在偏差

高校辅导员队伍建设是主客体之间双向互动的过程，除了组织推动之外，还需要广大辅导员端正思想态度，自觉主动地参与辅导员队伍建设。调查研究表明，部分高校辅导员还存在从业心态不端正、职业认同度不高和职业动力不足等现实问题。

首先，部分高校辅导员从业心态不端正。由于高校辅导员队伍建设政策上的原因和历史上对高校辅导员队伍的偏见，不少辅导员缺少坚定的职业信念，从业心态不端正，骑驴找马的思想严重影响了高校辅导员队伍的相对稳定，不利于辅导员队伍建设。在涉及当初选择辅导员工作的动机时，调查数据分析显示，59.66%的辅导员乐意从事高校学生工作；5.90%的辅导员感觉辅导员政策较优惠；27.67%的辅导员直言不讳地道出了心中的感受，从事辅导员工作仅仅是为转岗或考研考博搭建平台和迫不得已的暂时选择；其他原因占 7.01%。数据显示，有超过 40%的辅导员在选择辅导员岗位时都没有良好的从业心理准备，难以长期持续从事辅导员工作，影响了队伍的稳定性，为辅导员队伍专业化、职业化建设埋下了隐患。

其次，部分高校辅导员职业认同度低。职业认同是一个心理学概念，是指个体对于所从事职业的目标、社会价值及其他因素的看法，与社会对该职业的评价及期望的一致，即个人对他人或群体的有关职业方面的看法、认识完全赞同或认可。职业认同度会影响员工的忠诚度、向心力、成就感和事业心。新时期高校辅导员队伍的职业认同感是促使辅导员持续开展工作的不竭动力。调查结果显示，46.37%的辅导员为自己是一名高校辅导员而感到骄傲，20.79%的辅导员不太赞同或极不赞同这一观点。32.11%的辅导员非常和比较乐意支持自己的配偶或子女从事辅导员工作，39.49%的辅导员不太和极不主张自己的亲人从事辅导员工作。当面临转为专业教师或管理岗位时，43.67%的辅导员不会选择继续留任辅导员。由此可见，高校辅导员队伍对辅导员职业认同感和职业忠诚度还有待进一步提高。高校辅导员职业认同度不高，难免在工作中产生职业倦怠或工作懈怠等情绪，影响大学生思想政治教育效果，也不利于自身更好的发展。

加强高校辅导员队伍专业化、职业化和专家化建设，需要保持队伍的相对稳定，教育部明确提出要"鼓励和支持一批骨干攻读相关学位和业务进修，长期从事辅导员工作，向职业化、专家化方向发展"，并取消了高校辅导员转向教师岗位等政策导向。调查数据显示，热爱辅导员职业、打算终身从事该职业的辅导员仅占15.74%；由于道德、良心和责任使然，75.65%的辅导员主张在担任辅导员期间尽职尽责，不误学生发展；除此之外，6.15%的辅导员把辅导员工作当作谋生手段；10.46%的辅导员在有适当机会就会转行；2.09%的辅导员希望尽快转行；1.48%的辅导员觉得无所谓，干什么都一样。由此可见，虽然有将近60%的辅导员乐于从事辅导员工作，但是真正愿意长期从事的仅占15.74%。这会给高校辅导员队伍的稳定与发展都带来极大的负面影响。高校辅导员队伍人员流失现象明显，直接反映了部分辅导员缺少长期从事辅导员工作的职业信念。同时，部分辅导员的流失会影响到其他辅导员，产生一定的负面影响，导致其他本来想长期从事辅导员工作的人员思想不稳。

最后，部分年轻辅导员自我职业发展定位不准，自我改变、自我发展的意识不强，拼搏进取的动力不足。任何教育、培训都需要通过组织推动和自身能动，才能取得更好的效果。仅仅依靠组织的推动，辅导员队伍自身缺乏积极向上的主观能动性，是不可能有效加强辅导员队伍建设的。依据现代管理理论，辅导员既是建设的主体，又是建设的客体。充分发挥辅导员队伍自身的主观能动性是提高辅导员队伍建设效果的内在要求。笔者通过走访、座谈以及对身边诸多辅导员的长期观察发现，由于部分辅导员非思想政治教育相关专业出身，有的辅导员甚至对中共中央、国务院《关于进一步加强和改进大学生思想政治教育的意见》（中发〔2004〕16号）和教育部《普通高等学校辅导员队伍建设规定》（教育部令第43号）等了解甚少，导致他们对高校学生工作、大学生思想政治教育工作的认识以及对自身的职业发展定位还比较模糊，不能科学规划自己的职业生涯，往往是安于现状而非挑战自我、被动接受而非主动决策、自发生存而非自觉发展。以至于辅导员在自我改变、自我发展时间投入上还不够，拼搏进取的动力不足。

加强高校辅导员队伍培训是提升高校辅导员队伍素质和综合能力的重要途径。但是，仅仅依靠组织的推动，难以全面彻底地促进高校辅导员队伍素质的提升，充分发挥辅导员队伍自身的主体性和主观能动性才是其素质和能力提升的内在动因。调查数据显示，仅39.11%的辅导员赞同或基本赞同工作之余能注重自我开发，充分利用业余时间进行自我教育、自主学习；19.31%的辅导员不能有效进行自我开发，发展动力不足。高校辅导员每周的时间分布如图4-3所示，每周投入10小时以下的用于学习的占79.33%；投入10小时以上的仅占20.67%。

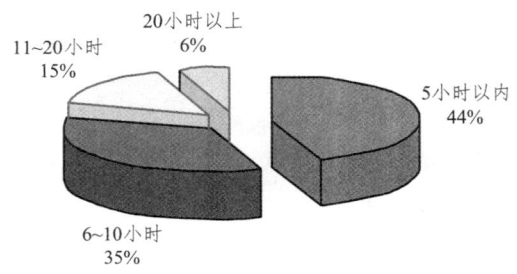

图4-3 高校辅导员每周投入学习的时间

业余学习时间投入较少，一方面是因为高校学生工作占据了一部分业余时间，另一方面也说明辅导员进行自我提升的意识相对薄弱。

综上所述，当前高校辅导员队伍建设思想认识不够深刻是影响和制约队伍建设的根源所在。提高辅导员队伍建设者和辅导员自身的思想认识是推进辅导员队伍建设的突破口和基本前提。因此，双方都需要认真学习领会党和国家关于高校辅导员队伍建设的文件精神，将辅导员队伍建设上升到关系全面建成小康社会奋斗目标、关系坚持和发展中国特色社会主义、关系实现中华民族伟大复兴的战略层面上来，统一思想、共同努力，整体提高。

二、高校辅导员队伍建设的领导管理不够科学

高校辅导员队伍建设必须加强党对辅导员队伍建设的领导和管理，需要建立、健全辅导员队伍建设的组织机构，打造良好的组织支撑体系，明确辅导员队伍的工作职责，致力于营造良好的组织环境。但调研研究显示，当前高校辅导员队伍建设的领导管理还不够合理，需要继续加强。

（一）高校辅导员队伍建设的领导管理体制不够科学

传统的高校学生工作模式与新时期高校辅导员队伍工作职责的不断扩张、劳动强度的不断增大之间的矛盾日渐凸显，已经成为制约高校辅导员队伍专业化、职业化和专家化建设的瓶颈，具体表现为辅导员队伍的领导体制、管理体制还不够科学，辅导员的工作界限模糊。

首先，高校辅导员队伍建设的领导体制不够科学。部分高校辅导员队伍建设的组织机构领导监督相对乏力。加强高校辅导员队伍建设的监督，需要辅导员队伍建设组织机构通过制定相应的政策，采取相应的措施，鞭策和督促下属部门进一步贯彻和落实高校辅导员队伍建设的各项政策，将辅导员队伍建设作为实施大学生思想政治教育的重要内容狠抓落实。改革开放以来，党和国家都高度重视高校辅导员队伍建设，虽然制定和颁发了与高校辅导员队伍建设相关的一系列政策文件，但是不少高校在贯彻落实上还存在不足。为此，必须加强高校辅导员队伍建设领导监督机制的建设，保证党和国家关于高校辅导员队伍建设各项政策文件真正落到实处。

调查数据显示，61.99%的辅导员非常赞同和比较赞同学校能认真落实《关于进一步加强和改进大学生思想政治教育的意见》（中发〔2004〕16号），大学生思想政治教育效果良好；52.4%的辅导员非常赞同和比较赞同学校能认真落实《普通高等学校辅导员队伍建设规定》（教育部令24号），辅导员队伍建设效果良好；50.93%的辅导员非常赞同和比较赞同学校的学生管理各项制度健全，大学生思想政治教育氛围浓厚；13.66%的辅导员不太赞同和极不赞同学校能认真落实《普通高等学校辅导员队伍建设规定》（教育部令24号）；89.79%的辅导员主张为了更好落实辅导员队伍建设相关文件，迫切需要建立辅导员队伍建设的监督机制。正是当前高校辅导员队伍建设领导监督机制的缺失，导致了部分地方高等教育主管部门、部分高校在辅导员队伍建设上存在显著的差距，从而导致各地、各高校辅导员队伍建设发展不平衡。

其次，高校辅导员队伍建设的管理体制不够科学。根据社会学的理论知识，任何健全的社会组织都必须有相对完善的组织机构。2012年，不少高校辅导员队伍建设的组织机构还不

太健全，极不利于高校辅导员队伍专业化、职业化发展。根据教育部规定 1：200 的辅导员队伍的师生比，每个高校都应有十几甚至上百人规模的辅导员群体。由于工作性质的特殊性，各高校应建立相应的组织机构。调查数据显示，24.60%辅导员认为学校没有专门设置高校辅导员队伍建设的组织管理机构；24.35%的辅导员认为即便设置了辅导员队伍建设的组织管理机构，也是形同虚设，除考核管理外，没有切实维护辅导员的切身利益。在对高校辅导员队伍建设组织管理机构的职能诉求方面，45.14%的辅导员希望组织机构能帮助辅导员成长提高，维护辅导员队伍权益；40.34%辅导员希望组织机构能营造辅导员成长、发展的组织文化环境；37.52%辅导员希望组织机构能具体负责辅导员队伍的选拔、培养、考核、发展等制度的制定、实施和监控；31.24%辅导员希望能指导和协助辅导员开展工作。由此可见，高校辅导员队伍的组织机构还不健全，不利于高校辅导员队伍的建设以及辅导员工作的开展。

文献资料研究显示，改革开放以来，有的省、自治区和直辖市专门成立了本地的辅导员协会，对于团结凝聚、培养发展本地辅导员作出了积极的贡献。但是这一先进的措施并未在全国范围内全面推广，不少地方或高校辅导员缺少辅导员协会的统筹引领，导致辅导员缺少归属感或成就感，不利于辅导员队伍的发展。2007 年 7 月，教育部在全国成立了 21 个高校辅导员队伍培训和研修基地，并实施了基地自查、督促考查等措施，但是目前的 21 个基地对于辅导员队伍建设所应发挥的作用还有待加强，以使其更好地发挥培训、咨询和科研作用。

最后，高校辅导员队伍的工作职责界限模糊。在现有的高校辅导员队伍建设领导管理模式下，根据教育部文件精神，高校辅导员实行的是学校和院（系）双重领导、统筹规划、统一领导。随着高等教育事业的改革和发展，高校辅导员队伍的工作内容和劳动强度都在不断增加，高校辅导员队伍承担的工作职责也随之增加。调查研究表明，高校辅导员队伍工作职责界限模糊，工作时间长、劳动强度大，影响了工作效果，也不利于辅导员队伍建设和发展。

虽然教育部《普通高等学校辅导员队伍建设规定》（教育部令第 43 号）中对高校辅导员队伍的工作职责进行了明确的阐释，但现实生活中，一些高校辅导员队伍的工作职责并未逐一细化，明确界定。调查结果显示，68.02%的辅导员觉得辅导员工作职责界限模糊，增加了工作的强度，削弱了自己的本职工作。在双重领导的在体制下，一方面，高校辅导员要接受校级职能部门的领导和管理，需要承担或执行校级职能部门部署的各项工作。另一方面，辅导员隶属院系二级单位，服从和服务于院系的发展亦是责无旁贷，但不少本不属于高校辅导员队伍工作职责之内的工作任务便落在了辅导员身上，使本应专职从事大学生思想政治教育与管理工作的辅导员成了职能部门的办事员、院系领导老师的教学和管理秘书，严重影响了大学生思想政治教育的效果和辅导员队伍自身的发展。访谈中，不少辅导员对于工作职责漫无边际十分苦恼，难以拒绝上级领导布置的各项任务，只得硬着头皮接受，加班加点地执行和落实。重庆某高校曾对辅导员工作项目进行过专门统计，累计近两百项，涉及学生处、教务处、财务处、组织部、宣传部等十多个部门，权责严重不对称，影响了该校高校辅导员的工作，不利于其职业化发展。

高校辅导员还承担着诸多分外工作。现实工作之中，高校辅导员工作任务重的表现还有：不少辅导员除了全面负责大学生日常思想政治教育和管理的工作职责之外，还担任了其他本不属于辅导员分内的工作。调查数据显示，52.15%的高校辅导员承担了形势与政策、职业生涯规划等教学任务；46.37%的辅导员担任了行政或党政工作；34.68%的辅导员担任了思想政治理论课或专业课教学任务；另有6.64%的辅导员从事了其他工作；仅有14.27%的辅导员没有承担其他工作。具体如图4-4所示。

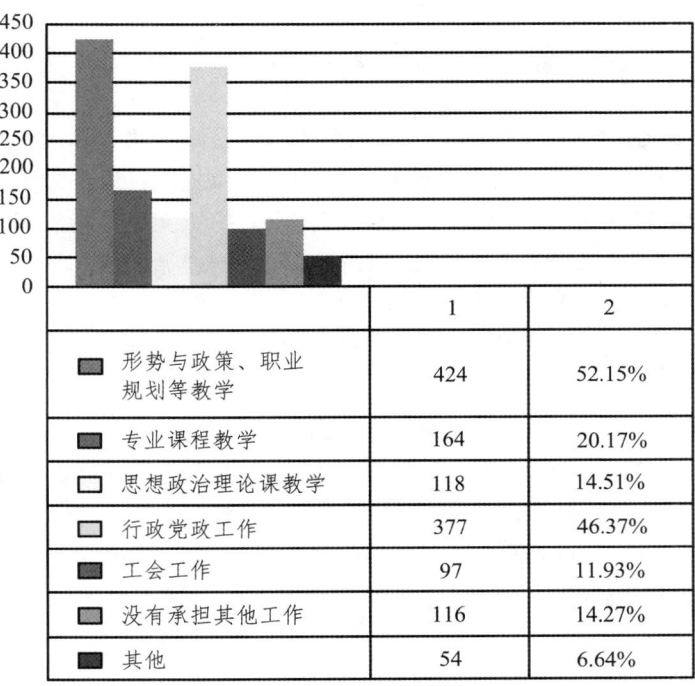

图4-4　高校辅导员额外工作任务

访谈中，不少辅导员老师都觉得，在学校，只要是和学生相关的事情，都需要辅导员进行处理。调查数据显示，在正常工作时间，辅导员每周投入到工作中的时间远远超出了8小时正常工作时间范围，具体如图4-5所示。

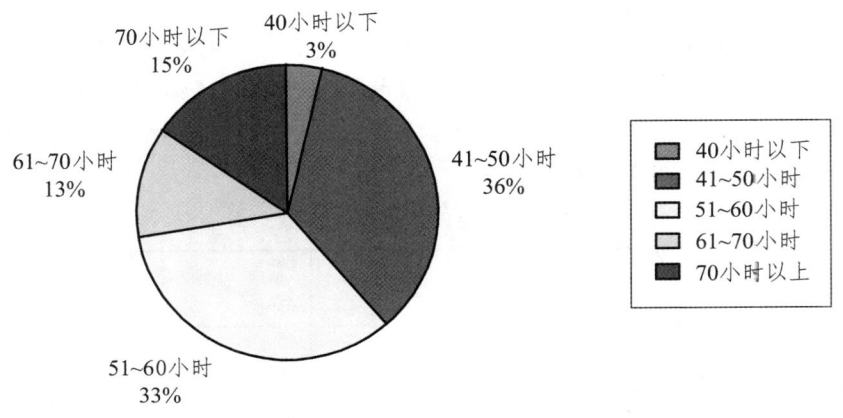

图4-5　高校辅导员每周工作时间

调查数据显示，仅有3.08%的辅导员表示一周工作的时间在国家规定的40个小时之内；96.92%的辅导员表示每周工作都超过了40个小时，需要加班加点的工作才能完成相应的工作任务。如果严格按照每天工作8小时的正常标准计算，有60.64%的辅导员一周需要工作7天。在涉及对辅导员工作的评价上，有70.48%的辅导员感到工作任务太重，加班时间太多。

除此之外，现实工作之中，诸如学生生病住院、学生突发事件等临时性、突发性工作任务都落在辅导员头上，无形之中加大了辅导员的工作量和劳动的强度。

（二）高校辅导员队伍建设的组织氛围不够浓厚

高校辅导员队伍建设组织支撑体系主要包括浓厚的组织文化和系统的支撑体系，两者共同作用，营造良好的组织氛围，可以为辅导员的职业发展提供良好的外围环境。

首先，高校辅导员队伍建设的组织文化不够浓厚。组织文化是指组织在长期的生存和发展中所形成的、为本组织所特有的且为组织多数成员共同遵循的最高目标、价值标准、基本信念和行为规范等的总和及其在组织活动中的反映。组织文化具有导向、约束、凝聚、激励、调适和辐射功能，是高校辅导员队伍建设的重要内容之一。调查数据显示，17.71%的高校成立了专门的辅导员协会；21.77%的高校开发了辅导员工作的数据库并建立了网络学习平台；36.53%的高校开展了辅导员沙龙；36.78%的高校搭建了辅导员队伍科研平台；64.33%的高校建立了网上交流沟通的平台（如QQ群、论坛等）。这些活动的开展有利于活跃辅导员队伍的业余文化生活，丰富高校辅导员队伍的组织文化环境，对于缓解辅导员工作压力、激发队伍的归属感和荣誉感具有特别的意义。但是，访谈中我们了解到，不少学校领导重视不够，在辅导员建设的经费投入、政策保障等方面还不能很好地满足高校辅导员队伍组织文化建设的需要。

其次，高校对辅导员队伍的支撑配合不够协调。调查研究显示，仅有59.04%的辅导员认为高校全员育人氛围良好，学校领导、管理人员和专业教师都高度重视大学生思想政治教育；18.08%的辅导员对此表示不太赞同或极不赞同。

高校思想政治理论课是大学生思想政治教育的主渠道，对于通过课堂教学等途径，提升青年学生思想政治理论素养和提高大学生的思想政治素质具有重要的作用。调查结果显示，表示非常赞同和比较赞同学校高度重视思想政治理论课等主渠道建设且学生教育效果良好的辅导员共占60.27%；15.00%的辅导员觉得思想政治理论课的教育效果不尽人意。高校班主任或班导师同样也是大学生日常教育管理的主要力量，但仅有61.25%的辅导员赞同和基本赞同班主任对学生的思想、学习和生活等方面指导效果良好；15.62%的辅导员觉得班主任的育人效果未能充分发挥。具体如表4-4所示。

表4-4　高校辅导员队伍建设的支撑配合情况

序号	您从事学生工作以来的职业体验和感受	完全符合	基本符合	符合	不太符合	完全不符
Q034	贵校全员育人氛围良好，学校领导、管理人员和专业教师都高度重视大学生思想政治教育	24.35%	34.69%	22.88%	15.25%	2.83%
Q035	贵校高度重视思想政治理论课等主渠道建设，且学生教育效果良好	22.88%	37.39%	24.72%	12.79%	2.21%
Q036	贵校班主任对学生的思想、学习和生活等方面指导效果良好	24.72%	36.53%	23.12%	12.79%	2.83%

事实上，大学生思想政治教育是一项系统工程，需要充分发挥学校党政干部和共青团干部、思想政治理论课和哲学社会科学课教师、辅导员和班主任的重要育人作用，营造良好的校园文化，构建和谐的人际关系。这在很大程度上需要学校领导大力支持、统筹规划、全面协调，发挥全校教师，至少是高校思想政治教育工作队伍的育人作用，为辅导员队伍提供有效的支撑和帮助。

（三）高校辅导员队伍的制度建设有待加强

高校辅导员队伍建设离不开党和国家的政策支持，当在保证政策延续性的基础上，紧跟时代变化的现实背景，结合辅导员队伍自身发展和大学生思想政治教育的需要，不断修订、完善与辅导员队伍建设相应的制度。调查结果数据显示，当前高校辅导员队伍建设相关制度未能及时跟上。具体如表 4-5 所示。

表 4-5　高校辅导员队伍制度建设情况

序号	您对贵校辅导员队伍制度建设的总体评价	完全符合	比较符合	基本符合	不太符合	完全不符
Q099	辅导员选拔机制健全，能科学遴选适合岗位职责的优秀人才	16.61%	34.56%	26.08%	18.94%	3.81%
Q100	辅导员队伍培训机制科学，能促进辅导员职业能力提升	13.65%	28.54%	33.83%	20.66%	3.32%
Q101	辅导员队伍的发展机制健全，能充分调动辅导员的工作积极性和主动性	12.55%	22.02%	28.41%	29.03%	8.00%
Q102	辅导员评价考核机制客观公正，能真实反映辅导员队伍工作业绩	12.30%	28.29%	31.98%	22.76%	4.67%
Q103	辅导员队伍建设的领导管理体制科学，能真正贯彻落实上级规定，辅导员队伍建设成就显著	14.64%	27.43%	34.32%	19.68%	3.94%

通过对表 4-5 的分析，对于高校辅导员队伍选拔、培训、发展、评价制度以及领导管理体制健全，能为高校辅导员队伍建设提供帮助和指导方面，认为完全符合和比较符合的辅导员占 42.11%；认为基本符合的占 30.92%；认为不太符合和完全不符的占 26.97%。由此可见，对高校辅导员队伍建设相关制度，有超过 70% 的辅导员持肯定态度，充分说明了在党和国家的领导下，辅导员队伍建设的制度建设有了明显增强。但是，还有接近 30% 的辅导员认为与辅导员队伍建设相关的制度还不能很好地促进辅导员队伍的建设和发展，同时表明，有的高校关于辅导员队伍建设的相关制度还不太健全。通过对五项制度的比较，辅导员对选拔、领导管理体制、培训、发展和评价持肯定态度的比例依次降低，对选拔、领导管理体制、培训、评价和发展持否定态度的比例逐渐上升。由此可见，辅导员队伍建设的评价和发展制度还有待进一步加强。

三、高校辅导员队伍建设的方法措施有待改进

高校辅导员队伍建设是一项系统工程，主要包括队伍的选拔、培养、发展、评价等具体环节。加强辅导员队伍建设，在解决队伍建设的思想问题、组织问题之外，还必须加强建设

措施的研究。调查研究显示，高校辅导员队伍建设过程中存在高校辅导员队伍的选拔配备不科学、专业化培训程度不高、职业化发展不畅和科学化评价不实等薄弱环节。

（一）高校辅导员队伍选拔不够科学

科学建构高校辅导员队伍的准入机制，是优化高校辅导员队伍整体素质、提升队伍社会形象的基础工程和关键环节。

首先，高校辅导员队伍的选拔标准不统一。由于当前国家和很多省市还没有建立国家公务员式的辅导员职业准入制度，目前，大多数高校在选拔辅导员时仅仅按照《普通高等学校辅导员队伍建设规定》（教育部令24号）要求的"政治强、纪律严、作风正、能力强"的标准选拔辅导员，充分考虑应聘者的综合素质，特别注重思想政治道德素质。访谈中，很多高校准入标准不统一，最为突出的是对应聘人员的专业未做硬性要求，导致了辅导员队伍专业结构多样化。

缺少必要的专业知识支撑，缺少统一的专业标准，辅导员队伍就像一支杂牌军，在专业化、职业化的建设进程中必将遭遇最大的瓶颈障碍，不利于辅导员队伍的建设和发展。调查数据显示，82.90%赞同应建立全国或省市相对统一的辅导员职业准入指标体系，实行高校辅导员职业准入制度。建立统一的职业准入标准是提升辅导员队伍职业地位和确保队伍专业化发展的基础环节，需要高度重视，着力解决。

其次，高校辅导员选拔缺乏科学的测评方法。高校辅导员队伍的选拔具有较强的科学性和技术性，需要通过科学的测评方法才能挑选到最佳人选。调查结果显示，在辅导员的选拔过程中，实施情景模拟测评的（如小组讨论、文件筐测验等）占24.35%；面试（一般、情景及行为面试）占92.87%；进行心理测验的（如职业能力倾向、个性或职业兴趣测验）占33.21%；开展专业理论笔试的占49.08%。由此可见，高校辅导员队伍的选拔很大程度上还停留在传统的选聘模式，难以科学选拔优秀人才。在对高校辅导员选拔的评价的调查中，60.39%的辅导员队伍认为招聘渠道丰富，参与广泛、竞争公平；61.75%的辅导员觉得选拔程序公开、公正、公平；33.21%的辅导员觉得选拔时建立了基于岗位胜任力模型的职业准入标准；20.17%的辅导员觉得运用了人才测评技术，提高了选拔的质量。因此，需要继续加强对高校辅导员队伍选拔测评方法的深入探究，科学遴选符合岗位职责的优秀人才。

最后，辅导员队伍选拔缺乏科学性，导致辅导员队伍部分结构不合理。高校辅导员队伍作为大学生思想政治教育队伍的组成部分，有其内在的要素结构。调查分析表明，新时期高校辅导员队伍存在着辅导员整体数量配备不足，专业结构层次多样，年龄结构、职称职务结构整体偏低等现实问题。

高校辅导员队伍的专业结构与专业化要求存在差距。新时期，高校辅导员具备适应辅导员工作职责的专业基础知识不仅是提升辅导员队伍社会地位的重要指标，同时也是推进高校辅导员队伍专业化建设的重要基础。

当前高校辅导员队伍的专业结构多种多样，几乎涵盖了高等学校开设的所有专业。具体情况如表4-6所示。

表 4-6　高校辅导员队伍专业结构

哲学	经济学	教育学	思想政治教育	法学	文学	艺术	历史学	管理学	理工农医军等
25	43	70	115	79	64	35	25	113	244
3.08%	5.29%	8.61%	14.15%	9.72%	7.87%	4.31%	3.08%	13.90%	30.01%

从上表可以看出，思想政治教育专业背景的辅导员所占的比例较低。高校辅导员具备思想政治教育及相关的学科专业背景，是有效开展大学生思想政治教育与管理工作的必备条件，是推进高校辅导员队伍自身发展的学科与理论支撑。调查结果分析显示，高校辅导员的专业背景几乎涵盖了高等学校开设的所有专业。其中，思想政治教育专业的辅导员仅占14.15%，理工农医军等专业背景的辅导员占30.01%，哲学、经济学、艺术和历史学专业的比例占45.77%。高校辅导员队伍的专业结构多样化有利于辅导员队伍内部学科专业知识的互补，但思想政治教育是一门科学，是开展高校辅导员工作的专业基础和锐利武器，是辅导员有效履行内在职责的理论根基。思想政治教育专业的比例太低，不仅会影响大学生日常思想政治教育工作的有效开展，更会影响到高校辅导员队伍专业化、职业化和专家化发展。

高校辅导员队伍的年龄结构整体偏低，老中青结构比例失衡。调查数据分析显示，高校辅导员队伍中30岁及以下的辅导员占50.92%；31～40岁40.22%；41～50岁7.13%；50岁以上的辅导员占1.72%。具体如表4-7所示。

表 4-7　高校辅导员队伍的年龄结构

30岁及以下	31～40岁	41～50岁	50岁以上
414	327	58	14
50.92%	40.22%	7.13%	1.72%

通过对上表的分析，40周岁以下的辅导员高达91.14%，40周岁以上的仅占8.85%。高校辅导员队伍年龄结构趋于年轻化现象明显。由于学生工作需要与青年学生密切接触，年轻化有助于辅导员老师和青年学生打成一片，但是老中青比例失衡，不利于整个队伍工作开展上的传帮带，缺少经验上的积淀和传承，不利于辅导员队伍建设。

高校辅导员队伍的学历结构横向比较相对偏低。高校辅导员队伍的学历结构是辅导员队伍整体素质高低的重要体现，随着经济社会的发展，一个国家、一个民族的综合实力越来越取决于其国民接受教育的程度。高校辅导员队伍接受教育的程度直接关系到大学生思想政治教育的效果，也关系到高校辅导员队伍的建设和发展。调查数据显示，高校辅导员队伍中具有博士学位的占2.83%；具有硕士学位的占64.08%；大学本科毕业的为29.40%；专科及以下的辅导员占1.48%。从历史发展纵向比较而言，高校辅导员队伍的学历层次明显提高，这一方面源于高校扩招后，接受高等教育的人数、层次有了大幅增长，为选拔高学历的辅导员提供了丰富的人才资源；另一方面，党和国家高度重视辅导员队伍建设，为吸引硕士生、博士生提供了政策和发展的保障。但是，我国高校辅导员队伍的学历层次同高校专业教师队伍学历层次以及西方发达国家学生事务管理队伍的学历层次相比,仍明显偏低,学历层次偏低不利于高校辅导员队伍专业化建设。

(二)部分高校辅导员队伍专业化培训程度不高

新时期,党和国家高度重视辅导员队伍的培训培养,将辅导员队伍的继续教育作为提升高校辅导员队伍素质和工作水平的重要途径和手段。但是调查表明,目前高校辅导员队伍的培训效果还不尽人意,直接影响高校辅导员队伍的专业化发展,需要进一步改善和提高。

首先,高校辅导员参加国家及省级的培训相对有限,校本培训质量不高。改革开放以来,党和国家一直高度重视高校辅导员队伍的培训教育工作。从2006年教育部办公厅制定并实施《2006—2010年高等学校辅导员培训计划》以来,一系列政策措施相继出台,保障了高校辅导员队伍培训的顺利开展。调查结果显示,高校辅导员在2007—2012五年内参加相关培训的情况如表4-8所示。

表4-8　2007—2010年高校辅导员参加培训的情况

您最近五年参加培训的情况	一次	两次	三次	四次及以上	没有参加
教育部辅导员骨干培训等	20.30%	4.92%	1.35%	1.85%	71.59%
省市辅导员基地培训等	33.09%	11.19%	4.06%	2.34%	49.32%
校内相关培训	16.61%	15.87%	18.08%	33.95%	15.50%

通过对上表的分析可知,高校辅导员参加省级及以上的高层次培训的机会相对较少,71.59%的辅导员在2007—2012年内没有参加过教育部组织开展的辅导员骨干培训。虽然2007年教育部在全国建立了21个高校辅导员培训与研修基地,依然有约50%的辅导员没有参加过一次省级的培训和教育。大多数高校积极举办了校内的相关培训,为高校辅导员工作能力的提升作出了积极的贡献。在对部分高校辅导员老师进行访谈时,不少辅导员表示,校内辅导员培训具有随意性和零散性,培训效果和质量都差强人意。

其次,高校辅导员队伍对培训评价不高,培训措施有待进一步加强。加强高校辅导员队伍培训,不仅要保证辅导员队伍培训的数量和频次,还应高度关注培训的质量和效果。在辅导员队伍培训的评价方面,77.86%的辅导员认为高校辅导员队伍培训缺乏长远目标、整体规划和科学制度,培训效果不明显;74.42%的辅导员认为培训者缺少培训需求分析,培训内容的针对性不强;80.44%的辅导员认为培训期间管理严格;35.42%的辅导员觉得培训方式灵活多样,能够展开如案例研讨、模拟实战、网上学习和移动学习等多种方式的培训。高校辅导员队伍培训评价不高,从某种意义上也折射出高校辅导员队伍的培训质量和培训效果还不尽人意,需要采取有效措施,提高培训的质量和效果。

最后,高校辅导员专业化培训程度不高,导致辅导员队伍的素质能力存在问题。高校辅导员队伍的素质是辅导员个体的思想政治素质、专业知识素质和健康素质的集中体现。高校辅导员自身素质的高低,直接影响辅导员队伍整体功能的发挥。

一方面，部分高校辅导员队伍的专业素质较差。高校辅导员队伍的素质直接关系到青年学生的成长和发展。与高校辅导员队伍过硬的思想政治素质相比，高校辅导员队伍的专业知识相对较弱。调查数据显示，81.79%的辅导员觉得自己的马列主义、毛泽东思想和中国特色社会主义理论等基础知识扎实；75.89%的辅导员认为自己的思想政治教育等相关专业知识扎实和德育科研能力强；71.83%辅导员认为自己对教育学、管理学、伦理学、心理学和职业生涯等相关知识较为了解。思想政治教育是一门科学，有效开展大学生思想政治教育和日常管理，需要辅导员具备一定的专业基础知识和业务技能。通过对上述数据的进一步分析，还有20%~30%的辅导员马克思主义基本理论、思想政治教育专业相关知识匮乏。如果剔除调查样本中109位思想政治教育专业辅导员博士生所占的13.53%，高校辅导员队伍欠缺马克思主义基本理论、思想政治教育专业知识和相关知识的占40%左右。高校辅导员队伍专业知识素质的欠缺，难以运用科学的理论指导各项工作的开展，势必在不同程度上影响和削弱大学生思想政治教育的效果，不利于高校辅导员队伍自身专业化发展。

另一方面，高校辅导员队伍的整体科研能力较弱。提高高校辅导员队伍的科研能力有助于推进大学生思想政治教育和管理的发展与创新，直接关系到辅导员的职称评定和职务晋升，是高校辅导员队伍专业化、职业化和专家化发展的关键所在。当前高校辅导员队伍主持或参加科研项目、撰写学术论文等的能力不容乐观。调查结果显示，51.05%的辅导员没有主持过任何人文社会科学相关课题；41.57%的辅导员主持过校级相关课题；17.71%的辅导员主持过省市级社科项目；获得教育部及国家社科基金项目的累计约6.64%。具体如表4-9所示。

表4-9 高校辅导员主持科研项目情况

国家社科基金项目	教育部人文社科项目	省级社科项目	校级相关课题	没有主持任何课题
13	41	144	338	415
1.60%	5.04%	17.71%	41.57%	51.05%

从整体而言，新时期高校辅导员队伍承担高层次科研项目的相对较少，科研能力相对薄弱。高校辅导员队伍的科研能力不仅体现在主持或参加不同层次的社会科学项目基金，同时还体现在学术论文的数量和质量等方面。调查数据显示，新时期高校辅导员队伍2010—2012年（不包括求学期间）公开发表学术论文的数量和质量不容乐观。其中，在CSSCI来源期刊和期刊发表过学术论文的仅占11.31%；在北大中文核心期刊发表过学术论文的仅占28.91%；在一般期刊公开发表过学术论文的占51.78%。具体如表4-10所示。

表4-10 高校辅导员2010—2012年发表学术论文情况

CSSCI来源期刊				普通核心期刊				一般期刊			
一篇	两篇	三篇及以上	没有发表	一篇	两篇	三篇及以上	没有发表	一篇	两篇	三篇及以上	没有发表
66	18	8	721	102	82	51	578	102	161	158	392
8.12%	2.21%	0.98%	88.68%	12.55%	10.09%	6.27%	71.09%	12.55%	19.80%	19.43%	48.22%

接近一半的辅导员在 2010—2012 年没有公开发表过一篇任何级别的学术论文。由此可见，新时期高校辅导员队伍的科研能力十分薄弱，科研成果不多，基础理论水平不高，不利于其自身今后更好的发展。

与此同时，高校辅导员队伍职称职务级别偏低在很大程度上不仅仅是由于其工作年限短，辅导员队伍职称评定、职务晋升相关政策发展滞后，一个更为核心的根源在于大部分高校辅导员自身的科研能力薄弱，在理论创新，特别是大学生思想政治教育方面理论创新的知识储备和能力还不够。通过对众多高校辅导员相关硕士论文、学术论文的分析，笔者发现，不少文章的质量不高。因此，高校辅导员队伍自身的理论基础不够扎实、科研能力相对薄弱是辅导员队伍建设中亟待解决的问题。

（三）部分高校辅导员队伍职业化发展不畅

高校扩招导致辅导员队伍规模不断扩大，人数不断攀升，辅导员晋升和发展问题亦日渐凸显。当今社会，辅导员队伍的职称、职务是衡量其能力水平、彰显自身价值和社会地位的重要标志，关系到辅导员队伍的发展和薪酬待遇。

首先，高校辅导员队伍职业发展的政策制度不能很好地满足辅导员队伍自身职业发展的内在要求。调查数据显示，34.57%的辅导员认为辅导员队伍的发展机制落实到位，能充分调动辅导员的工作积极性和主动性。21.16%的高校制订并实施了专门针对辅导员队伍职称评定和职务（级）晋升的制度；50.44%的辅导员认为职称评定和职务晋升机制不健全，没有严格按照教育部的规定贯彻落实。在辅导员职业压力的测试中，67.4%的辅导员认为个人的发展得不到基本的保障；76.14%的辅导员赞同切实解决辅导员的职称评定和职务（级）晋升问题是激励辅导员长期从事辅导员工作的有效措施。访谈中，绝大多数辅导员觉得评讲师比较容易，但由于科研成果、教学课时等硬性条件的限制，评聘副教授或教授特别困难。职务晋升空间狭小，学校行政领导岗位数量十分有限，并且竞争人员多。专业教师在学历、职称和科研等方面具有天然的优势，行政人员具有管理的经验以及较好的人脉，在职务晋升中，辅导员往往处于相对劣势的地位。这充分说明当前高校辅导员发展的内在诉求与高校的政策环境间存在着一定的矛盾和冲突，需要建立和完善适应高校辅导员自身发展的晋升体系。

其次，高校辅导员队伍职业发展的措施和对策并未得到高校辅导员队伍的高度认可。加强高校辅导员队伍建设是为了促进学校和辅导员队伍的共同发展，最终实现组织和员工利益的最大化。调查结果显示，17.72%的辅导员认为学校制定了基于学校发展和辅导员队伍发展的战略规划；50.93%的辅导员认为不太符合和说不清楚。建立基于岗位胜任力的素质开发项目是现代人力资源开发的重要措施，也是高校辅导员素质能力提升的重要途径。调查结果显示，对于建立基于岗位胜任力素质开发项目方面，认为非常符合和比较符合的辅导员占15.01%；认为不太符合和说不清楚的辅导员占59.41%；61.99%的辅导员深感没有享受到政策的优惠，例如仅36.78%的辅导员觉得学校为辅导员搭建了一定的科研平台。高校辅导员队伍职业发展的措施和对策制定或执行不力，势必影响高校辅导员队伍的职业发展，从而也造成当前高校辅导员队伍职称、职务级别明显低于专业教师的现实状况。高校辅导员队伍发展机制的不完善严重影响了高校辅导员队伍的稳定，制约了辅导员队伍的专业化和职业化发展。

最后，部分高校辅导员职业化发展不畅，高校辅导员队伍的职称级别和职务级别整体偏低。高校辅导员队伍的职称结构和职务结构是辅导员自身职业价值的根本体现，是高校、社会对辅导员的价值认同。

当前，高校辅导员队伍职称、职务结构不合理，辅导员队伍中的高层次职称、职务比例明显偏低。调查数据结果显示，辅导员队伍的行政职务中，副科及以下占 63.10%，正科占 28.91%，副处占 7.63%，正处占 0.37%。在高校辅导员队伍专业技术职务方面，初级及以下占 43.05%，中级职称占 50.68%，副高职称占 5.66%，正高职称占 0.62%。通过分析，在高校辅导员队伍的职称、职务方面，正科及以下和中级及以下分别累计为 92.01% 和 93.73%，整个队伍中高层次职称、职务比例所占比例极低。

比较一下高校专任教师的职称情况，就可以看出，辅导员高层次职称与专业教师高层次职称的差距较大。各地区普通高校专任教师的职称情况如图 4-6 所示。

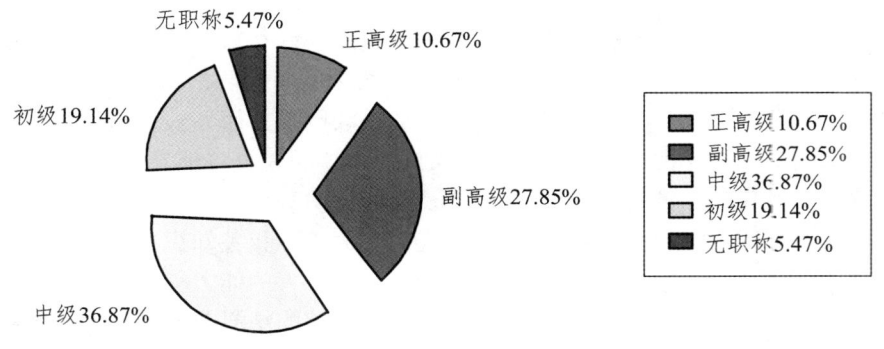

图 4-6　2009 年全国各地普通高等学校（机构）教职工职称结构情况

数据来源：《中国统计年鉴（2010）》

通过对 2009 年全国普通高等学校（机构）教职工情况中的专任教师职称情况的分析，笔者发现普通高等学校专任教师中初级及以下的比重为 24.61%，中级 36.87%，副高级为 27.85%，正高级为 10.67%。通过比较，高校辅导员队伍的专业技术职务在对应层次上明显低于专任教师，特别是副高级及以上差距十分明显，累计相差超过 30%。辅导员和专任教师职称级别相差太大，或许缘于辅导员队伍年轻化现象明显，但仍足以窥见目前不少高校对于辅导员队伍的职称、职务评聘还重视不够，缺少应有的体制机制予以保障，这样难免会影响辅导员队伍的稳定性，打击辅导员队伍工作的积极性，不利于辅导员队伍有序发展。

结构决定功能，一个健康健全的组织必定有其合理的组织结构。高校辅导员队伍的专业结构复杂多样，年龄结构低龄化、学历结构、职称职务结构整体明显偏低。一方面，将严重影响其队伍整体功能的正常发挥，直接影响大学生思想政治教育和管理工作的效果。另一方面，高校辅导员队伍结构不合理，极不利于辅导员队伍的自身发展。

（四）部分高校辅导员队伍建设系统化评价不实

高校辅导员队伍的职后准入是指在对高校辅导员工作表现、能力和效果进行评估的基础上,决定是否对其继续评聘。实行高校辅导员队伍职后准入机制是辅导员队伍永葆青春活力的重要举措,对于激励和促进高校辅导员队伍更好地发展具有重要的作用。

高校辅导员队伍工作的考核存在一定的困难。当前,高校辅导员队伍工作考核主要集中在对辅导员的思想政治素质、工作效益指标和任务完成情况、平时工作表现和工作作风、辅导员获优获奖以及科研论文数量以及辅导员负责学生获优获奖和教育效果等内容。在对高校辅导员工作考核的评价上,调查数据显示,20.54%的人认为考核内容不够全面,53.51%的人认为考评指标无法量化,38.62%的人觉得考核方法不够科学,13.41%的人认为考核程序不够公开。进一步调查显示,对学校建立并实施了辅导员工作过程中的监督和指导机制持赞同意见的占49.57%。仅28.9%的高校采用了科学的考核测评方法,如全方位考核法(360°)、关键绩效指标法(KPI)以及平衡计分卡(BSC)等,KPI(关键绩效指标)、BSC(平衡计分卡)等,以保证考核结果的客观真实性;31.86%的辅导员认为学校建立了考核结果反馈制度和基于绩效差距的分配制度。同时,高校辅导员教育对象的特殊性和多变性给队伍工作的考核也带来了一定的困难。

不少高校对辅导员工作考核的结果未能有效地利用。调查数据显示,41.08%的辅导员认为考评结果意义不大,仅33.46%的辅导员感觉考核结果能与自己的薪酬福利、职业发展等有机结合。调查结果显示,在对考核不合格的辅导员采取措施方面,57.32%的高校进行了批评教育,帮助其改进;18.33%的高校予以降低工资;17.84%的高校将辅导员转向其他工作岗位;8.61%的高校取消了其辅导员任职资格;1.72%从学校开除;38.25%的辅导员觉得对考核不合格的辅导员没有进行实质性的惩罚。根据现代人力资源管理相关知识,考核的核心是促进组织管理水准的提高及综合实力的增强,其实质是使员工个人的能力得以提升,并确保人尽其才,使人力资源有效发挥。因此,将高校辅导员工作考核的结果与职后准入紧密结合是促进辅导员队伍有效开发的重要手段,建立科学的职后准入机制和淘汰机制既是对辅导员队伍的约束与激励,又是提高工作效率的重要途径。

如果不能客观公正地评价辅导员队伍建设,也就不能有效激励高校辅导员队伍,难以有效增强辅导员的职业归属感、价值认同感和人生幸福感,辅导员的工作积极性大打折扣,不利于辅导员队伍建设,影响了大学生日常思想政治教育的效果。加强高校辅导员队伍建设的最终目的是为了提高辅导员队伍的自身素质,增强其开展大学生思想政治教育的工作能力,在高校人才培养中发挥更好的作用。通过调查研究数据可知,改革开放以来高校辅导员队伍的整体素质有所提升,但是高校辅导员队伍建设的效果还不太理想,存在人员配备不足,结构不够合理,专业化、职业化程度不高,辅导员队伍缺乏稳定和辅导员队伍建设发展不平衡等具体现实问题。加强高校辅导员队伍建设不仅需要维持队伍人员数量上的稳定,更重要的是需要全面激发辅导员对组织的归属感、责任感和荣誉感,使其能真正潜心教书育人,立志终身从事大学生思想政治教育和管理工作。

第三节 高校辅导员队伍建设存在问题的原因分析

由于社会和历史、主观和客观的原因,高校辅导员队伍建设还不能很好地适应和满足新形势下加强和改进大学生思想政治教育的需要,主要原因是存在着历史性与现实性问题交织、结构性与体制性矛盾交融、理论支撑与实践需求脱节、思想认识与客观需求错位等因素，亟须深入加强和改进高校辅导员队伍建设。

一、高校辅导员队伍建设历史性与现实性问题相互交织

根据辩证唯物主义基本观点，历史与现实具有对立统一性。一方面，历史能向现实转变迁移，对现实产生正负两方面的影响；另一方面，现实也会向历史转变，对未来产生相应的影响。

高校辅导员队伍建设中的历史性问题阻碍了辅导员队伍建设的健康发展。1978年教育部颁布的《全国普通高等学校暂行工作条例》恢复了"文化大革命"期间中断的高校辅导员、班主任制度，辅导员队伍得以重建。改革开放之初，由于思想政治教育专业人才短缺、高等教育改革发展滞后，高校辅导员队伍在"营养不良"的状况下重生，成长缓慢。一直以来，虽然党和国家高度重视高校辅导员队伍建设，但受我国经济、政治和高等教育发展状况，以及人们思想认识等因素的影响，在思想认识、体制机制、对策措施等方面还不很好地满足辅导员队伍建设需要，不能很好地为当前辅导员队伍建设提供指导和借鉴，以至于出现高校辅导员角色定位模糊、工作职责泛化、社会地位不高、队伍的稳定性差等问题，至今没有得到有效的解决。高校辅导员队伍建设历史性遗留问题为当前高校辅导员队伍建设带来了阻力和压力，阻碍了高校辅导员队伍专业化、职业化和专家化发展。

高校辅导员队伍建设面临着严峻的现实挑战。当前，高校辅导员队伍教育对象发生了显著的变化，多样化需求迫使高校辅导员队伍的工作内容由单一转向多元，工作方式由粗放转为精细，工作方法由经验转为科学。同时，党和国家对辅导员寄予了更高的要求和希望，都对高校辅导员队伍的素质和能力提出了严峻的挑战。随着高校辅导员队伍规模的扩大、队伍人数的增加，辅导员队伍年轻化现象明显，工作经验较为欠缺。受历史遗留问题的影响，在辅导员队伍专业化、职业化和专家化发展的时代背景下，辅导员队伍的选拔、培养、发展、管理、支撑和评价等问题日益突出。要有效破解高校辅导员自身素质难以满足大学生日常思想政治教育需要的难题，需要通过不断加强辅导员队伍建设予以解决。同样的道理，现实性问题会随着时间的推移而变成历史性问题，如果不及时处理好辅导员队伍建设的现实问题，必将对未来辅导员队伍建设产生不利的影响。

二、高校辅导员队伍建设结构性与体制性矛盾交融

队伍，是指有组织的社会集体。现代社会对组织的系统性、协作性要求愈来愈高。要充分发挥高校辅导员队伍的组织功能，必须采取有效措施优化队伍结构。历史和现实的种种问题导致高校辅导员队伍结构性问题突出。在年轻化面纱的掩盖下，潜藏着专业结构参差不齐、学缘结构近亲繁殖、职称职务等级不高、核心领军人物极度匮乏等突出问题，削弱了组织的凝聚力和向心力，制约着辅导员队伍整体功能的有效发挥，影响着辅导员队伍的地位和生存。

加强高校辅导员队伍建设离不开高校学生工作体制的改革和创新。高校辅导员传统的管理体制有助于高校党委对大学生进行自上而下的管理，但无形之中增加了管理的中间环节，影响了信息传递的效率，导致工作冗杂。校院两级管理模式难免增加辅导员队伍的工作任务

和负担，不可避免地会产生职责泛化的现实状况，严重阻碍高校辅导员队伍专业化发展。

高校辅导员队伍结构性与体制性矛盾交融，具体表现为辅导员队伍建设的体制机制科学与否直接影响队伍的结构和功能，反之亦然。因此，优化队伍结构、改革体制机制，是实施队伍建设的内在要求和必然归宿。

三、高校辅导员队伍建设理论支撑与实践需求脱节

理论和实践相结合是高校辅导员队伍建设的根本原则和指导方针。"思想政治教育是一门科学"，辅导员队伍从事的大学生思想政治教育是一项系统的、科学的和综合的社会实践活动，需要专门化的理论支撑和指导。与国外的学生事务管理相比，我国目前还没有关于高校辅导员队伍建设较为成熟的理论体系，关于辅导员的角色地位、工作职责、运行机制、管理体制等还没有系统深入的研究，使辅导员队伍建设还仅仅停留在解读、执行党和国家的政策的层面上，缺少必要的理论创新和研究。没有设置专门的辅导员学科，现有辅导员队伍中具备思想政治教育专业和相关专业知识背景的辅导员比例较低，不少高校在选拔配备辅导员时还没有将思想政治教育专业纳入选拔的考核指标体系，有的甚至轻视、排挤思想政治教育专业的毕业生。同时，由于辅导员的职后继续教育培训还不太健全，辅导员后续理论提升乏力。缺少必要的专业理论支撑和指导，不少辅导员在开展大学生思想政治教育时难以很好地运用科学的方法、措施开展教育、辅导等实践工作，大学生思想政治教育的效果大打折扣。

由于高校辅导员队伍职责泛化、任务繁重，加之学术、科研水平不高，高校辅导员纵有丰富的实践感性认识，也难以在高校学生工作、队伍建设等理论研究上有所建树。全国辅导员队伍建设的核心领军人物依然欠缺，高校辅导员队伍建设理论支撑与实践需求脱节现象，将严重制约着高校辅导员队伍专业化、职业化和专家化发展。

四、高校辅导员队伍建设思想认识与发展需求错位

思想决定行动，加强高校辅导员队伍建设必须转变思想认识，不断满足辅导员队伍建设发展的要求。《普通高等学校辅导员队伍建设规定》（教育部令第24号）第四章"培养与发展"中有五条内容专门论述高校辅导员的发展问题。有的地方高等教育主管部门和高校结合地方和高校实际情况，制定了辅导员的职称评定和职务晋升等制度，有效解决了高校辅导员的发展问题。但是这种情况在全国还没得到有效的推广和实施，高校辅导员队伍的发展机制较为滞后，政策落实不到位，严重影响了队伍的稳定，打击了部分辅导员的工作激情，使不少辅导员难以苟同"工作有平台、生活有保障、发展有空间"这一论断。

部分高校对于辅导员队伍作为教师系列的职称评定没有单列，采取与专业教师同样的评定标准，于高校辅导员的发展相对有失公平。究其原因，首先，辅导员与专业教师选聘的标准不一直接导致辅导员一开始就"输"在了起跑线上。一方面，高校辅导员队伍特殊的工作性质使辅导员缺少足够的时间进行科学研究，撰写学术论文。由于部分高校对辅导员队伍建设的重视程度不够，专业教师和辅导员的科研平台差距较大。另一方面，高校辅导员的教学任务与专业教师根本无法相比，由于缺少课题项目的支撑，辅导员要荣获国家、省市级的奖

励更是空中楼阁，无从谈起。所以，用专业教师的评定标准来对照广大辅导员是不公平的，难以调动辅导员潜心教书育人的积极性，导致年轻的辅导员寻思转岗，年长的辅导员消极懈怠，严重影响大学生日常思想政治教育的效果和高校人才培养的质量。

高校辅导员的职务晋升没有提上议事日程。教育部明确强调"高等学校可根据辅导员的任职年限及实际工作表现，确定相应级别的行政待遇，给予相应的倾斜政策"。这在不少高校没有得到很好的贯彻和执行。现实生活中，不少辅导员工作了十几年甚至几十年都还是一个普通辅导员，使得年长的辅导员趋于职业倦怠，让年轻的辅导员看不到未来。现实中，不少辅导员专业知识基础扎实、综合素质全面，甘于奉献，积极上进，由于理想与现实的差距和错位，其客观需求不能得到很好的满足，经过几年学生工作的风雨沧桑之后，不少辅导员通过努力改善自我的上进心没了，服务学生、建设学校的积极性少了，工作质量大打折扣，教育管理效果欠佳。这种由于高校辅导员队伍建设主体思想认识不足而导致的部分辅导员消极倦怠的现象是影响辅导员队伍建设最重要的因素。

在思想认识上，部分辅导员自身思想认识不够端正。由于受市场经济和高校人事制度的影响，部分辅导员缺乏敬岗爱业、刻苦钻研、严谨笃学，勇于创新、奋发进取的精神。比如有的辅导员只是将从事辅导员工作作为进入高校的"跳板"，为考研、考博或转岗搭建平台，缺乏对辅导员事业的清晰认识，缺少长期从事辅导员工作的职业意识和信念。为此，加强辅导员队伍建设需要辅导员队伍建设主体和客体的共同努力，共同提高思想认识，在组织推动和自身努力的基础上共同推进高校辅导员队伍建设。

第五章　高校辅导员队伍建设的对策研究

通过对高校辅导员队伍建设存在的问题和原因进行分析，笔者认为，坚持以人为本、全面协调可持续的发展原则，按照高校辅导员队伍建设内容，需要提高辅导员队伍建设的思想认识，加强对高校辅导员队伍建设的领导管理，采取科学化选拔、专业化培养、职业化发展和系统化评价等措施加以建设，逐步实现高校辅导员队伍建设的目标，增强大学生日常思想政治教育与管理的效果。

第一节　提升高校辅导员队伍建设的思想认识

思想是行为的先导，加强高校辅导员队伍建设，其前提是要解决关于高校辅导员队伍建设的思想认识问题。只有加强辅导员队伍建设者和辅导员队伍自身的思想建设，才能从根本上实现辅导员队伍建设的目标。

一、提高高校辅导员队伍建设者的思想认识

从层次上讲，高校辅导员队伍建设者主要包括教育部、地方高等教育主管部门和高校三个层面的领导和工作者。提高高校辅导员队伍的建设者的思想认识，需要坚持解放思想、实事求是，与时俱进、开拓创新，以人为本、执政为民的建设理念，将高校辅导员队伍建设提升到贯彻落实《关于加强和改进新形势下高校思想政治工作的意见》（中发〔2016〕31号）和《普通高等学校辅导员队伍建设规定》（教育部令第43号）等文件精神和为社会主义现代化培养合格建设者和可靠接班人的战略高度，根据辅导员队伍建设的现实状况和实际需求，在政策、制度、经费、保障、监督等方面采取有效措施，把辅导员队伍建设作为加强和改进大学生思想政治教育过程中的关键环节认真组织落实。

（一）提高地方教育主管部门建设者的思想认识，严格评价监督，确保政策落实

各地方高等教育主管部门是高校辅导员队伍建设的纽带和桥梁，提高其对高校辅导员队伍建设的思想认识，是确保各省、自治区、直辖市高校辅导员队伍建设的前提和基础。首先，需要各地方高等教育主管部门按照党和国家关于大学生思想政治教育和高校辅导员队伍建设的根本要求，积极争取地方常委领导的支持和地方人力资源和社会保障局等相关部门的配合，共同推进高校辅导员队伍建设。其次，根据本地辅导员队伍建设的实际情况，制定并实施适合本地高校辅导员队伍建设的政策文件，依托教育部高校辅导员队伍培训和研修基地等有条件的高校组织开展培训，为辅导员队伍的发展营造氛围，搭建平台。最后，加强对本地高校辅导员队伍建设的指导、评价和监督，确保各项政策顺利落实。

为有效促成各省、自治区、直辖市高校辅导员队伍建设者思想认识的提高，教育部应像对待教育部高校辅导员培训和研修基地建设一样，实施指导、督查，定期进行评比，并公布评比结果。对思想认识不到位、建设成效较差的地方予以相应的处理并责成限期整改。

（二）提高高校校级领导的思想认识，增加经费投入，保证队伍编制

高校校级领导是辅导员队伍建设最基层的组织者、执行者，其思想认识如何直接影响辅导员队伍建设的效果。随着高等教育体制改革的不断深入，高校自主办学的权力日益增强，高等学校形成了党委领导下的校长负责制这一管理模式，学校领导的思想认识对贯彻落实党和国家以及地方高等教育主管部门有关高校辅导员队伍建设的各项政策具有极其重要的作用。从某种意义上讲，高校是辅导员队伍建设主体中最基层的组织，是各项辅导员队伍建设政策能否真正贯彻落实的关键所在。

提高高校领导的思想认识，需要高校领导将辅导员队伍建设纳入学校建设发展整体的战略布局之中，通过制定和实施具体的制度和政策，在人力、物力、财力和智力上加大投入，提供保障。具体而言，就是严格按照教育部的规定配备足够的辅导员，确保辅导员队伍的规模和编制；像培养学术骨干一样将辅导员的培训纳入学校师资培训规划和人才培养计划之中，提供交流、考察和进修深造的机会和平台，确保辅导员队伍素质能力的提高；制定并实施适合辅导员队伍职业发展的职称、职级制，确保辅导员队伍有合理的发展空间；根据辅导员的工作特点，在岗位津贴、办公条件、通讯经费方面等予以补贴，确保辅导员的平均收入不低于相应专业教师的实际收入。

实施高校党政"一把手"辅导员领导责任制，把辅导员队伍建设状况作为评估考核高校办学质量、办学水平和大学生思想政治工作的重要指标，作为高校领导班子和领导干部工作业绩考核的重要内容。加大辅导员队伍建设在高校党委工作评估中的权重，上级教育主管部门要不定期地对辅导员队伍建设进行抽查和督促。各高校要根据学校的实际情况，紧密结合上级教育主管部门对高校辅导员队伍建设的政策和制度要求，创造性地采取有效措施加强辅导员队伍建设。

（三）提高高校院系领导的思想认识，加强人文关怀，科学指导工作

当今，不少高校实行的是学校和院（系）两级负责、双重领导的管理模式。院（系）要对辅导员进行直接领导和管理，辅导员的工作、生活与院（系）领导息息相关。提升院系领导，特别是分管学生工作和辅导员队伍建设的党总支书记或副书记的思想认识，需要坚持以人为本，切实加强对辅导员的人文关怀和工作指导。

加强对辅导员的人文关怀要求院系领导把辅导员作为学生工作的核心和最重要的资源，从辅导员的切身利益出发，充分信任、尊重、关心辅导员。信任辅导员，就是要给予辅导员足够的时间、空间及一定的权力来参与各项学生事务的管理，将辅导员作为学院的主人和建设者。尊重辅导员，就是要以平等友好的方式对待辅导员，管理语言、管理行为应有较丰富的文化内涵，应盈着人文的关怀气息，尽力减少"管、控、压"的权力强制痕迹，尊重他们的个性人格，尊重他们的劳动贡献，更多地鼓励和肯定他们在学习和工作中所取得的成绩，

对于辅导员出现的失误和过错则应以博大的胸怀帮助解决，促进提高。关心辅导员，则是院系领导要了解辅导员的内心需要和思想动态，注重辅导员的长远发展、全面发展、注重辅导员培训，在政治待遇上予以关心、生活上予以关爱、工作上予以关怀，真正做到感情留人、待遇留人，从而不断激发辅导员工作的积极性和创造性，挖掘辅导员的潜能，实现辅导员的价值，以实现高校和辅导员自身的共同发展为最终目标。

同时，高校要把与辅导员队伍建设相关的工作列为对各院系考核的重要指标，将辅导员队伍建设的实际效果作为对院系领导班子和领导干部年度考核的重要内容。各级高等教育主管部门和领导应通过指导、检查和激励等措施，调动各级辅导员队伍建设者的积极性，把握好高校辅导员队伍建设的各个关键环节，从思想认识、体制机制、政策措施、培养人才等方面采取有力措施，调动广大辅导员的积极性，提高辅导员工作的水平。

二、端正高校辅导员队伍自身思想认识

高校辅导员队伍建设需要建设主客体相互作用和共同努力，才能更好地实现队伍建设的目标和任务。新阶段，转变高校辅导员队伍建设者的思想观念、加强高校辅导员队伍建设的组织推动只是高校辅导员队伍建设的外在因素，其核心和关键还需要充分发挥高校辅导员队伍自身的主体性。

辅导员对于自身职业性质、标准、职责、价值等的理解、判断、期待与认同，是影响辅导员职业价值取向的内部动因，也是辅导员职业形象树立的基础。加强对辅导员专业意识的培养，可以提高辅导员对辅导员工作存在的价值和必要性的认识。高校辅导员需要自觉增强大学生日常思想政治教育和管理工作的能力，提高水平，通过参加各级培训、申报研究课题和自我学习、自我教育等方式增强自身的理论素养，注重在工作实践中反思、总结、提高，增强育人本领和业务技能。

辅导员的职业情感是和人的社会性需要联系在一起的一种较复杂而又稳定的评价和体验。对辅导员实施必要的职业情感教育，有助于增强辅导员的职业认同和价值归属，提升辅导员的工作激情和信心，从而表现出一种献身学生工作、自强不息、执着追求的精神状态。促使辅导员终身从事辅导员工作，需要辅导员正确认识自身工作在高校人才培养中的重要价值和现实意义，自觉增强教书育人的使命感和责任感。作为一名在岗在任的辅导员，应当热爱辅导员工作，把学生的发展和进步视为实现自身人生价值的重要阶梯，自觉增强职业认同感和组织归属感。

辅导员的职业动机是形成专业态度的驱动力量，任何动机都是基于需要而产生的。不同的动机会带来不同的行为态度与行为效果。辅导员一旦确立了正确的职业动机，将对其职业发展起到激发、定向、维持与调节的功能，会影响到辅导员的教育情感、态度、效率等，最终影响到其专业化、职业化发展。态度是人们在自身道德观和价值观基础上对事物的评价和行为倾向，态度表现为对外界事物的内在感受、情感和意向。要构建、开发辅导员职业态度内容体系，提高辅导员价值认同、情感归属等内在的职业心理动机和职业理想信念。加强对辅导员职业意识内容体系的建设，有助于辅导员明确自身的社会地位和价值，准确地进行自我角色定位，从而克服因部分辅导员从业心态不端而导致的队伍稳定性差的问题。

第二节 加强高校辅导员队伍建设的领导管理

加强对高校辅导员队伍建设的领导管理，是辅导员队伍建设的内在要求和根本保障。这需要不断革新辅导员队伍建设的领导管理体制，增强辅导员队伍建设的文化氛围，建立健全辅导员队伍建设制度。

一、革新高校辅导员队伍建设的领导管理体制

加强高校辅导员队伍建设，离不开党对辅导员队伍建设的正确领导。在新的时代背景下，高校辅导员队伍的领导管理推行的是校、院（系）双重领导和双重管理体制。为满足队伍建设需要，突破队伍发展瓶颈，需要革新高校辅导员队伍建设的领导体制、管理体制，明确辅导员队伍的工作职责。

（一）革新高校辅导员队伍建设的领导体制

领导体制是指独立的或相对独立的组织系统进行决策、指挥、监督等领导活动的具体制度或体系，其核心内容是用制度化的形式规定组织系统内的领导权限、职构、关系及活动方式，遵循明确的管理层次、等级序列、指挥链条、沟通渠道等进行的规范化、制度化或非人格化的活动。高校辅导员队伍建设需要通过组织的推动和引领，为其提供宏观的政策导向，发挥地方教育主管部门的指导和监督作用，确保高校辅导员队伍建设各项政策的执行和落实。

首先，建立健全高校辅导员队伍建设的组织机构。高校辅导员队伍建设的组织机构是辅导员队伍建设各项政策制定、实施的领导、组织、监督等职能部门，包括了国家、地方和高校三个层面。建构涵盖国家、地方和高校三位一体的领导格局，为新时期高校辅导员队伍建设提供坚强的组织保障，能够不断增强辅导员的组织归属感，有效激发辅导员队伍工作潜能。根据人力资源管理的相关资料，高校辅导员队伍建设科学完善的组织机构如图 5-1 所示。

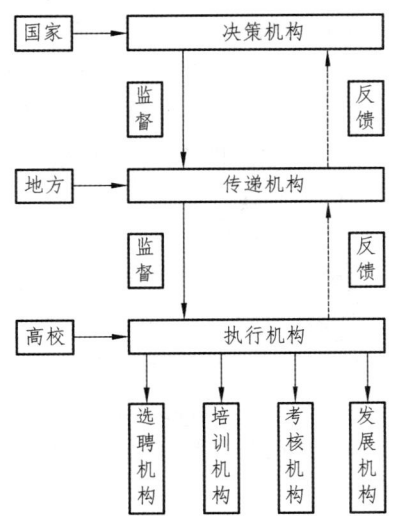

图 5-1　高校辅导员队伍建设的组织机构

国家层面上，高校辅导员队伍建设的组织管理机构主要从宏观层面上规划和制定高校辅导员队伍建设的各项政策。《关于加强和改进新形势下高校思想政治工作的意见》（中发〔2016〕31号）和《普通高等学校辅导员队伍建设规定》（教育部令第43号）等都是新阶段高校辅导员队伍建设的政策依据和行动指南，地方和高校应高度重视并全面贯彻执行。目前，在国家层面上，教育部思政司牵头负责全国高校辅导员队伍建设，开展了大量辅导员队伍建设的指导、监督工作，为高校辅导员队伍建设做出了表率。

地方层面上，高校辅导员队伍建设的组织管理机构主要是各省、自治区、直辖市高等教育主管部门下设的学生工作部（处）或宣教处。其主要职责是负责向所辖区域高校传递和部署高校辅导员队伍建设的相关要求，负责指导、监督和向国家反馈高校辅导员队伍建设执行落实情况等职责。地方层面的高校辅导员队伍建设的组织机构是队伍建设的桥梁和纽带，对本地区高校辅导员队伍建设具有重要的作用。例如，上海市高校辅导员队伍建设能在全国范围内取得特别突出的成绩，与上海市教委的职能发挥和辛勤努力是密切相关的。

高校层面上，高校是辅导员队伍建设的执行层，在国家和地方关于辅导员队伍建设的政策指导下，通过设置选聘机构、培训机构、考核机构和发展机构，贯彻落实上级关于高校辅导员队伍建设的各项政策和措施。高等学校直接接受地方教育主管部门的监督，同时要向上级职能部门反馈本校辅导员队伍建设的实施情况。随着高校自主办学权力的日益增强，高校对辅导员队伍建设的重视程度、投入力度直接影响辅导员队伍建设的效果。由于各个高校办学规模、层次水平存在差异，考虑到成本效益的实际现状，高校在设置辅导员队伍建设的选聘、培训、考核和发展机构时，可以考虑建立利益共同体、虚拟组织等方式进行，以降低成本投入，但是不设置相应的组织管理机构是极不利于高校辅导员队伍建设的。

其次，成立高校辅导员队伍建设的协会组织。协会是指由个人、单个组织为达到某种目标，通过签署协议自愿组成的团体或组织。建立并完善新时代高校辅导员队伍建设的协会组织机构，是对正式组织的有益补充。它的产生和发展是社会分工的结果，反映了高校辅导员队伍自我服务、自我协调、自我监督、自我保护甚至自我发展的意识和诉求。

2008年，中国高等教育协会辅导员工作研究分会正式成立，为全国高校辅导员的成长和发展作出了积极的贡献，取得了优异的成绩，赢得了高校辅导员队伍的高度认可。有的省、自治区、直辖市和高等院校也先后建立对应的辅导员协会，积极为辅导员队伍建设搭建属于自己的组织机构，营造了良好的组织环境。但是，全国各省市和众多高校辅导员队伍建设的协会组织数量还有待增加，协会组织的功能还有待进一步发挥。这样才能更好地适应和满足新时代高校辅导员队伍建设的需要。

最后，深化双重领导体制，明确校院两级职责。高校辅导员队伍建设领导体制是高校辅导员队伍领导管理的重要内容。教育部颁发的《普通高等学校辅导员队伍建设规定》（教育部令第43号）中明确提出了"高等学校辅导员实行学校和院（系）双重领导"，强调指出"学生工作部门是学校管理辅导员队伍的职能部门，要与院（系）共同做好辅导员管理工作。院（系）要对辅导员进行直接领导和管理"。为此，加强高校辅导员队伍建设双重领导必须明确校院两级的工作职责，建立相应的高校辅导员队伍建设的领导机构，加强高校院系党总支副书记的领导管理能力。

有学者指出，"建立健全辅导员队伍建设的体制，不仅要明确辅导员队伍建设的领导责任和管理关系，而且能为辅导员队伍建设各项措施的全面落实提供最根本的组织保障，领导体制和管理体制因而成为辅导员队伍建设的基础"[①]。一方面，在校级层面上，需要成立高校辅导员队伍建设领导小组，以有利于辅导员队伍切身利益和发展为目标，履行或实施规划职能、协调职能和督导职能，为辅导员队伍建设各项政策的有效落实，提供政策、人力、物力和财力上的支持和保证。另一方面，在院系层面上，要形成以分党委或党总支副书记为领导的辅导员队伍建设小组，履行好执行职能、管理职能和发展职能。高校内部，院系分党委、党总支副书记是辅导员最直接的领导，对于辅导员工作的开展和队伍建设具有至关重要的作用。

（二）革新高校辅导员队伍建设的管理体制

管理体制是指管理系统的结构和组成方式，规定了在各自方面的管理范围、权限职责、利益及其相互关系的准则。它的强弱直接影响到管理的效率和效能。

传统的高校学生工作模式与新时期高校辅导员队伍工作职责不断扩张、劳动强度不断增大之间的矛盾日渐凸显，影响和制约了高校辅导员队伍的专业化、职业化和专家化发展，引起了学术界和理论界的高度重视。当前，学术界对高校辅导员队伍建设的管理体制或组织结构进行了理论探讨。北京邮电大学等高校进行了辅导员队伍管理体制的实践创新和变革，均取得一定的成绩，为革新高校辅导员队伍建设的领导体制奠定了坚实的理论和实践基础。在理论研究方面，彭庆红教授在分析国内四种较为典型的高校辅导员队伍建设管理体制和工作系统组织结构模式的基础上，进行了理论和实践创新，提出了建构如图5-2所示的组织领导模型[②]，具有一定的代表性。

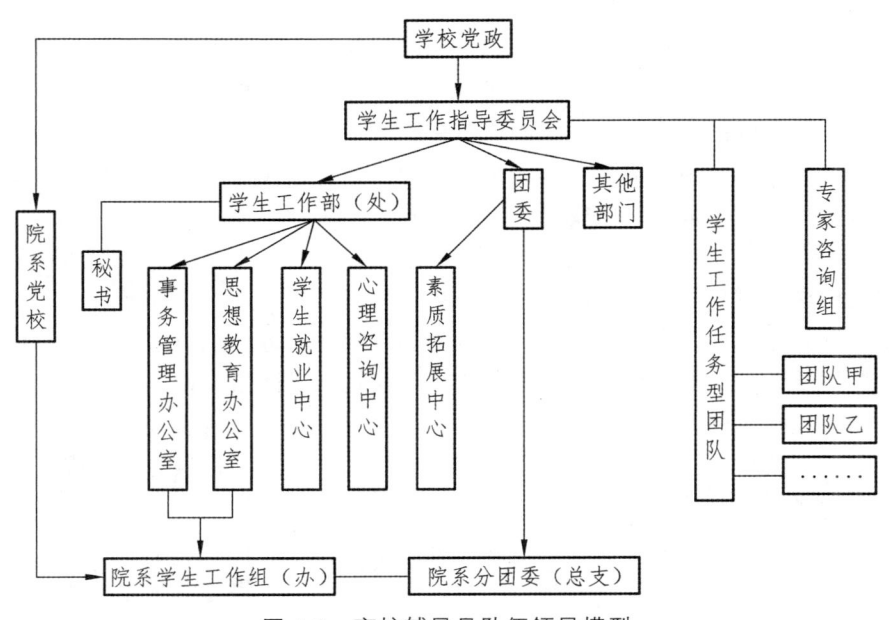

图 5-2 高校辅导员队伍领导模型

[①] 张再兴，等.高校辅导员队伍建设理论与实践[M].北京：人民出版社，2010.
[②] 彭庆红.失调与变革：高校学生思想政治教育队伍建设研究[M].北京：识产权出版社，2004.

通过分析研究，学者们对高校辅导员队伍工作模式进行了有益的探索，作出了积极的贡献，但也存在着一些不足。为了达到明确高校辅导员工作职责、缓解辅导员工作的劳动强度、增强辅导员队伍的育人效果的目的，学者们在坚持以人为本、面向学生和全员育人的原则下，借鉴理论研究的诸多成果，优化和完善高校辅导员队伍的领导管理模式。具体如图5-3所示。

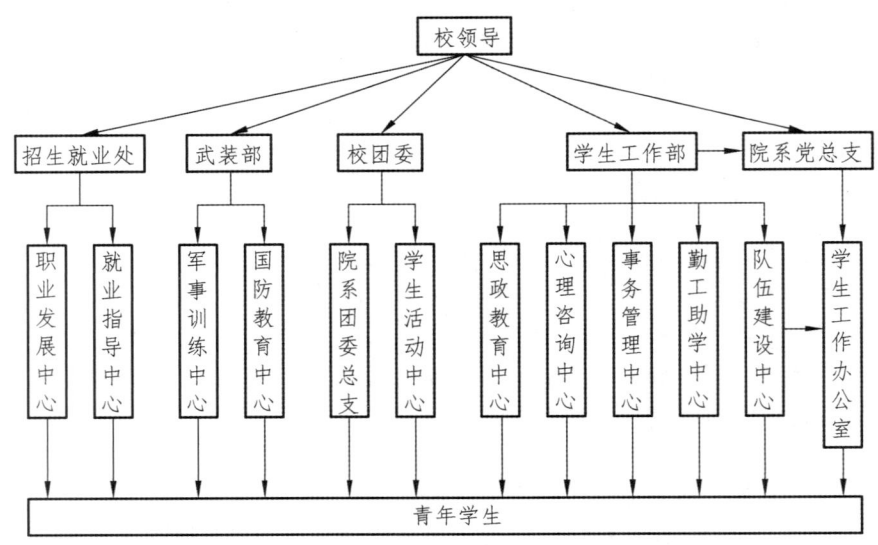

图 5-3　高校辅导员队伍建设领导体制

从宏观上讲，高校辅导员队伍建设的领导体制涵盖了国家、地方、高校对辅导员队伍建设的领导与管理的思维理念、价值取向和行为模式。在坚持加强党对高校辅导员队伍建设领导的原则下，对辅导员队伍建设产生最为直接影响的建设主体主要体现在高等学校层面。因此，从狭义上讲，高校辅导员队伍建设的领导体制是在实施学校和院（系）双重领导的前提下，高校关于辅导员队伍建设的目标指向、行为方式、工作范式的总和。由于现行高校辅导员工作承载着学生工作的绝大部分内容，高校辅导员队伍建设与学生工作模式有着天然的紧密联系，直接影响着高校辅导员队伍建设领导体制。

要树立"以生为本"、全员育人的教育理念，学校领导必须根据当前大学生成长成才的基本规律和内在要求，对非教学活动的各个方面进行分层分级，理顺工作职责，明确高校辅导员队伍的职责界限。现代社会组织都强调职责明确、权责对等，只有这样，组织内各系统才能良好运转，发挥最大效益。根据对《普通高等学校辅导员队伍建设规定》（教育部令第43号）中高校辅导员队伍的九条工作职责的审视，辅导员应是专门从事大学生日常思想政治教育和管理工作的专业人才队伍，能够为学生全面发展和健康成长提供专业性强、不可替代的服务。明确职责界限，要求我们不能将辅导员队伍的职责完全等同于辅导员个体的职责，两者是有区别的。事实上，让一个辅导员承受几百名学生的思想指导、学业辅导、心理疏导、职业引导等工作本身就非明智之举。学校应组织学校各部门，将与学生相关的各项工作逐一细化，根据工作的性质、内容进行对应归口。对于边界模糊的工作，可根据学校实际，通过召开教代会、工代会予以决定，并通过制度予以保障。学校各职能部门应明确学生教育管理工作的职责界限，主动承担相应的育人职责。除院系党总支和学生工作部门，其他职能部门不能无条件地给辅导员安排额外的工作任务。同时还要建章立制，逐步使辅导员队伍从泛化无序的工作范式向科学规范的思想政治教育回归。

二、浓厚高校辅导员队伍建设的组织文化

高校辅导员队伍建设是一项长期的系统工程。为确保辅导员队伍永葆生机，增强组织归属和职业认同，需要加强辅导员队伍的组织建设，增强组织文化氛围，营造健康和谐的组织生态环境。

（一）深刻认识加强高校辅导员队伍组织文化建设的重要意义

关于组织文化的含义，学术界有不同的定义，但是共同价值观是组织文化含义的核心已基本成为国内外学者的共识。他们都强调了组织文化是人们的认知结构、思维方式、理想信念、情感意志等的集中体现。罗宾斯认为组织文化是成员共享的意义体系，及其所重视的一组重要特质，它们相互搭配，即成为组织文化，并将组织文化归纳为成员的认同、强调团队、以人为主、单位整合、控制、风险容忍度、报酬准则、冲突容忍度、过程结果取向以及开放系统重视度等十大要素。这一描述十分适合高校辅导员队伍的组织文化建设。加强高校辅导员队伍组织文化建设，需要深刻认识其重要意义。

首先，加强组织文化建设有助于增强高校辅导员队伍的凝聚力和向心力。组织文化是组织中全体成员共同创造的群体意识，能把各个方面、各个层次的辅导员团结在组织的周围，产生一种凝聚力和向心力，使个人的情感意识、行为规范与组织的发展紧密联系，对组织产生强烈的归属感和认同感，使辅导员将组织视为自己的精神家园，从而以组织的生存和发展为己任，与组织休戚相关、进退与共。大学生思想政治教育是一项系统工程，需要社会各界、高等学校，特别是辅导员队伍内部形成良好的育人合力。加强高校辅导员队伍组织文化建设有助于队伍内部形成强大的合力，让大家心往一处想、劲往一处使，为共同推动大学生思想政治教育和管理工作作出积极的贡献。从人力资源管理的角度看，要使组织成员高效率工作，首先应使员工对组织文化及组织目标有较高程度的认同，从而使得组织目标与个人目标实现有机统一，形成对组织的承诺和职业忠诚。

其次，加强高校辅导员队伍组织文化建设是辅导员队伍敬岗爱业、潜心育人的动力源泉。高校辅导员工作是一项良心活。由于高校辅导员队伍工作的特殊性质，辅导员队伍的劳动效果和质量难以在短时间内显现。因此，一个辅导员在工作时间、工作精力的投入上更应强调由自发状态向自觉行为转变，不断增强立德树人的意识和本领。加强组织文化建设、营造良好的组织氛围不仅有助于舒缓辅导员的工作和心理压力，而且有助于增强高校辅导员队伍工作的自觉性和主动性，是辅导员队伍敬岗爱业、潜心教书育人的动力源泉。

再次，加强高校辅导员队伍组织文化建设有助于辅导员队伍的自我发展和自我实现。一个人的成长和进步离不开群体组织的氛围。根据人才学基本理论知识，人才资源的有效开发既需要组织的推动，又需要个人的努力，为此，良好的组织文化对于高校辅导员队伍的自我发展和自我实现具有积极的作用。因为，组织文化就是在组织具体的历史环境及条件下，将人们的事业心和成功欲转化成具体的奋斗目标、信念和行为准则，形成员工的精神支柱和精神动力，为组织的共同目标而不懈奋斗，在实现组织目标的同时，发展自我，实现自我和

超越自我。正是因为组织文化对组织成员具有强烈的导向和规范作用、激励与约束作用，才能在辅导员队伍的建设和发展中产生积极的、正面的效果。

最后，加强高校辅导员队伍组织文化建设是形成良好人际关系的重要保证。良好的人际关系是现实社会顺利开展各项工作的重要保障。高校辅导员工作在很大程度上需要和不同层次的人员交往和沟通，要组织、协调各方面的教育资源，全面、客观地掌握青年学生的思想动态和意识行为。加强高校辅导员队伍的组织文化建设，对内旨在提升队伍组织内部的自豪感、责任感和荣誉感，形成心理共识；对外旨在逐步塑造高校辅导员队伍的组织形象，提高社会的认同度和满意度。

（二）明确高校辅导员队伍组织文化建设的内容体系

加强高校辅导员队伍组织文化建设必须科学明确组织文化建设的内容体系。根据组织行为学相关理论知识，从层次上讲，组织文化内容体系主要包含观念层、制度行为层和物质层三方面的内容。具体而言，高校辅导员队伍组织文化建设的内容体系应该包括组织核心价值观、组织精神、伦理规范、组织素养和组织形象等方面的内容。

首先，凝炼高校辅导员队伍的核心价值观。高校辅导员队伍的核心价值观是指高校辅导员队伍建设的管理层和全体辅导员对该组织的经营活动以及指导这些活动的基本观点，包括高校辅导员队伍存在的意义和目的、组织结构的作用、行为准则和利益分配等，具体包括组织哲学、价值观念和组织精神等内容。

其次，明确高校辅导员队伍的伦理规范。组织的伦理规范是组织在长期的教育管理活动中形成的、高校辅导员应自觉遵守的道德风气和习俗。

再次，增强高校辅导员队伍的组织素养。组织素养包括组织中各级员工的基本思想素养、科技和文化教育水平、工作技能、精力以及身体状况等。组织素养越高，组织成员的管理哲学、敬业精神、人本主义的价值观念、道德修养等就越高。

最后，塑造高校辅导员队伍的组织形象。组织形式指社会公众和组织成员对组织、组织行为和组织的各种活动成果的总体印象和认可度。对高校辅导员队伍内部而言，高校辅导员队伍的组织形象主要包括辅导员的工作环境、规章制度和管理行为。并非所有的规章制度都是组织文化的内容，只有那些能激发职工积极性和自觉性的规章制度，才是组织文化的内容，其中最主要的就是民主管理制度。再好的组织哲学或价值观念，如果不能有效地付诸实施，就无法被职工所接受，也就无法成为组织文化。因此，坚持以人为本，充分尊重高校辅导员队伍的劳动价值的组织哲学、价值观念、道德规范的具体实施，是高校辅导员队伍组织文化建设的直接体现，也是彰显高校辅导员队伍组织形象和社会地位的桥梁。

（三）提高高校辅导员队伍组织文化建设的措施

良好的组织文化能够创造出和谐、上进的组织氛围，产生源源不断的精神动力，推动组织和员工共同发展。加强新时期高校辅导员队伍组织文化建设，应进行组织文化诊断，确立组织共同理想，采取有效措施，浓厚组织文化氛围。

首先，科学诊断高校辅导员队伍组织文化建设现状，确立高校辅导员队伍组织文化建设的共同愿景。科学诊断高校辅导员队伍组织文化需要明确组织文化的内容。高校辅导员队伍建设者要在明确组织文化建设内容的基础上，建构科学的测评体系，开展深入、全面和系统的调查研究，从观念层、制度行为层和物质层进行科学诊断，从而为凝练高校辅导员队伍组织文化的核心价值观、制定科学的管理制度与行为规范、优化办公环境等提供现实依据。确定新时期高校辅导员队伍组织文化建设的共同愿景，需要确立队伍的核心价值观。组织价值观是整个组织文化的核心，确立组织价值观要立足于本组织的具体特点、目的、环境要求和组成方式等，选择适合自身发展的组织文化模式，力保组织核心价值标准正确、明晰、科学，具有明显特点。组织核心价值观和组织文化要体现高校辅导员队伍的宗旨、管理战略和发展方向；要切实关注高校辅导员队伍的接受度，使之与本校辅导员队伍的基本素质相符；要发挥高校辅导员队伍的创造精神，认真听取辅导员的各种意见，并经过自上而下和自下而上的多次反复，审慎选出既符合高校特点又反映辅导员社会心态的核心价值观和组织文化模式。除此之外，高校辅导员队伍组织文化建设要把握住核心价值观与组织文化各要素之间的相互关系，因为各要素只有经过科学的组合和匹配，才能实现系统的整体优化。

其次，强化高校辅导员对组织文化的认同感。任何一个组织，随着其生长发展和历史延续，总会形成一些共同的价值准则、基本信念和行为规范，形成区别于其他组织的独特的组织哲学、组织精神、道德准则和组织风气，即自己独特的组织文化。由于高校辅导员队伍组织文化建设具有重要的价值功能，因此必须采取有效措施，让组织文化由自发向自觉转变，让组织的价值观念深入人心，从而强化高校辅导员对组织文化的认同感。因此，一方面，需要利用一切宣传媒体进行宣传，使高校辅导员独特的组织文化能够深入人心，成为激励广大辅导员奋发向上的精神动力。另一方面，加强对高校辅导员队伍的培训，提高辅导员的职业素养和工作能力，提升整个高校辅导员队伍的社会形象和社会地位。提升其社会形象和社会地位的有效途径是树立起高校辅导员个体及队伍的先进典型。2007年以来，教育部和部分省市组织开展的高校优秀辅导员年度人物的评选活动，就是树立典型、提升形象的有效途径。不仅让优秀辅导员得到了心理上的慰藉与满足，也为其他辅导员树立了榜样，指明了前进的方向，提升了高校辅导员队伍的社会地位和组织形象。

最后，巩固和丰富高校辅导员队伍的组织文化。高校辅导员队伍组织文化的建设和发展同其他事物一样，存在着策划酝酿、形成巩固、发展衰老的过程。组织文化的建设就是在传承与创新中不断发展和完善的。因此，要保证组织文化相对持久的生命，延缓组织变革的周期，需要不断地巩固高校辅导员队伍组织文化建设的成果。因此，需要建立必要的制度保障，培养高校辅导员良好的职业道德和高尚的职业操守，不仅要爱岗敬业，在大学生思想政治教育中扮演不可替代的角色，而且要具备维护队伍形象和声誉的职业操守与底线。

任何一种组织文化都是特定历史的产物，当组织的内外条件发生变化时，组织必须不失时机地丰富、完善和发展组织文化。这既是一个不断淘汰旧文化和不断生成新文化的过程，也是一个认识与实践不断深化的过程，并由此经过不断的循环往复而达到更高的层次。因此，高校辅导员队伍的组织文化也并非一成不变的，高校辅导员队伍建设的主、客体应当坚持以人为本、与时俱进的发展眼光，不断丰富和完善高校辅导员队伍的组织文化，营造良好的组织氛围，促进高校辅导员队伍各种育人潜能的充分发挥，提高大学生思想政治教育的实效性。

三、建立健全高校辅导员队伍建设的制度

党和国家制定的高校辅导员队伍建设的相关政策和制度是我国高校辅导员队伍建设重要的政策依据和制度保障。由于辅导员工作、辅导员队伍建设具有较强的时代性和发展性，高校应在坚持政策相对稳定的基础上，坚持以人为本、与时俱进的原则，不断完善、探索和创建适合新阶段辅导员队伍发展的政策制度，加大指导和监督力度，充分发挥制度在高校辅导员队伍建设中的作用和效力。

（一）完善高校辅导员队伍建设的现行制度

改革开放以来，党和国家高度重视大学生思想政治教育，对高校辅导员队伍寄予殷切的期望，赋予其神圣的历史使命和时代重任，并高度关注高校辅导员队伍的建设和发展。国家制定和颁发了一系列政策文件，为高校辅导员队伍建设提供了政策引领和制度保障。由于社会环境和教育对象的变化，高校辅导员队伍现有的政策制度需要进一步完善。

（1）完善高校辅导员队伍建设现行制度。新阶段，《普通高等学校辅导员队伍建设规定》（教育部令第24号）的政策指引下，各地各高校纷纷建立了相应的制度体系，为高校辅导员队伍建设提供了政策指引和制度保障。目前，高校辅导员队伍建设既有的政策和制度主要包括高校辅导员队伍的配备与选聘、培养与发展、管理与考核等方面的内容。笔者从调研和访谈中获悉，目前很多高校或省市在高校辅导员队伍制度建设方面虽然遵照教育部的指示制定了相应的政策和制度，但尚比较笼统，未能将选聘、培养、发展等逐一细化，形成单一的规章制度，可操作性不强。另外，部分省市和高校还缺少适合自身辅导员队伍建设的规章制度。例如，目前大多数高校辅导员队伍发展的制度建设相对滞后，不少高校在辅导员队伍的发展和晋升方面依然采用与专业教师职务评聘相同的标准，未能严格按照教育部规定的高校辅导员队伍可以双线晋升的要求制定和落实高校辅导员队伍的发展制度。因此，必须完善高校辅导员队伍建设的现行制度。

（2）完善高校辅导员队伍制度建设的理念和措施。制度建设是一个制定、执行并在实践中检验和完善制度的动态过程。巩固和完善高校辅导员队伍的制度建设是对现行高校辅导员队伍制度建设内容的补充和改良，促使制度在高校辅导员队伍建设中发挥导向、保障和激励的作用。因此，完善高校辅导员队伍制度建设应以科学的理论为指导，关照社会环境和教育对象的变化给高校辅导员队伍工作带来的冲击与挑战，坚持以人为本、全面协调可持续发展的核心理念，坚持与时俱进、开拓创新的原则，不断巩固和完善高校辅导员队伍的现行制度。因此，高校辅导员队伍建设者应当确立高校辅导员队伍建设的目的（为什么），明确高校辅导员队伍建设的内容（建什么），优化高校辅导员队伍建设的方法（怎么建），采取有效措施建立和健全高校辅导员队伍建设的相关制度。

（二）探索和建立高校辅导员队伍建设新的制度

通过对高校辅导员队伍建设现行制度的分析，笔者发现，目前诸多高校辅导员队伍的制度建设更多地侧重于人力资源管理的研究范畴，制度建设的研究视野还不够开阔，需要进一步探索和创新。

根据组织行为学的观点，任何组织或队伍都有一个萌芽、形成、发展、衰退和消亡的过程。完整的制度建设应满足和伴随其整个发展过程。新时期，高校辅导员队伍制度建设还不完整。一方面，从现代人力资源管理的角度看，高校辅导员队伍的现行制度还未完全涵盖队伍建设的各个方面。比如高校辅导员的淘汰退出制度、辅导员队伍建设的支撑联动制度、高校辅导员队伍建设的评价惩罚制度以及辅导员队伍建设的科学规划制度等还未被提上议事日程。另一方面，就高校辅导员队伍建设的内容而言，新时期高校辅导员队伍的思想建设、组织建设等具体制度还未涉及。《普通高等学校辅导员队伍建设规定》（教育部令第 43 号）中涉及的配备与选聘、培养与发展、管理与考核等，仅仅从高校辅导员队伍建设的运行环节和建设措施等方面进行了政策和制度上的宏观指导，还不能完全满足新时期高校辅导员队伍建设的具体需要。高校辅导员队伍建设的长效机制还未完全建立。因此，高校辅导员队伍建设者需要进一步加强淘汰退出制度、支撑联动制度和思想建设、组织建设等方面的建设。

因此，需要采取有效措施建立新的制度，为高校辅导员队伍建设提供更加完备、可行的制度保障。

（三）加大对高校辅导员队伍建设制度的执行力度

高校辅导员队伍的制度建设是一项系统工程，需要国家、地方和高校等辅导员队伍建设主体上下联动、齐抓共管，方能更好地发挥制度在高校辅导员队伍建设的重要作用。在建立、健全高校辅导员队伍建设相关制度的前提下，要狠抓制度落实，加强督促检查，维护制度的权威性，真正做到用制度管权、按制度办事、靠制度管人。

首先，学深吃透制度。要将制度变为自己的自觉行动，必须掌握其内容，牢记其规定。要采取举办讲座、召开座谈、开展讨论等形式，组织广大与高校辅导员队伍建设有关的人员认真学习，使大家对各项制度了解得更详细一些，理解得更透彻一些，把握得更准确一些，执行得更自觉一些。上级高校辅导员队伍建设的组织管理部门具有信息、政策和决策上的优势，应当加强对下级部门的指导和帮扶。上级部门除了下发高校辅导员队伍建设的政策文件之外，还可以进一步下派工作人员到基层短期现场办公，开展政策宣讲、咨询服务和技术支持等指导性的工作，帮助下级部门解决高校辅导员队伍建设过程中存在的突出问题。

其次，严格执行制度。实践表明，一些制度之所以没有发挥应有的效力，一个重要的原因就是执行不力、落实不够。要防止只把制度写在纸上、挂在墙上，做表面文章、摆花架子的行为；避免制度实施过程中一遇到困难和问题就半途而废、绕道而行的现象。具体实践中，要做到执行决议不动摇、执行规定不走样、执行制度不变通，毫不含糊地严格落实各项决议决定、规章制度，切实用制度整合人们的思想，约束人们的行为，规范工作的程序，保证工作的落实。

现实生活中，要大力推广部分地方或高校在辅导员队伍建设方面的先进经验。由于各地各高校对辅导员队伍建设的重视和投入力度不一，高校辅导员队伍建设存在着较大的差距。因此，要采取有效的措施，广泛宣传和大力推广先进的经验和措施，激励、鞭策和督促辅导员队伍建设相对滞后和乏力的高校。在宣传上，应进一步通过报纸杂志、网络传媒宣传高校辅导员队伍建设中的先进事迹、典型案例和建设成果，供其他地方或高校学习和借鉴。各高校在辅导员队伍建设上应相互学习，客观准确地评价自身在辅导员队伍建设中的投入与付出，成绩与不足,虚心向其他先进高校学习请教,在借鉴中紧密结合自身实际情况,采取有效措施,扎实推进高校辅导员队伍建设,让党和国家科学的政策和制度能够惠及广大高校辅导员。

最后,实施督促检查。对制度执行情况要经常督促检查,及时发现问题,堵塞工作漏洞,推动制度落实。新制度出台后,要有督促、有检查、有评估、有反馈,坚持客观、公正、准确、全面的原则,采取全面检查与重点抽查的方式,及时掌握制度执行的情况,尽快纠正偏离制度的行为。通过检查制度实施情况,做到拾遗补阙,该废除的废除,该修改的修改,该补充的补充,该完善的完善,以实现制度建设的与时俱进。

加强对高校基层辅导员队伍建设的指导和监督是新时期高校辅导员队伍建设的关键环节和重要保障。任何政策和制度不能得到有效贯彻、落实和执行,都只能是一纸空文,不能对高校辅导员队伍建设产生任何实质性的影响,甚至导致部分辅导员产生新的失落和不满。纵观改革开放以来高校辅导员队伍建设中存在的问题,有的是20世纪80年代便已存在的问题,到现在都还没有得到根本的改变,其中一个重要的原因就是高校辅导员队伍建设的有关制度没有很好地贯彻和落实。因此,各级高校辅导员队伍建设的主体应当明晰职能、合理分工,在推进我国高校辅导员队伍建设相关制度建设的进程中扮演好各自的角色,发挥各自的作用。

第三节　改进高校辅导员队伍建设的方法措施

加强高校辅导员队伍建设,需要根据辅导员队伍建设的内在规律,最大限度地发挥制度在辅导员队伍建设中的作用,采取有效措施和科学方法改进和加强高校辅导员队伍建设。通过科学化选拔、专业化培养、职业化发展和系统化评价等措施,优化队伍结构、提升队伍素质、提高工作能力、保持队伍稳定,增强大学生思想政治教育的效果。

一、科学化选拔

科学建立高校辅导员队伍的职业准入机制是选拔高校辅导员的基础环节,这对于辅导员队伍的后续建设和发展具有基础性的价值和作用。科学建构高校辅导员队伍的职业准入机制和采取有效措施,应当坚持选拔原则、明确选拔标准、优化选拔方法,科学选拔高校辅导员。

(一)遵循高校辅导员选拔原则

规范新时期高校辅导员队伍的职业准入机制,必须坚持德才兼备、以德为先,优化队伍结构,在竞争与择优以及层次性、灵活性原则的指导下,严格、规范地选聘和续任合适的辅导员。

首先,坚持德才兼备、以德为先的原则。德才兼备、以德为先是中国共产党对干部选拔任用工作历史经验的科学总结,是对党的组织路线和干部政策的丰富发展,是新时期党的干部工作的重要指导方针。科学实施高校辅导员的职业准入也必须坚持德才兼备、以德为先的指导思想和基本原则。

坚持德才兼备、以德为先的职业准入原则，就是要将高校辅导员的思想道德素质摆在职业准入的首要位置。坚持德才兼备、以德为先有助于保证高校辅导员队伍的整体素质。高校辅导员队伍的素质如何，直接影响着青年学生的成长和发展。因此，坚持德才兼备、以德为先是保证高等学校社会主义办学方向、提高人才培养质量，特别是培养社会主义合格建设者和可靠接班人的具体要求。

坚持德才兼备、以德为先是保证高校辅导员队伍专业化、职业化和专家化发展的基础环节。高校辅导员工作极其复杂且相当辛苦，如果没有热爱大学生思想政治教育和管理工作的思想准备，没有全心全意为学生服务的理想信念，辅导员就无法持续地热情高涨地开展各项工作，还很可能导致思想不稳、工作乏力，难以潜心教书育人，容易产生职业懈怠。因此，只有精心选拔"政治强、业务精、纪律严、作风正"，德才兼备、乐于奉献、愿意长期从事大学生思想政治教育事业的辅导员，才能有效推进高校辅导员队伍朝专业化、职业化和专家化方向发展。

其次，坚持优化队伍结构的原则。大学生思想政治教育是一项系统工程，优化高校辅导员队伍结构就是在整合高校辅导员队伍内部资源的基础上形成育人合力，提高育人效果。结构决定功能，只有合理优化高校辅导员队伍的内部结构，才能更好地发挥高校辅导员队伍整体的育人功效。优化高校辅导员队伍结构，需要高校在全面、客观、科学分析辅导员队伍现实状况的基础上，从全局的、发展的和辩证的角度，密切关注高校辅导员队伍的年龄、性别、学历、专业以及职称职务等结构的合理配置。从入口处改善高校辅导员队伍结构是优化辅导员队伍结构的一个重要途径，应当科学规划，循序渐进。

再次，坚持竞争与择优的原则。竞争是社会主义市场经济的鲜明特征和基本规律，同时也是人才选拔的重要途径和根本措施。只用通过合理的竞争，才能挑选到合适的人选胜任辅导员工作。为此，高校应在坚持发展经济的前提下，优化校园环境，浓厚校园文化，提升社会声誉，增进组织的吸引力和社会美誉度，在市场经济的调节下更可能多地吸引社会各界优秀人才竞聘辅导员岗位，为选拔优秀的、合适的人选提供人员保障。高等学校应当贯彻和落实"要像重视业务学术骨干一样重视辅导员、班主任的选拔、培养和使用"的指导思想，坚持竞争与择优的准入原则，确立科学的准入测评体系和方法，组建具有准入测评资质的测评人员队伍，坚持科学的选聘程序，方能挑选到合适的人选。随着社会分工日趋细化，不少职业都建立了自己的职业准入机制，如公务员、律师等必须通过专门的资格考试才能获取相应的从业资质。因此，高校辅导员的准入，也应当举办标准相对统一的职业资格考试，实行职业资格准入的运行机制，公平竞争、择优录用，达到人尽其才、才尽其用的良好效果。

最后，坚持层次性和灵活性原则。由于我国高等学校辅导员队伍建设现状差异明显，高校辅导员职业准入应该注重层次性和灵活性。各高校应根据当前辅导员队伍建设的现实状况，严格遵循教育部相关文件精神，按照"专兼结合、以专为主"的配备方式设置辅导员工作岗位。由于不同高校在办学规模、国家经费投入和发展历史等方面情况不同，各高校应依照分层、灵活的原则，逐步加强对辅导员的补充和选聘。在选聘的过程中，应当严格按照客观规律办事，坚持公开、公平、公正的选人原则，精心选拔。

（二）明确高校辅导员选拔标准

据调查数据结果显示，就全国范围而言，许多高校尚未建立起科学的准入机制，缺乏统一的辅导员准入标准。准入标准不一，势必导致引入的辅导员素质和能力存在显著差异，从入口处影响了高校辅导员队伍的整体素质和水平，不利于队伍的建设和发展。为加快高校辅导员队伍专业化、职业化和专家化建设进程，必须从辅导员队伍的入口处严格把关，建立科学的准入标准。

首先，政治标准。由于高校辅导员队伍的核心工作是大学生思想政治教育和管理，因此每个辅导员都必须具备较强的政治素质，故应将政治标准作为辅导员准入的重要指标和入职底线。《中共中央国务院关于进一步加强和改进大学生思想政治教育的意见》（中发〔2004〕16号）明确指出："在事关政治原则、政治立场和政治方向问题上不能与党中央保持一致的，不得从事大学生思想政治教育工作。"之后，在《教育部关于加强高等学校辅导员班主任队伍建设的意见》中再次明确重申"在事关政治原则、政治立场和政治方向问题上不能与党中央保持一致的，不得从事辅导员、班主任工作"[①]。因此，高等学校在选聘、考核辅导员之时必须考虑辅导员的政治标准，即能够在高校党委的领导下，贯彻和执行党的路线、方针和政策，遵守宪法、法律和法规，按照法定的职责权限和程序履行职责、开展工作。当前，不少高校将中共党员、学生干部作为辅导员选拔的一项考核指标，亦充分说明了选拔辅导员的政治标准的重要性。

其次，学历标准。大学生思想政治教育与管理工作的职责、内容不断扩展，教育对象日趋多样、复杂，大学生的自我意识和主体意识不断增强，新思想、新事物、新问题不断涌现，这些都要求辅导员应当具备较高的学历层次才能更好地胜任辅导员工作。虽然国家和高校对辅导员队伍建设重视程度日益增加，不少高校将研究生及以上学历作为选聘辅导员的标准之一，学历层次有所提高，但是从全国范围来看，对辅导员的学历要求仍明显低于对专业教师的学历要求。这种做法让人在潜意识里认为大学生思想政治教育没有专业知识教育重要，辅导员比专业教师地位低下，从而影响辅导员队伍的地位和各项工作的开展。西方发达国家对学生事务管理者的学历要求具有明确的规定，不少从事学生事务管理的老师都必须具备博士学位。因此，将学历标准纳入高校辅导员队伍准入的重要指标，既有利于队伍的整体建设和发展，又有助于提高辅导员队伍的社会声誉。2012年2月上海市颁布的《上海高校辅导员队伍建设发展规划》明确规定新聘专任辅导员应具有硕士以上学位，"985""211"高校应以博士为主，将辅导员选拔的学历要求提高到了与专业教师同等的水平，这将有助于更好地推动辅导员队伍建设。

再次，专业标准。任何职业的发展都必须建立在专业知识的支撑之上。由于种种原因，高校辅导员队伍的专业结构复杂。大学生思想政治教育是一门科学，必须将思想政治教育相关专业作为职业发展和延续的专业基础。术业有专攻，不同的专业背景对人的思维模式、行为方式都会产生持久的影响。非思想政治教育相关专业的辅导员难免在马克思主义基本理论、思想政治教育的基础知识等方面储备不足，不利于科学、有效地开展大学生思想政治教育和管理工作。由于专业知识的缺乏，非思想政治教育专业的辅导员在撰写学生工作或大学生思

---

① 教育部思想政治工作司．加强和改进大学生思想政治教育重要文献选编（1978—2008）[C]．北京：中国人民大学出版社，2008．

想政治教育等相关学术论文以及在申报社科类项目时明显处于劣势,在职称评聘上相对困难。因此,将专业知识纳入高校辅导员准入的标准既是关注大学生思想政治教育与管理的具体体现,也是优化人力资源配置和坚持以人为本的重要途径。实现高校辅导员队伍建设专业化、职业化和专家化发展目标,应当将辅导员的专业知识结构纳入高校辅导员准入考评指标体系。

最后,能力标准。能力是素质的具体展示。根据大学生思想政治教育与管理工作的实际需要,高校辅导员应当具备特定的业务工作能力。概括地讲,高校辅导员应具备较强的政治鉴别力、决策思辨能力、领导管理能力、组织协调能力、沟通交际能力、宣传写作能力等。辅导员应善于观察、思考和处理问题,能透过现象看本质,是非分明,正确把握时代发展要求,科学研判形势;能根据大学生成长规律,在科学的教育规律的指引下,为学生提供帮助和服务;辅导员还要对工作认真负责,密切联系学生,维护学生合法权益;能坚持群众路线、实事求是,善于分析新情况,提出新思路,解决新问题,结合实际创造性地开展工作;要科学探索和准确把握大学生发展规律,预测发展趋势,提出解决措施;要懂得尊重他人,具有全局观念、民主作风和协作意识;语言文字表达条理清晰,宣传能力强,能运用网络等载体进行有效沟通;事业心强,有积极、乐观、向上的精神状态和爱岗敬业的热情,适时调整自己的思维和行为,保持良好的心态、情绪,自信心强,意志坚定,能正确对待和处理顺境与逆境、成功与失败;面对突发事件,能保持头脑清醒,科学分析,准确判断,果断行动,整合资源,调动各种力量,有序应对突发事件。

(三)严格高校辅导员选拔程序

建设新时期高校辅导员队伍应当在坚持职业准入基本原则的前提下,根据职业准入的标准,采用有效职业准入的方法。需要在职业准入的过程中关注高校辅导员队伍建设现状,拓宽职业准入的渠道,组建职业准入的考核主体,运用科学的职业准入测评机制,精心挑选合适的人选,为高校辅导员队伍建设奠定基础。

首先,拟定辅导员选拔的规划。科学拟定高校辅导员职业准入规划,需要通过对当前高校辅导员队伍建设现状进行全面分析。为此,高校必须遵循德才兼备、以德为先,优化队伍结构,竞争与择优等原则,注重层次性、灵活性,设置科学的职业准入标准。科学评估高校辅导员的岗位需求,保证高校辅导员数量。高校应严格按照教育部规定的1∶200师生比例配置一线专职辅导员,合理设置队伍编制,保证辅导员的数量。高校应充分考虑办学规模、注重办学的经济效益,在保证每个年级至少有1名及以上专职辅导员的前提下,坚持"专兼结合、以专为主"的构建模式,合理补充和配备专、兼职辅导员。科学评估高校辅导员队伍的素质和工作能力,有针对性地调整准入标准和条件,通过科学准入机制的实施,改善高校辅导员队伍整体结构中存在的问题。科学规划准入流程,确保高校辅导员的选拔、聘用能有序推进。为此,高等学校辅导员队伍建设的组织机构或负责人除了要充分考虑辅导员准入的条件、岗位数量需求之外,还应将考核时间、地点、内容、方式以及流程等具体内容公之于众,让广大应聘者能够以良好的从业心态选择适合自己的工作岗位。

其次,拓宽辅导员的选拔渠道。随着"人才资源是社会第一生产力"的意识不断深入人心,社会上不少企业对人才资源的争夺和竞争明显增强。为选择优秀的高校毕业生,不少企业已经将校园招聘的时间大大提前,招聘地域范围不断扩展,人才测评的措施和方法不断优化。这种现象既为高校选拔辅导员提供了有效的借鉴和启示，同时也对高校选拔辅导员合适的、优秀的辅导员提出了新的挑战。为此，扩大高校辅导员职业准入的选拔范围、拓宽高校辅导员职业准入的渠道应当引起高校辅导员队伍建设主体的高度重视。随着信息科学技术的不断发展，新媒体已成为信息社会交流和获取信息的重要载体。高校可以充分利用网络、电视、报纸等大众传媒发布辅导员招聘信息，拓展高校辅导员的选拔范围。高校应当坚持"走出去、请进来"的选聘理念，学校领导可组织招聘并深入就业市场或其他高校选拔合适的人选。高校应加强高校辅导员队伍的组织文化建设，切实保障和提高辅导员队伍的经济收入和政治地位，扩大社会影响，增强高校的吸引力和影响力，以吸纳更多的应聘者竞聘辅导员岗位。

最后，组建选拔测评主体。组建高校辅导员职业准入的测评主体事关高校辅导员选拔、聘用的成败。根据管理学中的冰山理论知识，把一个员工的全部才能比喻成一座冰山，呈现在人们视野之中的部分如员工的资质、知识、行为和技能只有1/8，而看不到的却占7/8。看不到的7/8是由职业意识、职业道德、职业态度三个方面形成的才能基石。海面之下是潜在的、隐性的且最为重要的，这对高校辅导员职业准入测评主体的素质和能力提出了新的要求与挑战。"世有伯乐，然后有千里马。千里马常有，而伯乐不常有。故虽有名马，祇辱于奴隶人之手，骈死于槽枥之间，不以千里称也。"因此，如果没有一支优秀的具备一定专业理论知识和实践工作经验的测评队伍，高校是难以在众多竞聘者中遴选到合适的辅导员的。

科学组建高校辅导员职业准入的测评主体，至少应当包括具备较为深厚的人力资源管理学科理论知识和实践技能，能够运用现代管理学或心理学知识进行专业职业测评的人力资源管理专家；具有思想政治教育专业等相关学科背景的资深教授；深谙高校辅导员工作职责和素质要求的学生工作部处领导；分管学生工作的校级领导和基层优秀辅导员等。测评队伍组建起来之后，学校要对测评人员进行培训，让他们对大学生思想教育工作有较深刻的认识，对学校辅导员队伍的结构状况有所了解，熟悉辅导员素质能力，明确考核的重心，掌握关键事件判断法、情景模拟法等方法，具备对应聘者专业知识、能力、职业态度、价值观等进行评估的能力。同时，测评主体应当合理分工并在人才选聘的过程中达成共识、形成默契，各自在高校辅导员队伍的选聘中发挥积极的作用，选取最适合、最优秀、最具发展潜力的辅导员。

（四）实施科学的测评方法

人才选拔日益成为组织发展和改革中最重要、最关键的基础环节。选择合适的人员不仅有助于推进组织的发展，而且有助于发挥人才自身素质和能力，更好地实现人尽其才、才尽其用的科学配置。现代人力资源管理学科的日益完善为辅导员选拔提供了新的切入点和视角，对实现队伍人力资源的合理配置、提高管理效能和工作绩效提供了新的理论依据和技术方法，具有一定的理论价值和实践意义。

首先，实施面试测评法。面试是测评者与被试者进行双向信息交流的过程，是考察被试者是否达到职位所要求的素质标准的一种测试手段。目前全世界约有80%的组织都将面试运用在人才的选拔过程中。面试也是高校辅导员选聘中大都会采用的环节。测评主体在查阅应聘者自荐材料的基础上，应有针对性地设置问题选项，考核应聘者的素质和能力。事实证明，通过面试，测评者可以考核出辅导员应聘者的仪表风度、分析能力、言语能力、理解能力、策划能力、组织能力、应变能力及情绪稳定性等职业素养和职业倾向。面试测评法程序简单，投入不大，所以被广泛地运用，但是由于不同测评主体的素质能力、性格偏好存在差异，面试也存在人为主观干扰较大的弊端。

其次，实施心理测试法。目前，不少学者提出了基于胜任力的职业准入模式。有的高校已经开始在辅导员选拔中采用心理测验法，对应试者能力、个性以及动机进行测试。实施科学的职业准入测评方法需要运用韦氏智力测验、瑞文推理测验等进行能力测试，采用卡特尔16PF人格测量、加州青年人格问卷CPI、明尼苏达多项人格问卷等进行个性测试，采用TAT测验、句子完成法等进行动机测试。根据McClelland的观点，动机是胜任特征中最深层、最不易测试的成分，所以对动机的测试主要采用投射测验，让应聘者在没有控制的情况下，对多种含义模糊的刺激，不受限制地、自由地做出反应，从而不自觉地表露出人格特质。如TAT测验中，让应聘者将所看到的图片通过讲故事的形式予以描述，测试者就可以通过应聘者的描述分析出其面临的压力状况、求职的欲求及情感状况等。在卡特尔16PF人格测量中，为体现人格特点的16个因素，每个因素都以分值来体现。假如应聘者在乐群性上为低分，就说明他少言语，为人冷淡，性格孤僻。辅导员要善于与人交往，需具有较好的人际关系协调能力。从这一点看，该应聘者就不适合做需要教育和管理学生的辅导员工作。运用心理测试法选拔辅导员具有较强的科学性和预见性，是从定性向定量测评转变的有效载体。但由于心理测试法对测评主体的专业能力要求较高，成本投入较大，能够将其运用在辅导员职业准入测评中的高校目前还为数不多。

最后，运用动态测试法。动态测试法就是将应聘者安排在辅导员岗位上实习，通过情景模拟考查法，对应聘者在具体工作岗位上表现出的行为及心理表现进行考查，以判断他的胜任力特征。通过观察应聘者对学生冲突事件的处理，可以了解他在工作中是否讲原则，人际关系协调能力、语言表达能力、决策能力如何等；通过对应聘者撰写的工作方案、活动总结及新闻稿等进行分析，可考查他的组织策划能力及专业知识情况等；通过观察应聘者组织学生活动的情况，可以考查他对岗位的认可和投入程度、亲和力、组织能力、团队合作能力如何等；通过分析学生对他考评的结果，可以分析出他的职业角色定位是否准确，是否理解、尊重、关爱学生，是否关心学生的状况和思想道德水准等。

二、专业化培训

加强高校辅导员队伍专业化培训是高校辅导员队伍人力资源开发的重要途径。有效的培训有助于提高队伍素质，优化队伍结构，提升工作能力，增强育人效果。加强新时期高校辅导员队伍培训，应坚持科学的指导原则，优化培训环境，规范培训管理，不断增强高校辅导员培训的实际效果，畅通高校辅导员队伍专业化、职业化和专家化发展道路。

（一）明确培训的原则

加强新时期高校辅导员队伍培训是高校辅导员队伍专业化、职业化和专家化发展的必由之路。应坚持理论性与实践性相结合、系统性与层次性相结合以及发展性与长期性相结合的原则，组织开展高校辅导员队伍的培训工作。

首先，理论性与实践性相结合的原则。高校辅导员队伍培训是以高校辅导员队伍素质和能力的提升为目的的教育教学活动。思想政治教育是一门科学，辅导员必须通过相对系统的理论学习和培训，丰富和夯实自己的理论根基，掌握马克思主义基本理论，具备扎实的思想政治教育专业基础知识和相关知识，为科学开展大学生思想政治教育和管理工作奠定坚实的理论基础。培训的最终目的是为了把辅导员工作做得更好，这就要求辅导员培训要根据国家要求和社会发展的需要以及辅导员和大学生的成长与发展规律实施培训，在提高辅导员理论水平和认知能力的情况下，注重学以致用，创造实践机会，紧密联系新的形势和任务，联系辅导员的思想和工作实际，把传授理论知识同解决实际问题、总结经验、推进工作结合起来。

在坚持理论性与实践性相结合的过程中，高校辅导员是教育培训的主体，应积极响应、配合组织开展的各项培训活动，充分发挥自身的主体性，勤于学习、善于思考、勤于实践和敏于创新。积极运用科学的理论知识指导和破解工作中遇到的实际困难，创造性地开展大学生思想政治教育和管理工作，提升辅导员工作的技术和科技含量。同时，理论的丰富和完善源于社会实践活动。高校辅导员工作在大学生思想政治教育的第一线，不可避免地会遇到这样或那样的现实问题，需要高校辅导员在解决现实问题的基础上，不断探索大学生思想政治教育和管理工作的内在机制与客观规律，丰富和完善其理论基础。

其次，系统性与层次性相结合的原则。有效的培训需要在通过对培训需求进行客观分析的基础之上，制定科学系统的、能体现层次和差异性的培训规划。在高校辅导员队伍培训中，坚持系统性原则需要全面分析受训群体的客观需要，有针对性地组织培训的内容，合理配置培训师资，科学选择和运用合适的培训方法，提高培训的针对性和实效性，避免培训的随意性、盲目性和无序性。由于高校辅导员在年龄结构、专业背景、学历层次、综合素质和工作能力等方面存在着显著差异，我们在高校辅导员队伍的培训中应坚持分层、分级、分类的原则，尊重辅导员的个体差异，有针对性地开展不同层次的教育培训。系统性和层次性培训关注的是培训对象的客观需求和培训内容方法的具体运用，是一种自下而上的培训理念。坚持系统性和与层次性相结合的培训原则不仅可以科学合理地进行资源配置，避免人力、物力和财力的浪费，而且可以提升培训的吸引力和增强培训效果。

再次，长期性与发展性相结合的原则。高校辅导员队伍培训的长期性是受客观规律和队伍发展现实需要所支配的。培训的长期性与发展性是受高校辅导员队伍素质、能力提升的客观规律所支配的。任何人素质能力的提升都是一个循序渐进、从低到高的螺旋发展的过程，不可能一蹴而就，不可能一次性实现素质能力质的飞跃。坚持培训的长期性与发展性是为了满足教育对象和社会环境不断变化的现实需要。随着我国改革开放的不断深入，国际国内形势的深刻变化对大学生产生了新的影响，高校辅导员需要通过培训提高自己应对各种新情况、解决新问题的能力。全国高校辅导员队伍庞大，需要进行长期的、持续的教育培训。坚持发展性原则，需要高等学校力戒重使用、轻培养的片面认识。高校辅导员队伍建设者需要坚持以人为本、全面协调可持续的培训理念，将培训工作贯穿高校辅导员队伍职业发展的全过程，以战略的眼光组织辅导员培训，正确认识智力投资和人才开发的长期性和持续性，充分认识到加强高校辅导员队伍培训的核心目的是为了满足大学生人才培养的内在要求。高校辅导员通过专业化培训，不断更新自身知识和调整能力结构，提升职业所必需的各种素质，是顺应时代发展的必然选择。高校辅导员队伍应自强不息，自觉培养和树立终身学习的发展理念，不断提升综合素质和工作水平。

最后，全面性与骨干性相结合的原则。加强高校辅导员专业化培训，应根据辅导员队伍的规模和数量，采取全面性与骨干性相结合的原则。全面性培养是指在实施辅导员队伍专业化培训中，应注重全体辅导员整体素质的共同提高，通过岗前培训、系统轮训等途径，确保每一位辅导员都能接受相对系统的、全面的培训，从而提高辅导员队伍的整体素质。骨干性培养是指为实现专家化培养目标而采取的培训措施，其目的在于打造辅导员队伍中的核心领军人物和业内专家。不少学者强调，专业化并不只是强调让辅导员都成为专家，而更多是鼓励或引导有志于长期从事辅导员工作、具有一定潜力的辅导员通过科学、系统的培训，逐步成为具备专家化特质的拔尖人才。因此要开展一些全国高校辅导员高级研修、辅导员博士学位提升或国外（境外）研修等活动，不断提高辅导员的专业化水平。使其能够经过一定时间的培养和训练，成为辅导员队伍之中的核心领军人物。坚持全面性与骨干性相结合，即是注重辅导员队伍培养量与质的辩证统一，既保证队伍整体素质的提高，同时又注重对专家型辅导员的打造，是辅导员专业化培训应当遵循的基本原则。

（二）营造良好的培训氛围

实现高校辅导员队伍专业化培训需要优化培训环境。高校辅导员队伍培训的政策制度、经费投入、培训平台以及基础保障等方面都需要得到加强和落实。

首先，营造良好的政策环境。一直以来，党和国家高度重视高校辅导员的培训工作，从政策层面为高校辅导员培训铺平了道路。2006年7月30日，教育部办公厅印发了《2006—2010年普通高等学校辅导员培训计划》（教思政厅〔2006〕2号）。文件从高校辅导员培训的指导思想、原则、目标、主要任务和保障措施等五个方面，对辅导员培训做出了全面的部署，对建立和完善辅导员培训体系、加大辅导员培训力度、提高辅导员的思想政治素质和业务素质等都具有指导和规范作用。随后，在2013年5月3日，中共教育部党组继续推出了《普通高等学校辅导员培训规划》（教党〔2013〕9号），在教思政厅〔2006〕2号的基础上，更加明确了培训目标，首次明确并规定了培训内容，主要任务更加具体。2007年9月29日，教育部高校辅导员培训和研修基地建设工作会议在京召开，为进一步加强辅导员基地建设与管理，提高辅导员培训和研修质量，2011年制定并下发了《教育部高校辅导员培训和研修基地建设与管理办法（试行）》。上述文件是我国高校辅导员培训的政策保障和行动指南，是各地和各高校组织实施辅导员培训的宏观指导思想。各地、各高校应当紧密结合教育部关于高校辅导员培训的相关政策，制定相应的培训政策和制度，采取相应的措施，大力加强高校辅导员的培训工作。在这方面，上海、湖北、安徽等省市，复旦大学、山东大学等大部分高校都已制定和实施了自己的高校辅导员培训计划，初步形成了三级培训的政策保障模式，为辅导员培训提供了良好的政策环境。各地、各高校应紧密结合自身的实际情况，制定和出台相应的培训政策，扫清培训中思想认识、意识行为上的障碍，为辅导员培训定向护航，营造良好的政策氛围。

营造良好的政策环境需要国家、地方和高校的领导高度重视辅导员培训工作。提高学校领导和辅导员队伍对教育培训的认识，切实转变观念，是推动高校辅导员队伍培训的内在动力。开展辅导员队伍培训需要学校提供政策、资金和时间保障。

高校辅导员队伍培训应坚持立足实际、着眼发展、坚持特色、高效务实的培训理念，以提高辅导员的思想政治素质和业务技能为目标导向，营造辅导员队伍培训的良好氛围。马克思指出："要改变一般人的本性，使它获得一定劳动部门的技能和技巧，成为发达的和专门的劳动力，就要有一定的教育或训练。"[①]有学者指出："对生产者进行普通教育、职业培训等支出，不应当仅仅视为一种消费，而应视同为一种投资，这种投资的经济效益远大于物质投资的经济效益。"[②]高校辅导员队伍建设主体应深刻认识加强辅导员队伍培训是辅导员队伍人力资源开发的重要途径，是高等学校人才培养的根本要求。为此，学校应在坚持以人为本的原则下，积极为辅导员培训制定发展规划、搭建培训平台、创新培训措施、完善考核激励制度，使辅导员队伍培训有计划、有阵地、有措施、有保障。

其次，加大培训投入。要在政策指导的基础上，采取实际行动和可行措施，加大培训的人力、财力和智力投入，确保培训工作和培训活动顺利开展。

一是加大培训的人力投入。开展高校辅导员专业化培训，需要设置专门的培训组织管理机构，国家、地方、高校应建立高校辅导员培训领导小组，负责决策、组织和实施。领导小组在整个教育培训中居于主导地位，对培训的质量和效果具有决定性的作用。应配备专人负责组织培训工作，使培训管理和组织工作持续发展。加强高校辅导员培训师资力量的建设和投入。培训师资队伍是实施高校辅导员队伍培训的教学主体，决定着培训的质量和效果。

组建一支素质优良、结构合理的师资队伍，有助于提升辅导员队伍教育培训活动的吸引力。需要结合培训需求和课程内容实际，聘请政府官员，思想政治教育、教育学、心理学或职业生涯发展规划等专家学者，资深培训机构的金牌讲师以及国家级、全国高校辅导员年度人物等承担培训任务。充分发挥培训师资队伍在培训过程中的主导作用，增强培训效果。高校辅导员队伍培训管理机构和培训师资队伍都是培训主体，两者分工不同，但目标一致，应充分发挥各自作用，为高校辅导员队伍培训贡献力量。

二是增加培训的财力投入。在市场经济条件下，实现高校辅导员的专业化培养需要一定的财力投入，在经济上保障各项培训工作正常进行。一方面，国家和地方财政要加大辅导员培训基地等培训平台建设经费的投入。另一方面，要保证培训运行经费，其中应包括培训组织管理机构的运行经费。划拨和预留专项经费用于培训教职员工等的工作酬劳。各高校应按照学校教师培训经费的标准，划拨辅导员学习交流和考察实习等培训专项经费。为保证辅导员培训的财力投入，国家应以法律法规的形式进行明确规定。从筹集范围来讲，辅导员的培训经费应包括行政划拨和自筹经费两个部分,在齐抓共管的格局下保障辅导员培训经费到位。只有加大高校辅导员培训经费的投入，培训组织者才能更好地组织和实施培训，广大辅导员才能更好地投入到培训和学习之中，保证培训的可持续发展，实现更好的效果。

三是增强培训的智力投入。迄今为止，招聘时高校辅导员还没有设立专门的学科背景门槛，高校辅导员专业背景多样，不利于其职业化和专业化发展。目前虽然将思想政治教育专业学科作为辅导员开展工作的基础性学科，但是真正思想政治教育专业科班出身的辅导员人数较少。同时，即便是具备思想政治教育学科背景，也难以满足当前大学生思想政治教育和管理工作的现实需要。因此，在辅导员培训中，应加大培训的智力投入，以教育部和地方高等教育主管部门为牵头单位，积极组织专家、学者，以及教育主管领导等共同设计培训方案，

---

① 马克思，恩格斯. 马克思恩格斯选集：第二卷[M]. 北京：人民出版社，1995.
② 潘思维，杨明亨. 人力资源开发理论的演进[J]. 西南民族大学学报：人文社科版，2006（184）：247.

编写贴近当前辅导员工作实际的培训教材。加强智力投入是高校辅导员专业化培训中辅导员理论提升和规律探索的重要途径和根本措施。不对高校辅导员培训实施必要的智力投入，难以提高辅导员的培训效果和质量。

最后，搭建培训平台。要实现高校辅导员专业化培训，需要搭建专业化的培训平台。搭建辅导员培训的平台，需要从理论提升、实践锻炼和网络开发等层面进行普及和加强。

一是构建三级培训平台。从平台建设的层次上讲，可以建构以教育部领导的全国高校辅导员培训和研修基地的国家级平台，以地方高等教育主管部门领导的地方培训平台和以高校为主体的校本培训平台。自2007年起，教育部与全国部分省市共建了21个高校辅导员培训和研修基地，这是当前和今后一段时间内我国高校辅导员培训的核心平台。但从目前的情况来看，各地培训基地发展还很不平衡，在校本培训方面，各高校发展极不平衡，需要继续加强建设。虽然有不少高校能够紧密结合高校人才培养、学校和辅导员发展的现实需要，严格遵照教育部和本地辅导员培训的政策文件进行系统全面的辅导员校本培训，但大部分高校仍未能很好地组织辅导员校本培训，呈现出培训内容零散、培训时间随机、培训质量不高等特点。为此，需要进一步加强对辅导员校本培训的探索和研究，加大对各高校校本培训的指导和考核，确保系统的校本培训能为辅导员素质的提高、业务技能的提升作出积极的贡献。

二是建立辅导员培训的实践基地。高校辅导员工作是一个理论性和实践性并存的职业。加强辅导员专业化培训需要建立辅导员的培训实践基地，让广大辅导员在鲜活的现实生活中不断完善自我，提升技能。地方高等教育主管部门和各高校可以根据辅导员工作的职业特质和工作的实际需要建立当地的社会实践基地。如重庆市可以依托三峡博物馆、渣滓洞、白公馆等建立辅导员的职业理想教育实践基地，依托西永微电子产业园等建立职业生涯规划实践基地，依托重庆邮电大学建立辅导员的信息化实践基地，依托巴南区素质拓展基地等建立辅导员的素质开发实践基地等。有条件的省市或高校还可以开设辅导员心理健康或职业生涯规划工作坊，全面加强高校辅导员培训的物力投入，为辅导员专业化培训搭建良好的平台。

三是建立辅导员网络培训平台。加强高校辅导员培训不仅需要建立与学生工作等相关的纸质书刊和电子图书库，而且需要建立网络学习平台、交流平台以及网络培训资料库。通过现代先进的软件和网络技术推进辅导员网络学习平台建设，让广大辅导员在网络上进行自主学习、讨论交流、接受专家指导以及教学研究。同时，通过设置不同层次、不同内容的学习模块，满足不同层次辅导员的具体需求。由于网络资源具有共享性、互动性、即时性和长期性等特点，辅导员可以不受时间和地点的限制，按照自己的需要，缺什么补什么，既可以节约大量网下培训经费，又可以通过论坛等工具和专家学者或同行进行交流学习。网络培训平台建设是对现实培训平台的有效补充和广泛延伸，通过网上网下的紧密结合，能够为广大辅导员搭建无缝对接的培训平台，巩固和提高辅导员专业化培训的效果和水平。

（三）加强培训的管理

系统规范的培训管理是高校辅导员专业化培训的重要内容和有机组成部分，有助于各项培训工作有序推进，全面提高专业化培训的质量和效果。规范培训管理需要全面分析辅导员的培训需求、制订中长期培训计划、系统组织实施培训和考核评价培训。

首先,分析培训需求。高校辅导员培训和其他培训活动一样,需要进行必要的培训分析。客观实施高校辅导员培训需求分析是提高培训针对性和实效性的基础和前提。根据培训管理理论,培训分析主要分为组织分析、任务分析和员工分析。同样的道理,高校辅导员培训分析可以分为组织发展目标需求分析、工作任务需求分析以及辅导员发展需求分析。

一是组织发展目标需求分析。组织发展目标需求分析是基于组织当前运行和发展状况,结合国内经济社会发展对高校人才培养的客观需求,借鉴国际高等教育的先进经验,分析组织在理想和现实之间差距,确定高校发展的目标需求。由于高校辅导员培训实施的是国家、地方和高校三级培训模式,因此在进行组织发展目标需求分析的时候应从三个层次进行研究。教育部组织辅导员骨干培训等高级培训不可能在更大范围内实施针对辅导员的需求分析,但是在进行组织发展目标需求分析时应侧重考虑我国经济社会和高等教育发展的实际需要。地方高等教育主管部门以及高校辅导员培训基地应侧重本地教育事业和人才培养的实际需要进行组织发展目标分析。高等学校可以从学校发展战略的角度进行分析,具体可以包括学校发展目标、学校的专业特色,组织实施辅导员培训的优势和劣势等内容。

二是工作任务需求分析。工作任务需求分析可以根据党和国家对高校辅导员的工作要求和工作职责的政策文件,逐项细化,结合当前辅导员工作实际需要进行分析。根据学术界的研究,高校辅导员工作集中在大学生思想政治教育、心理健康教育、职业生涯辅导以及学生事务管理等四个方面。因此,在进行工作任务需求分析的时候,应该严格按照专业化、职业化的要求,重点分析和考察辅导员的工作任务、工作资格和工作绩效。工作任务需求分析是甄选和确定培训内容的基础环节,关系到培训的效果和质量。

三是辅导员发展需求分析。这是评估辅导员履行工作任务的现实状况的关键环节,旨在分析辅导员当前的知识储备、业务技能和工作态度的现实状况及其原因,确定辅导员是否需要培训和需要哪些方面的培训。国家和地方的培训也许难以从面上进行辅导员发展需求的分析,但是校本培训应全面实施辅导员发展需求分析,这样高校在组织实施培训时就可以做到有的放矢。同时,高校在进行辅导员发展需求分析的时候,要全面考核、分层对待,既要注意全面培训,又要考虑骨干培养,推进辅导员队伍的整体发展。

四是培训需求分析的路径选择。科学进行高校辅导员队伍培训需求分析需要通过调研、座谈、走访以及心理测试等方式辨析不同需求的差异和共性,掌握辅导员队伍的实际需要。在具体实施方法上可以采取绩效分析法、全面分析法、问卷调查法、过程观察法、前瞻性需求分析法等。在选择培训需求分析路径和方法的时候,培训组织者应根据培训的规模和实际情况,选择合适的培训需求信息,撰写相应的培训需求分析报告,为培训计划的制订、培训内容的甄选、师资的配备以及培训的实施和评估等奠定基础。

其次,注重培训过程管理。切实提高辅导员专业化培训效果,需要加强对培训实施的过程管理,确保培训工作有序推进和培训质量的整体提高。为此,需要充分发挥培训组织机构的培训职能,加强对培训师资队伍教育培训的管理和接受培训的辅导员培训期间的管理。

一是要加强对培训教师队伍的管理。培训组织机构或管理者应根据培训目标、内容等,精心组织安排最佳的培训师资力量,共同制定教育培养方案,进行系统的课程设置,确保培训教师能够遵照教学管理需要开展培训工作。培训组织管理者对培训教师的培训过程要加强管理,保证培训质量。在辅导员培训过程中,培训教师是培训的主体,应结合培训内容和辅导员的实际需求选择和调整教育培训的方式,确保教育培训的效果。

二是要加强对辅导员的培训管理。采取有效措施对辅导员进行培训管理是确保培训工作顺利推进和提升培训质量的必要条件。一方面，要加强组织管理与辅导员自我管理。在一次培训过程中，培训组织者需要建立临时培训小组或党支部，配置专门的辅导教师，在培训过程中发挥组织、指导、协调、管理和服务作用。还要从学员中选拔合适人选成立临时委员会，协助培训主体共同管理，充分发挥组织在教育培训中的作用和功能。辅导员应珍惜培训机会，充分发挥自身优势和主观能动性，在培训教师的指导下主动进行自我教育、自我管理、自我发展，力争通过培训不断提升自身素质和能力。另一方面，要加强制度管理与思想引领。培训主体应根据培训对辅导员的具体要求，制定相应的管理制度或实施条例，对辅导员的学习、研究、讨论、组织生活、集体活动、考试、考勤等方面进行规定，并将考核结果纳入培训最终考核体系，从制度的角度加强对辅导员的约束与管理。在加强制度建设和管理的基础之上，辅以科学的思想教育，通过耐心细致的思想政治工作，深入了解学员的思想，为学员排忧解难，使辅导员潜心学习、刻苦钻研，自觉遵守培训中的各项规章制度，自觉提升学习的动力，转化成实际的行动，提升培训效果。

最后，加强对培训的考核评估。切实加强对高校辅导员培训的考核评估既可以检验培训的效果和质量，同时又可以优化和改进培训方法，是专业化培训的必要环节。根据培训管理相关理论，广义的培训评估是指对培训项目、培训过程和效果进行评价。狭义的培训评估主要是指对培训的最终效果进行评价，是培训评估中最为重要的部分，也是目前最常见的一种评估，其目的在于衡量培训的效益，为后期培训计划、培训项目的制订与实施等提供有益的帮助。根据培训管理理论，培训考核评估通常包括对培训机构、培训教师和辅导员的评估。

一是要加强对培训机构的评估。培训机构是辅导员专业化培训的载体和平台，其建设效果和水平直接影响和制约辅导员培训的效果和质量。为此，加强对辅导员培训机构的评估意义重大。各级培训机构可以参照《教育部高校辅导员培训和研修基地建设与管理基本标准（试行）》以及《教育部高校辅导员培训和研修基地建设与管理办法（试行）》进行评估，从组织领导、基本保障、内部管理、培训培养、理论研究和工作绩效等六个方面进行考核评估。对培训机构实施评估，主要在于分析、判断培训功能发挥的效能，总结经验、弥补不足，为今后专业化培训创造新的条件。

二是要加强对培训教师的评估。辅导员培训教师处于培训活动的主导地位，在很大程度上决定着培训的效果。实施培训教师评估有利于改善教学活动，提高培训教师素质，而且为培训教师的聘用要求和薪酬制定提供科学依据。在实施评估的过程中，针对培训教师，需要侧重考核和评估其教育教学态度、教学能力水平和教育培训效果。

三是要加强对辅导员培训效果的评估。开展辅导员培训评估是辅导员专业化培训中最主要、最基础的评估。辅导员是接受培训的主体，是培训活动的承受者。其培训的核心目的是通过培训提高辅导员开展大学生思想政治教育和管理的能力和水平。通过对辅导员思想和行为的变化进行检测和评定，可以调节、控制教育教学过程，为改进教育培训工作和评估教师的教学工作提供客观依据。对辅导员培训效果的分析可以分为反应评估、学习评估、行为评估和结果评估。在具体的操作过程中，可以采取辅导员自评、学员间互评、培训教师以及培训机构负责人考评等方式。

（四）完善培训内容体系

高校辅导员队伍专业化培训需要进行系统专业的内容设置与开发。为此，要根据高校辅导员专业化培训的目标和任务，从满足高校大学生思想政治教育与管理工作的需要出发，结合辅导员自身发展的实际情况进行课程设置和内容开发。为满足当前和今后一段时期内高校辅导员专业化培训的需要，各级辅导员培训组织管理机构应整合资源、集中优势，从高校辅导员的专业知识和业务技能层面建构培训内容体系。

一方面，完善专业知识的培训体系。辅导员专业知识内容体系主要是指支撑辅导员科学有效开展大学生日常思想政治教育和管理所应具备的专业背景和专业知识储备。由于没有专门针对辅导员开设的学科专业，辅导员的专业背景复杂多样，即便是思想政治教育学科专业背景的辅导员也难以满足当前大学生日常思想政治教育和管理的现实需要。只有不断加强辅导员专业知识内容体系的开发，以科学的理论武装辅导员的头脑，指导辅导员工作实践，才能提高其教育、管理和服务大学生的水平，促进高校辅导员专业化发展。辅导员专业知识内容体系主要包括基础理论模块、专业理论模块和拓展提升模块三个部分。

一是夯实基础理论模块。高校辅导员基础理论模块主要是指为满足辅导员专业理论提升而设置的具有基础性、支撑性和铺垫性的培训内容体系。因此，在设置基础理论模块时，应将辅导员专业知识内容体系纳入马克思主义一级学科，至少是思想政治教育专业二级学科背景下，选择基础理论内容体系。通过分析，基础理论模块可以包括马克思主义基本原理、毛泽东思想概论、中国特色社会主义理论体系、社会学概论、政治学原理、教育学和逻辑学等。

二是专业理论模块。专业理论内容体系主要是指辅导员在开展大学生日常思想政治教育与管理过程中，能够直接有效地指导辅导员开展各项工作的专业理论体系。根据对辅导员工作的基本职责和工作任务的分析，辅导员培训的专业理论模块主要包括思想政治教育类、心理健康教育类、职业生涯指导类和学生事务管理类等。其中，思想政治教育类包括：思想政治教育学原理、思想政治教育史、思想政治教育方法论和中外思想政治教育比较研究等；心理健康教育类包括：普通心理学、发展心理学、社会心理学、认知心理学和心理测量学等。职业生涯指导类包括：人力资源管理原理、职业生涯规划、人才学原理、青年学等；学生事务管理类包括：社会学、管理学原理、学生工作实务、组织行为学等。

三是拓展提升模块。拓展提升模块主要是在实现对高校辅导员专业化和职业化培养的基础上，为打造专家化辅导员、培养辅导员队伍中的核心领军人物而设置的培训内容体系。根据对专家化辅导员特质的分析，辅导员培训的拓展提升模块主要包括马克思主义经典著作选读、高等教育中的学生事务管理、领导科学、社会调查方法，教育科学研究方法、社会主义市场经济理论等。

另一方面，完善业务技能的培训体系。专业技能主要是指人们解决具体问题、完成具体任务时所必须具备的各种能力。辅导员的专业技能是辅导员工作水平的直接体现，也是辅导员社会价值和社会认同的物质中介。辅导员专业技能内容体系主要包括大学生日常思想政治教育技能、生涯辅导技能、心理疏导技能、事务管理技能等。

一是要完善大学生日常思想政治教育技能的培训体系。辅导员必须具备大学生日常思想政治教育基本技能，充分发挥思想政治教育在大学生成长成才中的保证、导向、凝聚、激励、调节和转化作用，促使广大青年学生德智体美全面发展，成长为社会主义合格建设者和可靠接班人。要有效开展大学生日常思想政治教育,就需要辅导员利用理论教育、实践锻炼、榜样教育、形象教育、热情服务和心理咨询等方法,帮助青年学生解决思想和学习等方面的问题,促进大学生健康成长。

二是要完善大学生生涯辅导技能的培训体系。生涯辅导技能是帮助大学生科学定位、发展自我、实现自我的技能,具体包括学业生涯辅导技能和职业生涯辅导技能。

学业生涯辅导技能主要是指在大学生在校期间,帮助青年学生学会学习,对其学习方法和策略进行指导,帮助其养成良好的习惯。一方面,辅导员要帮助青年学生树立远大理想,端正学习态度,注重学习过程,珍惜学习机会,遵守课堂秩序,正视成败得失,提高学习效率。注重分类指导,要求学生党员率先垂范,发挥先锋模范作用;要求学生干部以身作则,发挥榜样带头作用;教育家庭经济困难学生要珍惜机会,回报社会;鼓励学习困难学生奋发图强,缩短差距;激励成绩优异学生再接再厉,再创辉煌。另一方面,辅导员还要熟悉和了解教学大纲和专业基础课程的内容体系,将思想政治教育与实际工作需要相结合,更加有的放矢地指导学生的学习。

职业生涯辅导技能包括职业能力测评技术、素质测评技术、职业生涯规划与设计实践经验、与大学生沟通技巧、信息收集处理技能、预测分析技能和求职面试技巧等。在进行职业生涯辅导时,辅导员首先要帮助大学生认识自身的职业兴趣、职业能力和性格特征。因此,辅导员必须熟练运用霍兰德职业兴趣测试、斯特朗坎波尔的兴趣测试、卡特尔十六种人格因素量表(16PF)、艾森克人格问卷(EPQ)、内外向性格类型量表、YG怦格量表等成熟量表,对大学生进行心理测试,并对测试结果予以解释。

三是要完善大学生心理健康辅导技能的培训体系。目前,部分学生不同程度地存在一定的心理健康问题。辅导员如能掌握必要的心理健康教育技能,实施必要的心理危机干预,便能够有效克服部分学生人际敏感、抑郁、焦虑、偏执等不良心理问题,有助于培养青年学生良好的自我意识、和谐的人际关系、稳定积极的情绪、持续浓厚的求知欲和和谐健康的人格。掌握大学生心理健康辅导技能需要对大学生心理问题进行评定与鉴别,需要辅导员在与大学生日常密切的接触中观察和了解他们的思想状况和行为动向,运用科学的心理问题筛查工具进行系统摸底。因此,辅导员应合理使用运用症状自评量表(SLC-90)、大学生人格问卷(UPI)、卡特尔十六种人格因素量表(16PF)等被广泛使用的心理测评工具,并能进行心理健康分析与甄别。此外,艾森格问卷(EPQ)、明尼苏达多相人格测验(MMPI)、状态-特质焦虑问卷(SATI)和康奈尔健康问卷等的应用也较为广泛。在掌握了心理辅导相关技能的情况下,辅导员还要开展个体或团队辅导,从而有效进行心理干预,帮助学生健康成长。

四是要完善学生事务管理技能的培训体系。学生事务管理是国外高校教育管理的模式,与我国辅导员制度相对应。不少专家学者对学生事务管理进行了系统的研究,储祖旺主编的《高校学生事务管理教程》将高校学生事务管理定义为"高校的专门组织和学生事务管理者依据国家的法律、政策和人才培养目标,在一定的学生事务管理价值观指导下,运用相关专业知识和技能,配置合理资源,提供促进学生发展所必需的学生事务的组织活动过程"[①],并指出学生事务的具体管理内容,包括:招生与学籍管理、新生入学辅导、宿舍管理、日常行为规范和奖惩管理、学生资助管理、学生组织的指导与管理、学习指导、心理咨询和就业

---

① 储祖旺. 高校学生事务管理教程[M]. 北京:科技出版社,2008.

指导与管理等工作。事实上，当前不少辅导员在开展学生工作的时候，主要的精力和时间主要都集中在学生事务管理方面。提高辅导员学生事务管理技能，能够有效提高辅导员的工作效率和水平，增强教育管理的针对性和实效性，推进辅导员专业化和职业化发展水平。

（五）科学选择培训方法和路径

创新辅导员培训方法，需要对培训需求分析、培训目标设定和培训内容体系进行具体分析，坚持传统与现代相结合、理论教学与实践认知相结合、内部提升与外部借鉴相结合，充分发挥培训主客体的积极性，全面提高辅导员培训的针对性和实效性。

一方面，科学选择培训方法。随着培训理论和培训技术的不断发展，新的培训方法不断涌现。全面分析辅导员培训方法的优劣，有助于科学选择培训方法，增强培训效果。早在1972年，美国专家就培训目标与培训方法进行了深入的研究，他们从美国最大的500家企业中调查了200名培训员工的培训老师，调查他们对不同培训的不同方法的意见以及培训效果，其结果如表5-1所示。

表5-1 一般员工培训方法的比较分析[①]

培训方法	知识的掌握		态度的改变		解决问题的技巧	
	平均值	顺序	平均值	顺序	平均值	顺序
案例分析	3.56	2	3.43	4	3.69	1
讨论方法	3.33	3	3.54	3	3.26	4
授课	2.53	9	2.20	8	2.00	9
商业模拟	3.00	6	2.73	5	3.58	2
电影教学	3.16	4	2.50	6	2.24	7
程序教学	4.03	1	2.22	7	2.56	6
角色扮演	2.93	7	3.56	2	3.27	3
感受训练	2.77	8	3.98	1	2.98	5
电视授课	3.10	5	1.99	9	2.01	8

通过对表5-1的分析，我们发现，培训方法中对受训者掌握知识最有用的前三种方法分别是程序教学、案例分析和问题讨论；对于员工态度改变最有利的前三种分别为感受训练、角色扮演和讨论方法；对受训者解决问题最有用的前三种方法分别是案例分析法、商业模拟和角色扮演。这些先进的培训方法能为选择高校辅导员培训方法提供借鉴和启示。高校辅导员培训的目的主要为促进辅导员态度的改变、专业知识结构的优化和工作能力的提高。从专业化培训的内容体系来看，主要体现为对辅导员专业态度、专业知识和专业技能等内容体系的完善。我们在选择高校辅导员培训方法的时候，在辅导员态度转变方面应优先选择感受训练、角色扮演和讨论方法；在提高辅导员专业知识方面应优先选择程序教学、案例分析和问题讨论；在提高辅导员专业技能方面应优先考虑案例分析和角色扮演。

---

① CARROL S. J. Jr. F. T. Pame, J. J. TVANCEVTCH. He Relative Effectiveness of Training Methods, Expet Optnlon and Research[J]. Personnel Psychology，1972. Vol. 25：495-509.

另一方面，合理选择培训途径。在实施培训需求和培训内容分析之后，需要有针对性地选择合理的培训途径。围绕培训目标，可以选择以项目为核心的科研提升途径，以学术交流为核心的技能提升途径，以学习为核心的知识提升途径。

一是要组织辅导员主持或参加社科基金项目研究。实现高校辅导员队伍的科学发展，需要搭建高校辅导员队伍的科研平台，逐步提高他们的科研能力，逐步实现他们从经验型向科研型、从事务性向科学性方向发展。当前，教育部人文社会科学研究专项任务项目（高校思想政治工作）每年单列100项辅导员骨干专项课题。另外，部分地方和高校设置专项课题、划拨专项经费用于高校辅导员队伍的课题研究，这些无疑是深得人心的重要举措，对提升高校辅导员队伍的科研能力具有深远的影响，需要继续加强。由于各地、各高校对辅导员队伍的重视程度不一，教育部的科研项目相对有限，因此各地和各高校每年都应设置适用于辅导员队伍的专项科研项目，在政策上予以倾斜，让更多的辅导员能主持或参与到项目研究之中。除此之外，还应搭建辅导员队伍科研项目的支撑平台，其目的是让辅导员或辅导员团队通过课题立项申报，获取科研经费支持，在一定的时期内专门攻关相关课题，提升辅导员的科研能力，积累科研成果，提高育人本领，为职业化发展奠定基础。

二是要加强辅导员队伍的学术交流。通过组织不同层次、不同级别的高校辅导员工作论坛，搭建辅导员队伍理论研讨和工作交流的平台。根据辅导员队伍职业化发展的要求，各地可以借鉴教育部组织的全国高校辅导员工作创新论坛的运行模式，每年提前将论文征集的基本要求广泛宣传，收集学术论文，在专家评审的基础上挑选优秀的论文汇编成册，供全体辅导员学习借鉴。还可以组织开展大学生思想政治教育、心理健康、职业生涯辅导、社会实践或学生事务管理等专项性经验交流会，通过开展小组讨论、座谈或参观红色基地等方式，搭建辅导员学习、交流的平台。搭建辅导员队伍的学术交流平台不但可以在辅导员队伍内部实现信息、资源和经验共享，更重要的是能够让广大辅导员在交流学习的过程中感受和增强归属感、荣誉感和责任心，这对于提升辅导员队伍的社会声誉和推进辅导员队伍职业化发展具有极其重要的作用。

三是要提供辅导员队伍的学习指导。鉴于具有思想政治教育专业背景的高校辅导员比例较少，博士、硕士学历比例不是很高的情况，有必要实施辅导员导师制，搭建辅导员的学习指导平台。高校可充分利用本校马克思主义学院、思想政治教学部的专业教师资源和领导干部资源，为辅导员配备专业理论导师和业务指导教师，从组织层面不断加强辅导员队伍的基础知识储备和业务技能。可以由资深辅导员牵头组建学习型辅导员团队或专业性协会，充分发挥队伍内部成员的特长和优势，使辅导员们在理论提升、经验传承、实践创新等方面互帮互助，共同进步。

与此同时，各级培训单位还需要积极为辅导员提供国内国际交流、考察和进修的机会，通过校企挂职，校际、校内岗位轮换等途径，拓展辅导员的视野，增强培训效果。

三、职业化发展

高校辅导员队伍职业化是在高等教育行政组织推动和辅导员队伍共同努力的基础上，实现高校辅导员从普通岗位向一种社会所认同的职业转变的建设和发展过程。高校辅导员队伍职业化发展是辅导员成为一种职业的必经之路，也是高校辅导员职业获得社会价值认同的内在要求。

（一）完善辅导员专业技术职务评聘制度

国家应完善高校辅导员队伍的职称评定制度，以体现辅导员的社会地位、工作价值、业务技能和学术水平，充分体现对辅导员队伍的尊重与认可。完善辅导员专业技术职务评聘是改善队伍职称结构的重要途径，有助于维持队伍稳定，推进队伍职业化发展。

首先，成立高校辅导员专业技术职务评聘评议小组。根据"指标单列、条件单列、评审单列"的原则，各地高等学校教师职务评审委员会中应当单独设立学生思想政治教育学科评议组，负责评审本地高校学生思想政治教育工作者的高级专业技术职务任职资格，将辅导员队伍的专业技术职务评聘纳入其中，并依据与其他专业教师的比例数单列指标。具有评审权的高校直接设立学生思想政治教育学科评议组，负责本校辅导员和其他学生思想政治教育工作者的专业技术职务评聘和推荐工作。

其次，科学设置职称评定等级。参照专业教师职称评定等级，辅导员队伍职称等级同样分为助教、讲师、副教授、教授四个等级。根据专业教师职称评聘时间规定，考虑到辅导员工作的实际情况和政策倾斜，辅导员职务评聘的工作年限可以规定为除助教工作一年后评定外，其余职称级别在辅导员每教完一届学生的时间段内进行评定。

再次，科学建立职称评聘指标体系。根据高校辅导员队伍的工作职责和工作性质单列指标，注重考评辅导员"德能勤绩廉"五项指标，将学生评价和工作实效纳入考评体系，科学赋值、合理化权重，量化考评。助教、讲师要关注辅导员平时的工作表现和特殊时期的表现，侧重并适当降低科研成果的标准；副教授和教授评聘时既要注重辅导员的工作业绩，也要适当考核辅导员的科研成果。

最后，职称指标单列，合理调节职称比例。高校应按照不低于现有专业教师现有职称等级的比例为辅导员队伍分配比例。在科学考核的基础之上评聘副教授、教授级辅导员，并确保校内相应职称的待遇，填补高校教授级辅导员的空白，打造合理的队伍建设梯队，培育专家化辅导员。只有建立和实施高校辅导员队伍职称评定制度，才能从机制上、根本上保障辅导员队伍的发展，提升工作积极性，从源头上解决队伍流失严重，稳定性差的局面。

（二）实施辅导员行政职务评定

基于高校辅导员管理者的角色，应对高校辅导员实施行政职级评定机制。实施辅导员行政职务评定，是对辅导员专业技术职务评聘的有效补充，是解决部分辅导员工作表现突出，大学生思想政治教育与管理效果优异，但因其学术科研能力较弱而未能评聘专业技术职务的辅导员的发展出路的有效途径。

首先，科学设置职务晋升等级。目前，高校内部处级干部岗位的数量与辅导员自身发展的需求存在突出的供需矛盾，迫切需要建立和完善辅导员队伍职务晋升制度。高校可根据校内职能部门管理岗位设置情况，让辅导员享受初级、副科、正科、副处、正处五个职务级别的待遇，根据相应的工作年限和标准予以对应级别的晋升。

其次，科学拟定职务晋升指标。应根据《普通高等学校辅导员队伍建设规定》（教育部令第43号）第13条"高等学校应当制定辅导员管理岗位聘任办法，根据辅导员的任职年限及实际工作表现，确定相应级别的管理岗位等级"的要求，参考辅导员职称评定指标的基本要求，侧重强调辅导员平时工作表现、特殊时期的表现和工作年限，在对高校辅导员全面考核的基础上，确定相应行政级别，享受校内其他行政级别的相应待遇。

最后，优化职务晋升方法。建议在高校年度考核的前提下，按"3n+1"的年限予以晋升。n代表职务的级别（初级=0，副科=1……）。除了年限条件外，还需要根据考核优秀次数等相关条件，进行破格、正常、延迟晋升，从而有效促进辅导员队伍的发展。

（三）拓展职业纵深发展渠道

随着高校辅导员工作职责不断增强、工作覆盖的内容不断增多、教育管理的难度不断增大，那种面面俱到、仅凭单个辅导员一己之力教育管理几百名学生的传统工作方式已经难以满足现代高等学校学生教育管理的客观需要，不仅工作效果大打折扣，而且极不利于辅导员队伍的职业化发展。应根据教育管理的客观需要，开辟以大学生思想政治教育和管理为主线，侧重以心理辅导、职业引导、学业指导和学生事务管理专门化的纵深发展渠道是推进辅导员职业化发展新的着力点和突破口。

首先，侧重思想政治教育职业化发展。高校辅导员队伍的根本职责就是对大学生开展思想政治教育，培养中国特色社会主义合格建设者和可靠接班人。因此，高校辅导员应夯实自身马列主义理论基础，系统掌握思想政治教学原理、思想政治教育方法论等专业知识，根据思想政治教育方向的专业技术职务评聘的要求，走职业化发展道路。通过不断学习和培训，用理论指导实践使自己逐步成为大学生思想政治教育领域的专家、学者和领军人物。

其次，侧重心理健康教育职业化发展。为了促进大学生健康成长，对大学生实施必要的心理辅导是高校人才培养的必要环节，是对大学生思想政治教育的有益补充。为满足大学生心理健康教育的现实需要，高校辅导员可以选择心理辅导职业化发展。辅导员通过系统的专业心理辅导培训和参加国家心理健康教育的资格考试，成为合格的心理咨询师，使自己了解和掌握大学生心理健康教育的专业基础知识，能科学运用心理健康测试的先进方法进行科学诊断，有针对性地对大学生实施心理健康咨询、心理健康教育，能够有效识别大学生的心理问题并进行心理干预，为大学生的健康成长保驾护航。高校辅导员走心理健康辅导职业化发展道路，就是要使自己在心理健康教育方面不断学习和积累，逐步成为初级心理咨询师、中级心理咨询师和高级心理咨询师。

最后，侧重职业生涯辅导职业化发展。随着我国高等教育规模不断扩大，大学生毕业人数增加，大学生就业压力也在增大，大学生就业成为当前高校最现实、最紧迫的问题之一。加强对大学生职业生涯的辅导对于提高大学生就业率和就业质量，有效实现人才资源的优化配置，以及促进学校发展都具有重要的意义。这需要辅导员对大学生的职业定位、自我认知、择业决策、职业生涯规划和事业发展、职业道德等领域进行指导，帮助大学生科学地进行职业定位，拥有积极乐观的就业心态和系统扎实的知识、技能储备。为此，高校辅导员可以通过参加职业培训师教程（TTT）和全球职业规划师（GCDF）等专业性职业生涯发展规划的培训，成为优秀的职业生涯规划师，为学生的成长和发展做出科学的引导。

除此之外，从辅导员工作职责专门化的角度出发，还可以将辅导员分成学生事务管理辅导员、网络辅导员、社团辅导员和社区辅导员等类型。当然，细化的目的不仅是为了帮助辅导员朝着专门化、专家化方向发展，更重要的还是能从学科属性和专业属性的角度将辅导员的职责进行归类，形成辅导员共同攻坚克难的辅导员团队，充分发挥团队成员专门化、专业化的优势和特长，更好地为青年学生服务，不断提高大学生思想政治教育的育人效果。

辅导员要重视修养，提升自我，促进自己的成长与发展。高校辅导员职业化由可能变为现实在很大程度上取决于辅导员自身，需要通过学习和发展来实现。

促进和加强高校辅导员队伍的职业化发展，需要国家、学校和高校辅导员的共同努力。高校应在国家关于高校辅导员队伍的各项政策的基础上，不遗余力地为辅导员队伍职业化发展搭建平台，从组织的角度推动高校辅导员队伍职业化发展。高校辅导员要明确责任，明白自己肩负的时代重任，充分发挥自己的主观能动性，不断地提高自身的综合素质和工作水平。

四、系统化评价

对高校辅导员队伍建设进行评价，是为了总结和评估队伍建设过程中存在的问题与不足，为采取有效措施改进和加强队伍建设提供有力的依据和保障。科学化评价辅导员队伍建设需要明确高校辅导员队伍建设评价的意义，在遵循客观规律的情况下，构建系统、科学的评价体系。

（一）充分认识高校辅导员队伍建设评价的意义

当前，高校辅导员队伍建设评价还并未引起理论界和学术界的高度重视，但其重要的工具价值却关系到高校辅导员队伍建设的成败和每一个辅导员自身的发展。充分认识高校辅导员队伍建设评价的意义，对于科学建构评价指标体系、全面贯彻落实"以人为本"具有重要的价值。

首先，高校辅导员队伍建设评价是辅导员队伍建设持续发展的重要保证。根据系统论观点，一个完整的系统应当包含输入、输出、控制、反馈等环节，这样才能组成完整的闭环系统。高校辅导员队伍建设如果只关注输入、输出，对系统内在或外界的干扰不能进行有效的诊断，不能依靠反馈形成闭环系统的话，其建设效果可想而知。因此，高校辅导员队伍评价本身就是队伍建设过程之中的重要环节，而且是必不可少的环节。改革开放以来，党和国家高度重视大学生思想政治教育，恢复了一度中断的高校辅导员制度，重审了辅导员在高校人才培养中的重要地位和作用，大力展开高校辅导员队伍选聘、管理、培养、考核和发展等一系列制度的设计与创新，积极探索高校辅导员队伍建设的长效机制。评价作为高校辅导员队伍建设的重要内容和环节，有助于促进高校辅导员队伍建设其他机制的健全和完善。事实上，开展高校辅导员队伍评价过程，就是对各地、各高校辅导员队伍建设工作的检查、指导、诊断和督促。通过客观准确的评价，使评价主体对高校辅导员队伍建设的工作情况和工作效果有一个全面清晰的认识，对高校辅导员队伍建设的效果进行准确衡量，为持续推进辅导员队伍建设工作提供客观依据，以便发现队伍建设在哪些方面还存在不足，从而为制定新的改进措施提供指导性和建设性意见，进而推动辅导员队伍建设的可持续发展。

其次，高校辅导员队伍建设评价是高校辅导员职业发展的重要保障，是实现高校辅导员队伍建设目标的重要途径。高校辅导员队伍建设评价关乎我国高校辅导员队伍成长、发展中的切身利益，需要考察辅导员职业的准入机制、培训机制、管理机制和发展机制等内容，有助于确立辅导员的职业边界、职业门槛，提升辅导员的职业地位。高校辅导员队伍建设评价还可以科学定位高校辅导员队伍的工作职责，将辅导员从事务型的工作模式中解放出来，使其把主要的时间和精力投入到大学生思想政治教育和管理等核心工作中，为实现专业化、职业化和专家化创造条件。同时，在科学评价的基础之上，还可以促使高校客观认识辅导员队伍建设中存在的突出问题，进一步制定和完善辅导员职业的标准体系，提高辅导员队伍的整体素质，增强辅导员队伍的职业认同感和归属感，增强辅导员工作的社会影响力和实效性。在高校辅导员队伍建设评价中，高校辅导员本身既是评价的主体又是评价的客体。通过辅导员队伍的自我评价、形成性评价和终结性评价，使辅导员发现自己的优势与不足，从而有针对性地实现自我认识、自我改变、自我完善和自我超越，为自身业务素质的提升提供指导和帮助。

最后，高校辅导员队伍建设评价能够引导高校辅导员队伍建设主体重视辅导员队伍建设。通过辅导员队伍建设评价体系的建构，各地、各高校的辅导员队伍建设主管部门能够更加明确自己的工作职责和工作要求，并且按照评价体系的要求去贯彻执行，认真检验高校辅导员队伍建设工作落实的效果，在工作中不断探寻新的方法和措施，真正形成责任明确、职能清晰的辅导员队伍建设和管理格局。同时，评价的基本功能包括及时将评价的结果反馈给组织管理者，使组织管理者针对反馈信息及时采取有针对性的措施，对存在的问题进行改进。在全国范围内开展高校辅导员队伍建设的科学评价，有助于在各地、各高校间形成对比与竞争。根据建设评价的反馈信息，让各地、各高校明确自身在辅导员队伍建设中存在的差距，便于其采取有效措施加以改进和加强。如果高校辅导员队伍建设只有布置没有检查，只有要求没有考核，再好的政策和措施都难免流于形式。同时，为了充分体现评价在高校辅导员队伍建设中的重要作用，辅以必要的奖惩措施是确保高校辅导员队伍建设成功的重要举措。

（二）构建高校辅导员队伍建设评价指标体系的原则

建立高校辅导员队伍建设评价指标体系，需要尊重队伍建设内在的客观规律，深入研究队伍建设的指导思想、核心要素和过程环节，坚持以内容方面的系统性、操作层面的可行性以及队伍自身的发展性原则为统揽。

1. 系统性原则

高校辅导员队伍建设是一项系统性工程决定了辅导员队伍建设评价的系统性。恩格斯指出："关于自然界所有过程都处在一种系统联系中的认识，推动科学到处从个别部分和整体上去证明这种系统联系。"[①]因此，需要从系统和联系的观点研究辅导员队伍建设的评价指标体系。一是评价指标内容的完整性。建立高校辅导员队伍建设评价指标体系需要对辅导员队伍建设的关键事件全面分析，做到不遗漏空缺、不重复交叉，体现指标体系内在的完整性、统一性与严谨性。辅导员队伍建设包括选拔配备、培养发展、考核管理等内容，这既是队伍建设的过程环节、方法途径和体制机制，又是设计队伍建设评价指标体系的核心内容。只有对辅导员队伍建设的过程环节准确诊断、客观评判，才能全面掌握队伍建设实际情况，为有针对性地解决辅导员队伍建设中存在的困难和问题提供决策和指导。二是注重评价指标体系的逻辑性与层次性。科学的评价指标体系不应是各个指标的简单堆砌与罗列，而应在科学理性分析的基础上体现出各评价指标在理论上的逻辑性以及评价指标不同权重的层次性。

---

① 马克思，恩格斯. 马克思恩格斯选集：第三卷[M]. 北京：人民出版社，2012.

2. 发展性原则

美国作家斯塔费尔比姆指出："评价最重要的意图不是为了证明，而是为了改进。"[①]建立和设计高校辅导员队伍建设评价指标体系应在聚焦辅导员队伍建设目的性的同时，积极关注辅导员自身的发展性，辩证统一地处理发展性与目的性的关系。研究表明，高校辅导员队伍建设的直接目的是提高辅导员的思想政治素质和业务能力；间接目的是促进和推动高校自身的改革和发展；根本目的是提高青年学生的思想政治素养，促进青年学生全面发展。而事物发展的根本标志是提高其存在的价值。建立辅导员队伍建设评价指标体系需要抓住阻碍和束缚辅导员队伍发展的主要矛盾，以求用科学的评价指标体系促进高校辅导员队伍建设。因此，聚焦辅导员队伍建设的目的性，关注辅导员自身的发展性、高校发展的持续性和学生成长的宗旨性应是科学建构评价指标体系的题中要义。有学者指出："发展性评价将着眼点放在辅导员的未来，涵盖大众教育和终身学习的需要，有助于实现辅导员素质的全面提升。"[②]对学校、辅导员和青年学生三者而言，在辅导员队伍建设评价指标体系中，辅导员居于核心地位，目的是通过辅导员自身的全面发展推动学校的建设、改革和发展，以及促进青年学生的全面发展，切实提高高校人才培养质量。

3. 科学性原则

高校辅导员队伍建设评价不应只停留在实践感性的认识层面，而要上升为科学理性的价值追求，应在科学理论的指导下深入研究。一是评价指标体系的科学性。需要根据测量学的基本理论，充分运用关键绩效指标（KPI）理论确定核心指标体系，利用多元智能理论避免指标体系的片面性，利用全方位的绩效考核法（360°）确保评价主体的全面性。二是评价操作的可行性。"所谓可行性，就是考核的目标要清晰具体，要使较为抽象的考核项目具体化和直观化，以增强其可度量性和可操作性。"[③]因此，在设计评价指标体系时，需要关注操作运行的便捷性、资源成本的节约性和评价结果的可比性，只有这样，设计和选取的评价指标才具有价值和意义。三是评价数据的科学性。根据现代测评学的基本理论，需要对采集到的辅导员队伍建设评价指标体系的数据信息进行信度、效度和区分度等的检验，依托现代先进的测量技术和方法，考虑各指标的权重、常模等，以用于衡量和比较评价信息的结果。

（三）科学确定高校辅导员队伍建设评价指标体系

高校辅导员队伍建设评价指标体系是指由表征高校辅导员队伍建设特性及其相互关系的具体指标所构成的具有内在结构的有机整体。建立高校辅导员队伍建设评价指标体系，有助于丰富和发展高校辅导员队伍建设的理论基础，有效诊断、全面掌控辅导员队伍建设的实际效果，科学引领和全面推进高校辅导员队伍建设。基于建立高校辅导员队伍建设评价指标体系原则的分析，结合对辅导员队伍建设的政策文件、理论研究成果和实践规律的总结，需要建立三级评价指标体系。

---

① 瞿葆奎. 教育评价[M]. 北京：人民教育出版社，1989.
② 罗军，韩云金，张叶平. 基于发展性理念构建高校辅导员工作质量评价体系[J]. 高教探索，2014（1）：174.
③ 邹积英，关丽，徐润生. 关于建立高校辅导员工作绩效考核制度的思考[J]. 教育探索，2011（5）：137.

1. 思想认识指标

设置高校辅导员队伍建设评价的思想认识指标是为了检测高等学校以及辅导员个体对高校辅导员队伍建设的思想认识和重视程度，是辅导员队伍建设的前提。一直以来，党和国家高度重视高校辅导员队伍建设，辅导员队伍逐渐向专业化、职业化和专家化方向发展，但就全国而言，各地各高校之间辅导员队伍建设发展仍不平衡，有的地区和高校的辅导员队伍建设还存在一些亟待解决的问题，原因之一是辅导员队伍建设主体对辅导员队伍建设的思想认识不深以及重视程度不够。为此，应在思想认识指标体系下设高校辅导员队伍建设政策执行指标、领导重视指标以及辅导员自身价值认同指标三个二级指标。具体如表 5-2 所示。

表 5-2 高校辅导员队伍建设评价思想认识指标

一级指标	二级指标	三级指标
思想体系	政策执行指标	教育部令第 43 号和本地高校辅导员队伍建设等相关文件贯彻执行情况
		制定并实施切合本校实际的辅导员队伍建设相关的规章制度
	领导重视指标	学校党委副书记等校领导专人负责辅导员队伍建设，组建辅导员队伍建设领导小组
		将辅导员队伍建设纳入校党政联系会，每年组织举行辅导员队伍建设专题会议
		辅导员经济收入和福利待遇整体水平不低于同期专业教师
		单列辅导员队伍培训、科研、岗位津贴等专项经费，单设辅导员队伍科研项目
	自身价值认同指标	辅导员能准确定位，敬岗爱业，积极进取，职业倦怠感低
		辅导员具有较强的职业认同度和组织归属感
		辅导员队伍稳定性好，辅导员流失少

通过对政策执行指标、领导重视指标和辅导员自身价值认同指标的评价和检测，验证辅导员队伍建设主体是否真正遵照党和国家的要求，采取有效措施开展辅导员队伍建设。

2. 过程环节指标

高校辅导员队伍建设评价的过程环节指标是为了评价队伍建设的运行过程，是队伍建设评价的关键环节。辅导员队伍建设有其内在的规律和机制，就队伍建设的组织方式和运行模式而言，主要涵盖了队伍的组建、培养、发展和管理四个环节。因此，辅导员队伍建设评价的过程环节指标体系中应当包涵辅导员队伍的选拔、培训、发展和管理四个二级指标，旨在检测队伍建设各环节的执行和落实情况。辅导员队伍建设主体既要建章立制、有章可循，又要保证数量、提升质量，同时还要科学管理、关注发展，最大限度地激发辅导员的工作激情，提升辅导员的育人效果。具体如表 5-3 所示。

表 5-3　高校辅导员队伍建设评价过程环节指标体系

一级指标	二级指标	三级指标
过程体系	选拔指标	制定严格的辅导员选拔标准（政治强、业务精、纪律严、作风正）
		实施规范的辅导员选拔程序
		开展科学的辅导员选拔测评（如开展任职匹配测试、胜任力测试以及心理健康测试）
	培训指标	制定本校辅导员年度、中长期培训规划，将辅导员培训纳入校内干部和教师培训规划
		辅导员参与国家级骨干示范培训的人数每年不低于总数的2%，5年不低于10%；省级培训每年不低于20%；确保每一名专职辅导员每5年参加1次国家级或省级培训
		新任辅导员岗前培训不低于40个学时；在岗辅导员每年不低于16个学时，不少于4次校级培训
		辅导员挂职锻炼、学位提升、国内外考察交流人次每年不低于总人数的20%
	发展指标	制定并实施辅导员专业技术职务评聘制度（指标单列、条件单列、评审单列）
		制定并实施辅导员校内职级评聘制度，享受相应行政级别待遇
		能为辅导员从事心理辅导、职业规划、学业指导和学生事务管理的专门化发展创设条件
	管理指标	实行学校和院（系）双重领导
		制定辅导员工作条例，划清辅导员工作职责界限
		建立辅导员工作绩效考核指标体系，能有效激发辅导员工作潜力

3. 目标效益指标

高校辅导员队伍建设的目标效益指标既是为了检测辅导员队伍建设本身最终的效果，同时也是为了检测辅导员开展工作的实际效果，是辅导员队伍建设评价的价值归宿。高校辅导员队伍建设作为一项社会实践活动，其建设效果体现为辅导员队伍自身建设成效以及辅导员对学生培养的质量方面，是辅导员队伍建设的目标。通过加强辅导员队伍建设，一方面使辅导员队伍的数量、质量不断提升，结构不断优化；另一方面要不断使辅导员所教育和管理的学生能够更加全面地发展，人才培养的质量不断提升。因此，辅导员队伍建设评价目标效益指标中应包含辅导员队伍的数量、质量、结构和效益四个二级指标，其核心是检测辅导员队伍建设的实际效果和社会效益。具体如表5-4所示。

表 5-4　高校辅导员队伍建设评价目标效益指标

一级指标	二级指标	三级指标
目标体系	数量指标	一线专职辅导员师生比不低于1：200
		兼职辅导员人数所占队伍比例不超过辅导员总数的30%
	质量指标	辅导员思想政治素质、职业素养、业务水平良好，无违规违纪行为，学评辅分数不低于90分
		每年辅导员荣获省市级及其以上荣誉称号（辅导员年度人物、优秀辅导员、优秀博文以及学生工作创新论坛等）的人数不低于辅导员总人数的10%
		辅导员主持省市级及其以上相关科研项目和发表学术论文总数不低于队伍总人数的20%

续表

一级指标	二级指标	三级指标
目标体系	结构指标	年龄结构、性别结构相对合理
		与思想政治教育专业相关专业学科背景的辅导员比例不低于40%
		专职辅导员队伍中具有硕士以上学位比例不低于60%
		专职辅导员与校内同工龄的专任教师职称职务结构比例大体相当
	效益指标	辅导员所教学生思想政治素质良好
		辅导员所教学生主要学风建设指标优秀（补考重修率、英语计算机过级率、考试违纪作弊率、毕业授位率、签约就业升学率）
		辅导员所教学生荣获省市级及其以上的科技竞赛以及评优评奖多
		辅导员所教学生违规违纪情况少

（四）深入开展高校辅导员队伍建设评价的攻略

建立高校辅导员队伍建设评价指标体系的目的是通过实施科学有效的评价，为加强和改进辅导员队伍建设提供理论指导和制度保障。因此，需要科学界定高校辅导员队伍建设评价的主体，科学运用评价结果推进辅导员队伍建设。

1. 明确界定高校辅导员队伍建设评价的主体

有学者指出："学生工作是一个系统性工程，辅导员工作的考核评价须在体现考评内容的全面性的同时，也要体现评价主体的多样性，构建全面的考核评价体系。"[①]宏观上，与辅导员队伍存在一定社会关系的组织和个人都是辅导员队伍建设的主体。微观上，辅导员队伍建设的主体是对队伍建设产生最直接影响的高等学校、学工组织和院系及其相关领导。辅导员自身既是队伍建设的主体，又是队伍建设的客体，因为辅导员队伍建设的最终目的集中体现为辅导员个体素质能力、工作水平的提高以及辅导员队伍结构功能的最优化。只有科学界定辅导员队伍建设的主客体，才能激励其端正思想、提高认识，真正贯彻落实党和国家关于辅导员队伍建设的各项政策和文件，积极主动地采取有效措施，切实加强辅导员队伍建设。

2. 科学有效开展高校辅导员队伍建设的评价

实施高校辅导员队伍建设评价需要紧密围绕评价指标体系，开展二级组织实地考评、高校自评和辅导员自评三级评价的信息采集模式，以全面获取和掌握辅导员队伍建设的实际情况。

上级评价主要是地方教育主管部门从管理者的角度，对高校辅导员队伍建设情况进行评价。一方面，上级教育主管部门是高校辅导员队伍建设各项制度的制定者，对于各高校开展辅导员队伍建设具有指导、监督和考核的职责；另一方面，上级教育主管部门对于本地乃至其他各地高校辅导员队伍建设具有较为全面的了解，因此在考核评价辅导员队伍建设中具有较高的可信度。在高校自我评价中，高校应坚持实事求是、客观公正和严肃认真的原则，既

---

① 吴俊文，涂敏. 基于多元智能理论评价观的辅导员绩效考核[J]. 学校党建与思想教育，2012（2）：75.

要开展批评与自我批评，客观剖析诊断、如实总结分析本校辅导员队伍建设中取得的成绩和存在的问题，又要通过与其他高校的比较，查找自身在辅导员队伍建设中存在的差距。高等学校是辅导员队伍建设最直接的主体，也是培养辅导员最主要的阵地，本校辅导员队伍建设效果如何，高校最具发言权。辅导员是建设过程中的参与者和受益者，辅导员队伍建设的效果，辅导员具有最为切身的感受和体会。因此，辅导员在进行队伍建设评价采集数据时，应消除各种顾虑，客观公正地反映队伍建设的实际情况和存在的问题，确保信息采集的真实性。只有通过上级组织实地考评、高校自评和辅导员自评三级评价信息采集模式，才能确保高校辅导员队伍建设评价数据采集的真实性，为科学开展辅导员队伍建设评价提供有价值的原始信息。

3. 科学运用高校辅导员队伍建设评价指标体系

实施高校辅导员队伍建设评价是高校辅导员队伍建设的重要环节，但若只有评价，而忽视对评价结果的反馈与应用，就达不到以评促建的根本目的。"评价的主要功能不在于甄别，而在于以评价促进建设、促进发展，以评价过程中反映出的信息，鼓励评价对象发现问题、完善自我，以此促进个人的发展和社会的发展。"[①]因此，需要将高校辅导员队伍建设评价的结果及时反馈，加大对评价结果的有效运用。在分层管理思想的指导下，上级教育主管部门应加强对高等学校辅导员队伍建设的监督，制定并实施科学合理的奖惩机制，结合高校辅导员队伍建设评价结果，对辅导员队伍建设不达标、不合格的高校予以通报并限期整改，对先进典型的高校予以表彰和奖励，有效促使高等学校严格贯彻落实辅导员队伍建设的方针政策，扎实推进高校辅导员队伍建设。建立辅导员队伍建设责任连带机制，将高校辅导员个人素质能力和工作业绩与绩效工资和发展晋升相结合；将高校辅导员队伍建设的实际效果与高校主要负责人和分管领导的年度考核相结合；将高校辅导员队伍建设的实际情况与高校招生名额、本科教学评估和财政经费划拨相结合，以科学的奖惩制度切实激励高校深入推进辅导员队伍专业化、职业化和专家化建设。

---

① 鲁静. 基于多元评价理论的辅导员职业准入标准[J]. 教育发展研究，2011（22）：77.

结　语

　　高校辅导员队伍是大学生日常思想政治教育和管理的重要组织保证。建设一支数量充足、结构合理、素质过硬的辅导员队伍，既是高校教师队伍建设的需要，同时也是辅导员队伍自身发展的需要。改革开放以来，我国经济社会的快速发展、高等教育事业改革发展不断深入、教育对象的不断变化对高校辅导员的素质和能力提出了更高的要求。加强高校辅导员队伍建设，全面培养中国特色社会主义合格建设者和可靠接班人，是我国改革发展后继有人的根本保障。

　　在马克思主义的指导下，笔者系统地梳理了高校辅导员队伍建设的基本理论，明确了高校辅导员队伍建设的基本含义、内容、目标和原则，为后续研究提供了理论指导。笔者在全面分析改革开放以来我国高校辅导员队伍建设的发展历史的基础之上，总结了成绩，分析了不足，探寻了辅导员队伍建设的经验和启示。在中国31个省、自治区、直辖市部分高校辅导员所做的问卷调研和对二十余所高校实地考察的基础上，笔者对当前高校辅导员队伍建设现状有了较为全面的了解，看到了中共中央国务院《关于进一步加强和改进大学生思想政治教育的意见》（中发〔2004〕16号）颁发以来高校辅导员队伍建设取得的显著成绩，同时对当前高校辅导员队伍建设存在的问题进行了较为全面的归纳和分析。针对调研分析结果，提出了科学化选拔、专业化培养、职业化发展、人本化管理、系统化支撑和科学化评价等对策和措施。整体而言，本书做到了逻辑严谨、结构合理、论证深入的基本要求，秉持着眼现实、立足创新、重在实践的理念，对高校辅导员队伍建设做出了较为系统的研究。

　　高校辅导员队伍建设是一项系统工程，可以从不同的角度进行分析。队伍建设主体可分为国家、地方和高校等主要职能部门。队伍建设客体则主要包括队伍的规模，结构和质量。辅导员队伍建设的内容包含队伍的思想建设、组织建设和制度建设。队伍建设的操作运行主要包括了队伍的选拔、培养、发展、管理、支撑和评价等具体环节。本书都对这些一一进行了研究。虽站在前人的肩膀上提出了一些自己的观点和思路，但还略显肤浅，需要进一步研究。

　　高校辅导员队伍建设的目的之一是满足大学生日常思想政治教育和管理的客观需要，而大学生群体的不断变化，社会经济、政治和高等教育事业的不断深入，都需要辅导员队伍建设与时俱进，开拓创新，在促进高等学校发展、维护学校和社会稳定、促进大学生成长成才等方面有更大的贡献。

通过对新时代我国高校辅导员队伍建设发展态势的分析研究，笔者相信今后高校辅导员队伍建设和发展必将取得更突出的成绩。因为我们深信和谐社会的建设能为高校辅导员队伍建设营造良好氛围；中长期教育发展规划将为高校辅导员队伍建设描绘新的蓝图；基础理论的完善将为高校辅导员队伍建设的理论创新提供新的契机；辅导员自身强烈的发展愿望也将为队伍建设提供新的内在动力。高校辅导员队伍建设意义重大、影响深远，在政策支持、组织推动和辅导员自身努力的共同作用下，我国高校辅导员队伍建设必将迈上新的台阶，取得新的成绩，作出更大贡献。

参考文献

[1] 马克思. 《黑格尔法哲学批判》导言[M]//马克思,恩格斯. 马克思恩格斯文集:第一卷. 北京:人民出版社,2009.

[2] 马克思. 关于费尔巴哈提纲[M]//马克思,恩格斯. 马克思恩格斯文集:第一卷[M]. 北京:人民出版社,2009.

[3] 马克思. 1844年经济学哲学手稿[M]//马克思,恩格斯. 马克思恩格斯文集:第一卷[M]. 北京:人民出版社,2009.

[4] 马克思,恩格斯. 德意志意识形态[M]//马克思,恩格斯. 马克思恩格斯文集:第一卷[M]. 北京:人民出版社,2009.

[5] 马克思,恩格斯. 共产党宣言[M]//马克思,恩格斯. 马克思恩格斯文集:第二卷[M]. 北京:人民出版社,2009.

[6] 马克思. 《政治经济学批判》导言[M]//马克思,恩格斯. 马克思恩格斯文集:第二卷[M]. 北京:人民出版社,2009.

[7] 恩格斯. 家庭、私有制和国家的起源[M]//马克思,恩格斯. 马克思恩格斯文集:第四卷[M]. 北京:人民出版社,2009.

[8] 恩格斯. 路德维希·费尔巴哈和德国古典哲学的终结[M]//马克思,恩格斯. 马克思恩格斯文集:第四卷[M]. 北京:人民出版社,2009.

[9] 马克思. 资本论[M]//马克思,恩格斯. 马克思恩格斯文集:第五卷[M]. 北京:人民出版社,2009.

[10] 恩格斯. 反杜林论[M]//马克思,恩格斯. 马克思恩格斯文集:第九卷[M]. 北京:人民出版社,2009.

[11] 恩格斯. 自然辩证法[M]//马克思,恩格斯. 马克思恩格斯文集:第九卷[M]. 北京:人民出版社,2009.

[12] 列宁. 怎么办[M]//列宁. 列宁专题文集. 北京:人民出版社,2009.

[13] 列宁. 哲学笔记[M]//列宁. 列宁全集:第五十五卷[M]. 北京:人民出版社,1990.

[14] 毛泽东. 毛泽东选集:第一~三卷[M]. 北京:人民出版社,1991.

[15] 邓小平. 邓小平文选:第一~三卷[M]. 北京:人民出版社,1994.

[16] 江泽民. 江泽民文选:第一~三卷[M]. 北京:人民出版社,2006.

[17] 胡耀邦. 关于思想政治工作问题[M]. 北京:人民出版社,1983.

[18] 胡锦涛. 高举中国特色社会主义伟大旗帜，为夺取全面建设小康社会新胜利而奋斗——在中国共产党第十七次全国代表大会上的报告[C]. 北京：人民出版社，2007.

[19] 中共中央文献研究室. 三中全会以来重要文献选编[C]. 北京：人民出版社，1982.

[20] 中共中央文献研究室. 十四大以来重要文献选编：上[C]. 北京：人民出版社，1996.

[21] 中共中央文献研究室. 十四大以来重要文献选编：中[C]. 北京：人民出版社，1997.

[22] 中共中央文献研究室. 建国以来重要文献选编：第十九册[C]. 北京：中央文献出版社，1998.

[23] 何东昌. 中华人民共和国重要教育文献（1949—1997年）[C]. 海口：海南出版社，1998.

[24] 教育部社会科学司. 普通高校思想政治理论课文献选编（1949—2008）[C]. 北京：中国人民大学出版社，2008.

[25] 教育部思想政治工作司. 加强和改进大学生思想政治教育重要文献选编（1978—2008）[C]. 北京：中国人民大学出版社，2008.

[26] 中共中央政策研究室. 十七大以来重要文献选编：上[C]. 北京：中央文献出版社，2009.

[27] 本书编写组. 党的十七届四中全会《决定》学校辅导百问. 北京：学习出版社，2009.

[28] 教育部思想政治工作司组. 加强和改进大学生思想政治教育重要文献选编（1978—2014）[C]. 知识产权出版社，2015.

[29] 戴云. 新时期思想政治工作探索[M]. 上海：上海人民出版社，1982.

[30] 张蔚萍，张俊南. 思想政治工作概论[M]. 西安：陕西人民出版社，1983.

[31] 上海市高教局. 高等学校学生思想政治教育[M]. 上海：上海出版社，1984.

[32] 潘懋元. 高等教育学[M]. 北京：人民教育出版社，1985.

[33] 韦伯. 组织理论与管理[M]. 罗理平，等，译. 台湾：桂冠图书出版社，1985.

[34] 陆庆壬. 思想政治教育学原理[M]. 上海：复旦大学出版社，1986.

[35] 王昌华，杨滨章，李效民. 政治辅导员工作概论[M]. 哈尔滨：黑龙江人民出版社，1986.

[36] 光明日报学校教育部. 五论加强高校思想政治工作[M]. 北京：中国国际广播出版社，1989.

[37] 张蔚萍. 新编思想政治工作概论[M]. 北京：中共中央党校出版社，1989.

[38] 芮明杰，孙远. 思想·心理·行为——思想政治工作学探索[M]. 重庆：重庆出版社，1990.

[39] 陆庆壬. 思想政治教育学原理[M]. 北京：高等教育出版社，1991.

[40] 祈福良. 中国高等教育改革大事记（1978—1989）[M]. 上海：同济大学出版社，1991.

[41] 本书编委会. 中国学生教育管理大辞典[Z]. 北京：北京师范学院出版社，1991.

[42] 张澍军. 市场经济条件下青年学生思想政治教育导论[M]. 长春：东北师范大学出版社，1996.

[43] 张蔚萍. 社会主义市场经济条件下思想政治工作新课题研究[M]. 北京：中共中央党校出版社，1997.

[44] 周三多. 管理学原理与方法[M]. 上海：复旦大学出版社，1997.

[45] 杨春如. 高校政治辅导员工作概论[M]. 长沙：湖南大学出版社，1997.

[46] 张耀灿，陈万柏. 社会主义市场经济条件下思想政治工作领导研究[M]. 武汉：华中师范大学出版社，1999.

[47] 刘书林，陈立思. 青年思想政治教育学原理[M]. 北京：中国青年出版社，1999.

[48] 郑永廷. 思想政治教育方法论[M]. 北京：高等教育出版社，1999.

[49] 邱伟光，张耀灿. 思想政治教育学原理[M]. 北京：高等教育出版社，1999.

[50] 陈秉公. 21世纪思想政治教育工作创新理论体系[M]. 长春：吉林教育出版社，2000.

[51] 张耀灿，郑永廷，刘书林，等. 现代思想政治教育学[M]. 北京：人民出版社，2001.

[52] 郝邦增，吴惟义，张志尧. 面向21世纪的高等学校学生工作[M]. 天津：南开大学出版社，2001.

[53] 谌新民，徐汪齐. 员工培训方案[M]. 广州：广东经济出版社，2002.

[54] 安鸿章. 现代企业人力资源管理：第二版[M]. 北京：中国劳动社会保障局出版社，2003.

[55] [英]KAREN HOLEMS，CORINNE LEECH，等. 自我开发与团队管理[M]. 天象互动教育中心，编译. 北京：中央广播电视大学出版社，2003.

[56] 彭庆红. 失调与变革——高等学校思想政治工作队伍建设研究[M]. 北京：知识产权出版社，2004.

[57] 罗洪铁，董娅. 思想政治教育原理与方法基础理论研究[M]. 北京：人民出版社，2005.

[58] 黄蓉生，邓卓明. 青年思想政治教育专论[M]. 北京：中央文献出版社，2005.

[59] 张晓林，胡玲翠. 新时期辅导员工作研究[M]. 陕西：西安地图出版社，2005.

[60] 赵耀. 组织中的招聘管理[M]. 北京：中国劳动社会保障局出版社，2005.

[61] [美]斯蒂芬·P. 罗宾斯. 组织行为学：第七版[M]. 孙健敏，李原，译. 北京：中国人民大学出版社，2005.

[62] 陈秉公. 思想政治教育学[M]. 长春：吉林大学出版社，2006.

[63] 张耀灿，等. 思想政治教育学前沿[M]. 北京：人民出版社，2006.

[64] 杨振斌，冯刚. 高等学校辅导员培训教程[M]. 北京：高等教育出版社，2006.

[65] 陈立民. 高校辅导员理论与务实[M]. 上海：中国言实出版社，2006.

[66] [美]杰弗里·H. 格林豪斯，等. 职业生涯管理[M]. 王伟，译. 北京：清华大学出版社，2006.

[67] 吴志明. 招聘与选拔务实手册[M]. 北京：机械工业出版社，2006.

[68] 张文强. 高校辅导员职业化研究[M]. 郑州：河南大学出版社，2007.

[69] 广东省高校学生工作专业委员会. 辅导员制度的设计与选择[M]. 广州：中山大学出版社，2007.

[70] 张德. 组织行为学[M]. 北京：高等教育出版社，2007.

[71] 曲建武. 高校辅导员队伍建设的理论与实践[M]. 大连：大连理工大学出版社，2008.

[72] 王书会. 现代高校辅导员工作理论与实务[M]. 成都：四川科学技术出版社，2008.

[73] 石云霞. 中国共产党思想理论教育30年（1978—2008）[M]. 北京：高等教育出版社，2008.

[74] 赵智奎. 改革开放30年思想史[M]. 北京：人民出版社，2008.

[75] 唐家良. 高校辅导员队伍专业化建设与成长[M]. 现代教育出版社，2008.

[76] 杜向民，黎开谊. 嬗变与开新——高校辅导员队伍制度发展研究[M]. 北京：中国社会科学出版社，2009.

[77] 黄林芳，王淑范，罗山鸿. 高校辅导员队伍建设机制论[M]. 上海：上海财经大学出版社，2009.

[78] 刘海春. 高校辅导员职业生涯发展教程[M]. 北京：人民出版社，2009.

[79] 王传中、朱伟. 辅导员工作指南[M]. 武汉：武汉大学出版社，2009.

[80] 李德芳. 中国共产党思想政治教育史料选编[M]. 湖北：武汉大学出版社，2009.

[81] 侯慧君. 高校学生工作内容与机制系统设计[M]. 北京：经济科学出版社，2009.

[82] 广东省高校学生工作专业委员会. 高校辅导员的校本培训[M]. 广州：中山大学出版社，2009.

[83] 教育部思想政治工作司. 全国高校辅导员先进事迹选编[M]. 北京：中国人民大学出版社，2009.

[84] 教育部思想政治工作司. 全国高校辅导员工作创新论坛文集[M]. 北京：中国人民大学出版社，2009.

[85] [美]弗罗伦斯，等. 学生事务实践基础哲学、伦理、教育成果强化[M]. 游敏惠，等，译. 成都：四川大学出版社，2009.

[86] 张再兴. 高校辅导员队伍建设理论与实践[M]. 北京：人民出版社，2010.

[87] 冯刚，等. 辅导员队伍专业化建设理论与实务[M]. 北京：中国人民大学出版社，2010.

[88] 朱正昌. 高校辅导员队伍建设研究[M]. 北京：人民出版社，2010.

[89] 项久雨. 思想政治教育价值论[M]. 北京：中国社会科学出版社，2010.

[90] 胡金波. 高校辅导员职业化发展研究[M]. 苏州：苏州大学出版社，2010.

[91] 王小红. 高校辅导员工作的理论与实践[M]. 北京：北京大学出版社，2010.

[92] 林蕙青. 高校辅导员队伍建设与工作创新及技能达标考核实用手册[M]. 北京：高等教育出版社，2010.

[93] 黄晓波. 学生工作专业化系统与辅导员核心能力构建[M]. 北京：北京师范大学出版社，2010.

[94] 陈述，等. 中国共产党执政历程（1976—2011）：第三卷[M]. 北京：人民出版社，2011.

[95] 周家伦，等. 高校辅导员——理论、务实与开拓[M]. 上海：同济大学出版社，2011.

[96] 耿乃国，等. 高校辅导员工作理论与实务[M]. 北京：北京师范大学出版社，2011.

[97] 邱进，卢黎歌，等. 机制、创新、长效：高校辅导员队伍建设研究[M]. 西南交通大学出版社，2012.

[98] 翁铁慧. 高校辅导员队伍建设论纲[M]. 人民教育出版社，2014.

[99] 贝静红. 高校辅导员队伍专业化发展研究[M]. 湖北：武汉大学出版社，2016.

[100] 叶绍灿. 高校辅导员队伍建设研究[M]. 合肥工业大学出版社，2016.

[101] 杨德广. 高等学校学生政工队伍建设刍议[J]. 高等教育研究. 1984（12）：61.

[102] 陈国祥. 高校学生政工队伍建设刍议[J]. 江苏高教. 1985（6）：69.

[103] 江苏省高教局. 南京师院评选优秀政治辅导员[J]. 人民教育. 1986（6）：51.

[104] 鲁大安. 他一心扑在学生思想政治工作上——记华中农业大学政治辅导员鲁先发[J]. 中国高等教育. 1986（9）：25-30.

[105] 黄飞、吴明寿、冯婉娥. 高校专职政治辅导员心理需求调查分析[J]. 高教探索. 1987（3）：81-84.

[106] 林茜. 浅谈大学的青年辅导员[J]. 青年探索. 1988（3）：36.

[107] 王玉华. 社会主义市场经济与高校辅导员队伍建设[J]. 教育科学，1996（1）：47.

[108] 杨波，张春侠，吕宝云. 新时期高校辅导员队伍建设的现状及对策[J]. 思想政治教育研究，1998（4）：15-16.

[109] 何东昌. 思想理论教育要面向时代[J]. 思想理论教育导刊，1999（10）：10.

[110] 胡沐辉. 关于新时期高校辅导员素质的思考[J]. 学校党建与思想教育，2005（11）：78-79.

[111] 肖辉. 当前高校辅导员队伍的现状分析与对策[J]. 高教论坛，2006（1）：108-110.

[112] 彭庆红. 高校辅导员素质结构模型的构建[J]. 清华大学教育研究. 2006（3）.

[113] 廖济忠，徐建军. 结构转型：高校辅导员队伍专业化建设的关键[J]. 现代大学教育，2006（4）：92-93.

[114] 汤秀娟. 高校政治辅导员激励管理对策论[J]. 广西民族大学学报：哲学社会科学版，2006（5）：165-167.

[115] 梁金霞，徐丽丽. 完善制度健全机制推动辅导员队伍健康发展——全国103所高校辅导员队伍建设状况调研报告[J]. 国家教育行政学院学报，2006（6）：83.

[116] 辅导员：充满活力的光荣事业[N]. 光明日报，2006-6-21（7）.

[117] 童静菊. 高校辅导员队伍建设的回顾与展望[J]. 学校党建与思想教育，2006（8）：76-77.

[118] 欧洪湛. 高校辅导员制度的历史与现状[J]. 中国德育，2006（9）：51-53.

[119] 施小明. 高校辅导员队伍建设面临的问题与对策[J]. 思想教育研究，2006（10）：51-53.

[120] 潘思维，杨明亨. 人力资源开发理论的演进[J]. 西南民族大学学报：人文社科版，2006（11）：247.

[121] 孙其昂，魏永军. 高校"职业辅导员"的理念与队伍建设[J]. 思想政治教育研究，2007（1）：109.

[122] 朱平. 高校辅导员的职业化、专业化解读[J]. 安徽师范大学学报：人文社科版，2007（2）：218-223.

[123] 张立兴. 高校辅导员队伍建设的机制设计与创新[J]. 思想政治教育研究，2007（5）：85-86.

[124] 王道阳. 我国高校政治辅导员制度的历史演变[J]. 思想教育研究，2007（5）：31-32.

[125] 罗涤，姚木远. 高校辅导员的职业倦怠状况与对策[J]. 中国青年研究，2007（6）：84-85.

[126] 刘淑英. 高校辅导员队伍专业化的几点思考[J]. 思想理论教育导刊，2007（7）：64.

[127] 侯慧君. 注重培养优化管理促进辅导员队伍专业化建设[J]. 思想教育研究，2007（7）：30.

[128] 唐文红. 高校辅导员专业化培训探讨[J]. 学校党建与思想教育，2007（7）：7.

[129] 王政书等. 高校辅导员选聘模式研究[J]. 思想理论教育导刊，2007（8）：65-68.

[130] 谭书敏. 成都理工大学创新高校辅导员队伍建设的模式[J]. 思想教育研究，2007（9）：39-40.

[131] 李卫红. 抓住根本 立德树人 切实把高校辅导员队伍建设提高到一个新的水平[J]. 思想理论教育导刊，2007（11）：14.

[132] 彭庆红. 试论高校辅导员队伍的专业化建设[J]. 北京科技大学学报：社会科学版，2007（12）：148-152.

[133] 程祥国. 高校辅导员队伍建设对策研究[J]. 学校党建与思想教育，2008（4）：76-77.

[134] 苏振芳. 关于高校辅导员培训和研修的若干思考[J]. 思想理论教育导刊，2008（4）：74-77.

[135] 卢吉超，张乃琴，徐义圣. 高校辅导员培训路径拓展研究——以上海高校为例[J]. 思想理论教育，2008（5）：85-86.

[136] 贾万平，等. 我国辅导员制度的历史发展及其基本经验[J]. 教育研究，2008（5）：42-43.

[137] 翁铁慧. 建设高素质的辅导员队伍：科学化模式、专业化培养、多样化发展[J]. 思想理论教育，2008（5）：6-7.

[138] 王永智，陈中奇. 加强辅导员队伍专业化、职业化建设的调查与思考[J]. 思想理论教育导刊，2008（7）：83-85.

[139] 朱孔军，林伟庭. 从两难选择到整合协调——辅导员队伍专业化建设的现实问题思考[J]. 思想教育研究，2008（7）：52-54.

[140] 柴文英，徐耀鉴. 高校辅导员专业化培养研究[J]. 学校党建与思想教育，2008（12）：58.

[141] 赵正元. 北京高校辅导员大有干头[N]. 中国教育报，2008-12-12（1）.

[142] 许小东，黄军伟. 校本培训：高校辅导员专业化建设的有效途径[J]. 思想教育研究，2009（1）：76-78.

[143] 曹麒麟，李向成. 高校辅导员职业生涯发展的对策研究[J]. 思想理论教育导刊，2009（2）：107-108.

[144] 彭庆红. 论高校辅导员队伍建设的模式[J]. 北京科技大学学报：社会科学版，2009（3）：147.

[145] 陈珠琳，姚溱，林禄水. 试论高校辅导员职业生涯管理[J]. 思想教育研究，2009（3）：59.

[146] 刘刚. 我国高校辅导员制度的历史演进[J]. 思想政治教育研究，2009（4）：112-114.

[147] 张力兴. 高校辅导员制度的沿革进程考察[J]. 思想理论教育导刊，2009（4）：117-121.

[148] 周先进，张亚南. 高校辅导员队伍建设的现状及优化思路——以湖南省95所普通高校为研究对象[J]. 湖南农业大学学报：社会科学版，2009（4）：57.

[149] 周倩. 建立高校辅导员培训质量评估制度的构想[J]. 大学教育科学，2009（4）：76.

[150] 朱玉华，李永山. 安徽省高等学校辅导员队伍专业化建设探索——基于安徽93所高校辅导员队伍建设自查报告分析[J]. 安徽大学学报：哲学社会科学版，2009（6）.

[151] 许欢，朱海龙. 高校辅导员绩效管理实践偏差性研究——基于广东部分高校的调查[J]. 现代教育管理，2009（9）：61-63.

[152] 蒋丽琳,覃干超.高校辅导员柔性管理机制构建探讨[J].学校党建与思想教育,2009(11):55-56.

[153] 姚植兴,陈国柱.高校辅导员队伍的传承性及其实现研究[J].思想教育研究,2010(2):74.

[154] 朱伟.高校辅导员队伍建设的国际化维度[J].思想理论教育,2011(2).

[155] 彭翠峰.基于职业化专业化的高校专职辅导员管理模式新探[J].高教探索,2010(2):132-135.

[156] 董洪亮.高校辅导员——做好青春领路人[N].人民日报,2010-4-9(18).

[157] 王娟.论辅导员资格准入制度的内容体系和实施策略[J].思想理论教育,2011(1).

[158] 曲长海.试析高校辅导员专业化建设的自我实现[J].黑龙江高教研究,2011(1).

[159] 胥海军,章曰春.新形势下完善高校辅导员制度的现实考量[J].学校党建与思想教育,2011(2).

[160] 李志强,王宏翔.论高校辅导员的素质建设[J].学校党建与思想教育,2011(3).

[161] 杜向民.进一步推进高校辅导员职业化发展路径研究[J].高校理论战线,2011(3).

[162] 徐瑾.高校辅导员职业生涯发展内驱力研究[J].思想理论教育,2011(4).

[163] 张爱林,周亚夫.高校辅导员的知识结构及其优化[J].思想教育研究,2011(4).

[164] 张宏如.高校辅导员职业能力研究[J].思想理论教育导刊,2011(7).

[165] 韩丽颖,杨晓慧.新时期高校辅导员队伍建设的回顾与展望[J].思想理论教育,2012(01).

[166] 蒋德勤.高校加强辅导员队伍建设三个维度[J].思想理论教育导论,2012(02).

[167] 谢守成,叶雷.多学科视野下高校辅导员队伍建设[J].高校理论战线,2012(07).

[168] 刘翔.关于当前高校辅导员队伍建设的几点思考[J].思想理论教育导刊,2013(06).

[169] 曲建武.立德树人与高校辅导员队伍建设[J].思想教育研究,2013(07).

[170] 房玲.近三十多年来高校辅导员队伍建设研究概况[J].江苏高教,2014(09).

[171] 张彦.管理理念视域下的高校辅导员队伍建设研究[J].黑龙江高教研究,2015(05).

[172] 王飞飞.地方高校辅导员队伍建设中的问题与对策[J].思想理论教育导刊,2016(01).

[173] 唐文红.浅析高校辅导员队伍建设政策执行面临的现实问题及对策[J].思想教育研究,2016(12).

[174] 庄波.新中国成立以来高校辅导员队伍建设的历史演进及启示[D].济南:山东大学,2008.

[175] 赵君. 新时期我国高校思想政治教育管理队伍建设研究[D]. 武汉：华中师范大学，2008.

[176] 靳玉军. 高校辅导员素质开发研究[D]. 重庆：西南大学，2008.

[177] 张立鹏. 应然 实然 适然：我国高校辅导员角色的三维思考[D]. 石家庄：河北师范大学，2012.

[178] 李晓娟. 高校辅导员工作学基本问题研究[D]. 重庆：西南大学，2012.

[179] 刘世勇. 高校辅导员职业认同研究[D]. 北京：中国地质大学，2014.

[180] 赵海丰. 高校辅导员制度的演进与发展趋势研究[D]. 沈阳：辽宁大学，2014.

[181] 杨亚庚. 我国高校辅导员职业发展研究[D]. 长春：东北师范大学，2015.

[182] 李鹏. 我国高校辅导员队伍专业化职业化建设研究[D]. 北京：中国矿业大学，2015.

[183] 韩泽春. 基于高校辅导员专业化的教育知识管理研究[D]. 长春：东北师范大学，2015.

[184] 郑晓娜. 高校辅导员职业化研究[D]. 沈阳：辽宁大学，2015.

[185] 何萌. 高校辅导员核心能力建设问题研究[D]. 济南：山东大学，2016.

[186] 基于团队角色理论的高校辅导员胜任力提升研究[D]. 重庆：西南大学，2016.

[187] ACPA（American College Personnel Association）. Journal of College Student Development. March/April，37（2）Vol. 37，No.

[188] KATHLEEN E. ALLEN，ELLIOTT L. GARB. Reinventing Student Affairs：Somsthing Old and Something New. NASPA Journal，Vol. 30，No. 2，1993.

[189] MARGARET J. BARR. The Handbook of Student Affairs Adminnistration，Jossey-Bass，1993.

[190] ROGER B. WINSTON，SCOTT ANCHORS. Student Housing and Residential Life. The Jossey-Bass Higher and Adult Education Series，1994.

附 录

附录一　全国高校辅导员队伍建设状况调查问卷

尊敬的辅导员朋友：

您好！

高校辅导员队伍是大学生思想政治教育的骨干力量和组织保证。为从基层一线了解我国辅导员队伍建设的真实状况，并据以进行科学分析研究，为党和政府制定相关政策提供科学依据及合理建议。我们特意开展此次问卷调查。

本次调查匿名填写，敬请您实事求是、毫不隐讳地将您对高校辅导员队伍建设的认识与感受、愿望和需求尽情倾诉。

衷心感谢您的精诚合作！

高校辅导员队伍建设调查小组

说明：

① 在未明确标志的情况下，均为单选；其余均为多选，请您将对应字母填写在【　　】之内；

② 表格中请您根据自身的体悟和感受在相应的空格内划"√"！

一、基本情况

Q001. 您的性别【　　】

A. 男　　　　　　　B. 女

Q002. 您的年龄【　　】

A. 30 岁及以下　　B. 31～40 岁　　C. 41～50 岁　　D. 50 岁以上

Q003. 您的政治面貌【　　】

A. 中共党员　　　B. 共青团员　　C. 民主党派成员　　D. 群众

Q004. 您的最高学历【　　】

A. 博士　　　　　B. 硕士　　　　C. 大学本科　　　　D. 专科及以下

Q005. 您现在的行政职务【　　】

A. 副科及以下　　B. 正科　　　　C. 副处　　　　　　D. 正处

Q006. 您现在的专业技术职务【　　】

A. 初级及以下　　B. 中级　　　　C. 副高　　　　　　D. 正高

Q007. 您从事辅导员工作专兼职情况【　　】
　　A. 专职　　　　　　　B. 兼职
Q008. 您从事辅导员工作的时间【　　】
　　A. 1~2 年　　　　　　B. 3~4 年　　　　　　C. 5~10 年
　　D. 11~20 年　　　　　E. 20 年及以上
Q009. 您的专业背景（1）您的第一专业【　　】；（2）您的最后专业【　　】
　　A. 哲学　　　　　　　B. 经济学　　　　　　C. 教育学
　　D. 思想政治教育　　　E. 法学（非思想政治教育）
　　F. 文学　　　　　　　G. 艺术　　　　　　　H. 历史学
　　I. 管理学　　　　　　J. 理工农医军等
您所在的高校属于
Q010【　　】A. 综合性大学　　　B. 单科性或单科为主的大学
Q011【　　】A. 教育部直属　　　B. 其他部委所属　　　C. 省、市或其他地区所属
Q012【　　】A. 985 院校　　　　B. 211 院校　　　　　C. 其他院校
Q013【　　】A. 重点本科院校　　B. 普通本科院校　　　C. 高职高专院校

二、素质能力

序号	1. 您对自身素质能力的分析和评价	完全具有	基本具有	具有	部分具有	欠缺很多
Q014	科学的世界观、人生观、价值观以及严谨的思维方式					
Q015	政治信念坚定、政治立场鲜明、政治纪律严明、政治鉴别力敏锐					
Q016	全心全意为学生服务的奉献精神和敬业精神					
Q017	马列主义、毛泽东思想和中国特色社会主义理论等基础扎实					
Q018	思想政治教育等相关专业知识扎实和德育科研能力强					
Q019	教育学、管理学、伦理学、心理学和职业生涯等相关知识较为了解					
Q020	身体健康，精力充沛，具有良好的情绪控制力和心理调适能力					
Q021	在宣传、教育、管理等中，总能清晰、准确地表达自己的观点					

2. 您在相关专业的科学研究中主持过何种级别的研究项目（多选）【　　】
　　Q022-A. 国家社会科学基金项目　　　Q023-B. 教育部人文社科基金项目
　　Q024-C. 省市级社科项目　　　　　　Q025-D. 校级相关课题
　　Q026-E. 没有主持任何研究项目

3. 最近三年（不包括求学期间）内，您公开发表关于学生工作的学术论文是：Q027（1）CSSCI 等学科级核心期刊【　　】；Q028（2）普通核心期刊【　　】；Q029（3）一般期刊【　　】
　　A. 一篇　　　　　　B. 两篇　　　　　　C. 三篇及以上　　　　　　D. 没有发表

三、认识感受

Q030-4. 每学期您一周的工作时间约为【 　 】
A. 40 小时以下　　　　B. 41~50 小时　　　　C. 51~60 小时
D. 61~70 小时　　　　E. 70 以上

序号	5. 您从事学生工作以来的职业体验和感受	完全符合	基本符合	符合	不太符合	完全不符
Q031	您所在省市教育主管部门等高度重视高校辅导员队伍建设					
Q032	贵校领导高度重视辅导员队伍建设					
Q033	贵校全员育人氛围良好，学校领导、管理人员和专业教师都高度重视大学生思想政治教育					
Q034	贵校高度重视思想政治理论课等主渠道建设，且学生教育效果良好					
Q035	贵校班主任对学生的思想、学习和生活等方面指导效果良好					
Q036	您觉得您所在院系学生工作专职领导（如党总支书记或副书记等）对您的成长、发展和工作上的指导能够提供有益的帮助					

6. 您觉得辅导员队伍职业压力主要来源于（多选）【 　 】

Q037-A. 社会各界对辅导员的期望　　　Q038-B. 学位水平和科研能力的提

Q039-C. 复杂的人际关系　　　　　　Q040-D. 自身素质与工作需要存在差距

Q041-E. 个人发展得不到基本保障　　　Q042-F. 学生意外事件

7. 您对辅导员工作的评价（多选）【 　 】

Q043-A. 工作任务太重，加班时间太多　　Q044-B. 工作职责界限模糊

Q045-C. 学生教育管理难度增加　　　　Q046-D. 工作没有得到应有肯定和尊重

Q047-E. 工作条件和环境差　　　　　　Q048-F. 其他_____

8. 辅导员队伍存在的主要问题有（多选）【 　 】

Q049-A. 辅导员队伍结构不够合理

Q050-B. 辅导员队伍的职业认同度低，队伍稳定性差

Q051-C. 辅导员队伍整体素质偏低

Q052-D. 辅导员队伍内部交流配合不够，团队能力不强

Q053-E. 辅导员队伍的职业胜任力较弱

Q054-F. 其他_____

9. 贵校辅导员队伍建设存在的突出困难有（多选）【 　 】

Q055-A. 辅导员队伍的数量配备不足　　Q056-B. 辅导员队伍的准入标准不一

Q057-C. 辅导员队伍的培训效果不佳　　Q058-D. 辅导员队伍的评价考核不公

Q059-E. 辅导员队伍的保障激励乏力　　Q060-F. 其他

10. 根据您的感受，新阶段高校辅导员队伍建设取得了哪些显著的成绩（多选）【　　】

　　Q061-A. 配置比例逐步合理　　　　Q062-B. 准入条件逐步提高

　　Q063-C. 条件待遇逐步改善　　　　Q064-D. 自身发展逐步加强

　　Q065-E. 理论研究不断深化　　　　Q066-F. 制度建设不断完善

　　Q067-G. 思想认识不断提高　　　　Q068-H. 育人效果逐步显现

　　Q069-I. 其他_____

四、组织建设

　　Q070-11. 您所带学生总数【　　】

　　A. 100人以下　　　　B. 101~200人　　　　C. 201~300人

　　D. 301~400人　　　　E. 400以上

　　Q071-12. 贵校当前辅导员队伍配备模式主要是【　　】

　　A. 专职模式　　　　　B. 专兼结合，以专为主

　　C. 专兼结合，以兼为主　　D. 兼职模式

　　Q072-13. 您聘任为辅导员是哪种用工形式【　　】

　　A. 事业编制　　　　B. 人事代理　　　　C. 其他

14. 除承担专职或兼职辅导员本质工作职责之外，您还承担了（多选）【　　】

　　Q073-A. 形势与政策、职业规划等教学　　Q074-B. 专业课程教学

　　Q075-C. 思想政治理论课教学　　　　　Q076-D. 行政党政工作

　　Q077-E. 工会工作　　　　　　　　　　Q078-F. 没有承担其他工作

　　Q079-G. 其他_____

15. 您对高校辅导员队伍建设组织管理机构（如专职辅导员专业技术职务聘任委员会或培训机构等）主要职能的评价（多选）【　　】

　　Q080-A. 帮助辅导员成长提高，维护辅导员队伍权益

　　Q081-B. 营造辅导员成长、发展的组织文化环境

　　Q082-C. 负责选拔、培养、考核、发展等制度的制定和实施

　　Q083-D. 指导和协助辅导员开展工作

　　Q084-E. 形同虚设，除考核管理外，没有切实维护辅导员的利益

　　Q085-F. 没有专门设置管理机构

16. 贵校关于辅导员队伍组织文化建设有哪些措施（多选）【　　】

　　Q086-A. 成立专门的辅导员协会　　　Q087-B. 开发工作的数据库和网络学习平台

　　Q088-C. 开展辅导员沙龙　　　　　　Q089-D. 搭建辅导员队伍科研平台

　　Q090-E. 建立网上交流沟通的平台（如QQ群、论坛等）　　Q091-F. 其他

　　Q092-17. 当初您选择辅导员这一职业的动机【　　】

　　A. 乐意从事学生工作　　　　B. 感觉辅导员政策较优惠

　　C. 为转岗或考研搭建平台　　D. 迫不得已的暂时选择

　　E. 其他_____

Q093-18. 您对自己所从事高校辅导员职业的态度【　　】

A. 热爱辅导员职业，打算终生从事　　B. 担任辅导员期间，尽职尽责

C. 把辅导员职业当作谋生手段　　　　D. 有适当机会就会转行

E. 无所谓，干什么都一样　　　　　　F. 希望尽快转行

序号	19. 您对高校辅导员组织和职业认同感受	非常赞同	比较赞同	赞同	不太赞同	极不赞同
Q094	当有机会转入专业教师、管理岗位时，您会继续留任辅导员职业					
Q095	如果您最亲最爱的人（如配偶或子女等）转岗或就业时，您乐意支持他们从事辅导员职业					
Q096	我为自己是一名高校辅导员而感到骄傲					
Q097	贵校辅导员队伍内部交流配合密切，团队氛围和谐					
Q098	贵校在引进辅导员方面能够像引进教学、科研骨干那样帮助解决其住房问题、配偶就业问题					

五、制度建设

序号	20. 您对贵校辅导员队伍制度建设的总体评价	完全符合	基本符合	符合	不太符合	完全不符
Q099	辅导员选拔机制健全，能科学遴选适合岗位职责的优秀人才					
Q100	辅导员队伍培训机制科学，能促进辅导员职业能力提升					
Q101	辅导员评价考核机制客观公正，能真实反映辅导员队伍工作业绩					
Q102	辅导员队伍的激励保障机制落实到位，能充分调动辅导员的工作积极性和主动性					
Q103	辅导员队伍建设的领导体制科学，能真正贯彻落实上级规定，辅导员队伍建设成就显著					

Q104-21. 您觉得是否应建立全国或省市相对统一的辅导员职业准入指标体系【　　】

A. 是　　　　　　B. 否

22. 当您在选拔担任辅导员时做过哪些入职测试（多选）【　　】

Q105-A. 情景模拟测评（如小组讨论、文件筐测验等）

Q106-B. 面试（一般、情景及行为面试）

Q107-C. 心理测验（如职业能力倾向、个性或职业兴趣测验）

Q108-D. 专业理论笔试

23. 您对贵校在辅导员选拔的评价（多选）【　　】

Q109-A. 辅导员队伍招聘渠道丰富，参与广泛、竞争公平

Q110-B. 选拔程序公开、公正、公平

附录 *

Q111-C. 建立基于岗位胜任力模型的职业准入标准

Q112-D. 运用人才测评技术，提高选拔的质量

24. 您最近五年参加培训的情况 Q113（1）教育部辅导员骨干培训等【　　】；Q114（2）省市辅导员基地培训等【　　】；Q115（3）校内相关培训【　　】

　　A. 一次　　　　　　　　　B. 两次　　　　　　　　C. 三次

　　D. 四次及以上　　　　　　E. 没有参加

25. 根据您的感受，您觉得高校辅导员队伍培训的内容应侧重于（多选）【　　】

Q116-A. 思想政治理论基础　　　　　Q117-B. 辅导员工作相关学科知识

Q118-C. 辅导员工作实用技能　　　　Q119-D. 理想信念和职业道德培训

Q120-E. 科学研究和工作创新能力　　Q121-F. 其他_____

序号	26. 您对当前高校辅导员队伍培训的评价	非常符合	比较符合	符合	不太符合	说不清
Q122	培训缺乏长远目标、整体规划和科学制度，培训效果不明显					
Q123	缺少培训需求分析，培训内容的针对性不强					
Q124	辅导员培训期间管理考核严格					
Q125	辅导员培训方式灵活多样，如案例研讨、实战模拟、网上学习和移动学习等					
Q126	注重自我开发，能利用业余时间进行自我教育、自主学习					

Q127-27. 您每周用于自学的时间约为【　　】

　　A. 5 小时内　　　　B. 6～10 小时　　　　C. 11～20 小时　　　　D. 20 小时以上

序号	28. 您对贵校辅导员队伍发展的评价	非常符合	比较符合	符合	不太符合	说不清
Q128	制定基于学校发展和辅导员队伍发展战略规划					
Q129	实施基于岗位胜任力的能力素质开发项目					
Q130	为辅导员队伍设计职业生涯发展体系					
Q131	针对辅导员个体进行职业生涯发展辅导					
Q132	学校制订并实施了专门针对辅导员队伍职称评定和职务（级）晋升的制度					

Q133-29. 您觉得提升辅导员队伍职业核心能力最好的途径是【　　】

A. 教育部辅导员骨干培训　　　　　B. 省市辅导员基地培训

C. 系统的校本培训　　　　　　　　D. 专业学位提升（如硕士、博士学位）

E. 国内外交流考察　　　　　　　　F. 校际轮岗或校外挂职锻炼

G. 工作实践中探索、反思和总结　　H. 建立学习型组织

I. 其他

Q134-30. 您认为高校目前对辅导员的考核制度中存在的突出问题是【　　】

A. 考核内容不够全面　　　　　B. 考评指标无法量化

C. 考核方法不够科学　　　　　D. 考核程序不够公开

E. 考评结果意义不大　　　　　F. 其他_____

序号	31. 您对贵校对辅导员考核指标内容的评价	非常重视	比较重视	重视	不太重视	很不重视
Q135	辅导员自身的思想政治道德素质					
Q136	工作效益指标和工作任务的完成					
Q137	工作表现和工作作风					
Q138	辅导员获优获奖以及论文科研情况					
Q139	辅导员负责学生获优获奖情况					

32. 贵校对考评不合格的辅导员采取的措施是（多选）【　　】

Q140-A. 批评教育，帮助改进　　　　Q141-B. 降低工作津贴

Q142-C. 转岗　　　　　　　　　　Q143-D. 取消辅导员任职资格

Q144-E. 从学校开除　　　　　　　Q145-F. 没有实质性的惩罚

序号	33. 您对贵校辅导员工作考核的评价	非常符合	比较符合	符合	不太符合	说不清
Q146	建立并实施辅导员工作过程中的监督和指导机制					
Q147	采用科学的考核测评方法，如 360°、KPI（关键绩效指标）、BSC（平衡计分卡）等，以保证考核结果的客观性					
Q148	公开考核程序，使其公正、透明					
Q149	建立考核结果反馈制度和绩效差距分析制定绩效改进计划					
Q150	考核结果与薪酬福利、职业发展等有机结合					

Q151-34. 您平均每个月税后总收入约为【　　】

A. 2000 元及以下　　　B. 2001～3000 元　　　C. 3001～4000 元

D. 4001～5000 元　　　E. 5000 元以上

Q152-35. 相对于您在单位的工作贡献，您对目前的收入水平【　　】

A. 很满意　　　　B. 比较满意　　　　C. 还可以

D. 不太满意　　　E. 很不满意

Q153-36. 您的经济状况在本单位属于【　　】

A. 上等　　　　　　　B. 中上等　　　　　　C. 中等

D. 中下等　　　　　　E. 下等

Q154-37. 您对学校辅导员工资、福利分配办法的评价是【　　】

A. 分配机制科学合理，能充分体现个人能力与贡献的差异

B. 平均主义，大锅饭现象依然存在

C. 固定成分太大，激励性不强

D. 差距悬殊，两极分化现象严重

38. 您认为激励辅导员长期从事辅导员职业最有效的措施为（多选）【　　】

Q155-A. 提高经济、福利待遇　　　　　Q156-B. 解决职称评定和职务（级）晋升

Q157-C. 提供教育培训机会　　　　　　Q158-D. 完善制度建设，科学队伍管理

Q159-E. 加强队伍思想教育和人文关怀　Q160-F. 其他_____

序号	39. 对贵校辅导员队伍建设落实情况的评价	非常赞同	比较赞同	赞同	不太赞同	极不赞同
Q161	贵校能认真落实中央16号文件，大学生思想政治教育效果良好					
Q162	贵校能认真落实教育部24号令，辅导员队伍建设效果良好					
Q163	贵校学生管理的各项制度健全，大学生思想政治教育氛围浓厚					
Q164	高校辅导员队伍建设的理论研究薄弱					
Q165	为了更好落实辅导员队伍建设相关文件，迫切需要建立辅导员队伍建设的监督机制					

Q166-40. 您对当前加强高校辅导员队伍建设还有哪些宝贵的建议和意见？_____

_____

_____

再次感谢您的支持，并对您的辛勤付出致以崇高的敬意！

附录二　高校辅导员队伍建设访谈内容提要

1. 您觉得贵校及所在省市相关领导是否高度重视高校辅导员队伍建设,并采取了切实措施加以推进?

2. 您觉得当前高校辅导员队伍能否满足大学生日常思想政治教育与管理的客观需要,原因何在?

3. 您认为影响高校辅导员工作积极性和育人效果的因素有哪些?

4. 您认为当前高校辅导员队伍建设工作中存在哪些问题?

5. 您对高校辅导员队伍建设还有哪些建议和意见?

附件三　高校辅导员队伍建设开展问卷调查负责人名单

序号	省（区、市）	学校	负责人员
1	重庆	重庆邮电大学等	柏　杨
2	四川	成都理工大学	陈正芬
3	贵州	贵州工业职业技术学院	龙明堂
4	云南	云南艺术学院等	邵清友
5	西藏	西藏医学院等	高　明
6	陕西	陕西教育学院等	黄海涛
7	甘肃	兰州交通大学	王晓强
8	青海	青海大学	玄令增
9	宁夏	宁夏医科大学等	姜　红
10	新疆	塔里木大学等	孟　琪
11	广西	广西大学	李海平
12	内蒙古	内蒙古赤峰学院等	娜　仁
13	山西	山西大学	张　序
14	吉林	东北师范大学等	柏　露
15	黑龙江	黑龙江大学	周成刚
16	安徽	蚌埠医学院等	乔　凯
17	江西	南昌航空大学等	张文仙
18	河南	河南中医学院等	庞亚宾
19	湖北	中南财经政法大学	林　杰
20	湖南	湖南师范大学等	向延娥
21	北京	北京第二外国语学院	郝青梅
22	天津	南开大学	季　芳
23	河北	河北大学	赵福祯
24	辽宁	辽宁大学、铁岭师范高等专科学院等	姜涛、谷今
25	上海	同济大学	严长征
26	江苏	南京林业大学	陈　平
27	浙江	浙江工商大学	姜　兵
28	福建	集美大学	林嫦娥
29	山东	山东理工大学	李　涛
30	广东	中山大学	林　忻
31	海南	海南大学等	陈秀妍

后 记

播下一颗种子，期冀嫩芽破土而出；守望一抹嫩绿，期冀果实挂满枝头！毕业的钟声即将敲响，震动着双翼却不忍远航。回首在西南大学攻读博士学位期间的一千余个日日夜夜，此刻，有太多的感激与感动，有太多的表白与承诺，谨以此书写心中最圣洁、最诚挚的感激与感谢，聊表敬意。

中共中央国务院《关于进一步加强和改进大学生思想政治教育的意见》在中华大地吹响了强劲的号角，高校辅导员队伍建设迎来了新的春天——意见颁布、规定出台、基地落成。辅导员攻读博士学位得以实现，这一功德无量的顶层设计，从政策上为我的深造铺平了道路。西南大学辅导员博士学位授权点的成功申报为我搭建了求学的平台；西南大学诸多资深专家教授为我扫清了求学的障碍。

感谢尊敬的恩师罗洪铁、徐仲伟两位导师的悉心栽培、真心爱护、倾心教诲和耐心指导。他们给了我深造的机会，传授知识教我治学，播撒爱心教我做人，言传身教教我做事。观景塔顶的期望、舍身崖边的激励、狮子峰畔的教诲，人生三部曲高、险、陡，导师说"求学亦然"。未名湖畔、清华园前、东湖岸边，专家讲座、学术论坛，与专家亲切交谈，让我领略大师风范、洞悉学术前沿、开拓视野境界！三年来，我的论文选题、提纲设计、论文撰写，都凝聚着你们太多的辛勤与血汗，没有你们的悉心指导，就不可能有弟子的今天。正是在两位导师的激励、栽培和指导下，弟子才有信心、有勇气、有激情去克服求学征程中的各种困难与险阻，按期完成学业，不断成长。求学期间，尊敬的师母给予了我生活上的关心和爱护，在此深表感谢和敬意。

衷心感谢西南大学马克思主义学院思想政治教育专业博士生导师组黄蓉生教授、周勇教授、邓卓明教授、崔延强教授、陈跃教授、冯颜利教授等专家在我的专业学习、课程论文指导、毕业论文选题、开题和写作过程中给予的悉心教诲和耐心指导。从毕业论文开题到毕业答辩期间，我有幸得到了张耀灿教授、郑永廷教授、陈秉公教授、骆郁廷教授、刘建军教授、邱柏生教授、熊建生教授等师长的学术指导，他们对我论文的构思、设计、撰写和修改提出了许多宝贵意见和建议，启迪了我的思维，拓展了我的视野，为我指点迷津，为我顺利撰写论文保驾护航。三年来，我有幸聆听了五十多位校外思想政治教育领域专家的学术报告，使我了解了思想政治教育领域的学术前沿，领略和感受到了大师们的讲学风范，拓宽和延展了学术理论视野，学习和借鉴了先进的科研方法。在此表示最衷心的感谢。

本课题属应用性研究论文，我要衷心感谢为我的论文撰写提供一手调查和访谈材料的朋友。是他们在百忙之中的无私奉献、真心帮助,才使我从全国三十一个省、市、自治区收集到最全面、最真实的一手材料,才可能顺利完成论文。限于篇幅,在此不一一列举,具体名单详见附件三。感谢浙江大学、杭州科技大学、华东师范大学、上海大学、上海师范大学、东北师范大学、东北农业大学、江苏大学、武汉大学、西南大学和重庆邮电大学等学生工作系统的领导和老师在我开展辅导员队伍建设实地访谈时的热情接待和无私奉献。同时衷心感谢重庆邮电大学光电工程学院胡云霞、张志华、钟武等二十余名学生在数据统计中所付出的辛勤劳动。

衷心感谢周琪、黄永宜、张亚丹、何会宁、王新刚、闵绪国、赵丹、黄雅恒和陈淑丽等同门同窗一直以来的支持、关心和帮助。衷心感谢单位领导及家人的支持与帮助。

高校辅导员队伍建设是一个动态的课题,不同时期具有不同的时代要求,以满足大学生日常思想政治教育和管理的需要。同时,本著作借鉴和吸收了前辈研究的成果,在此向为辅导员队伍建设研究作出贡献的所有专家学者致以衷心的感谢。十余年一线辅导员工作的职业情节,让我多了一份理性,多了一份责任,渴盼能为队伍建设做点什么,奉献自己的绵薄之力。但因自身理论水平有限、时间有限、精力有限,本著作虽初步完成,但还存在着诸多不足之处,需要进一步改进和完善。诚挚恳请同行专家、学者和老师,批评指正、不吝赐教。

柏 杨
2017 年 12 月 26 日